DELIUS KLASING

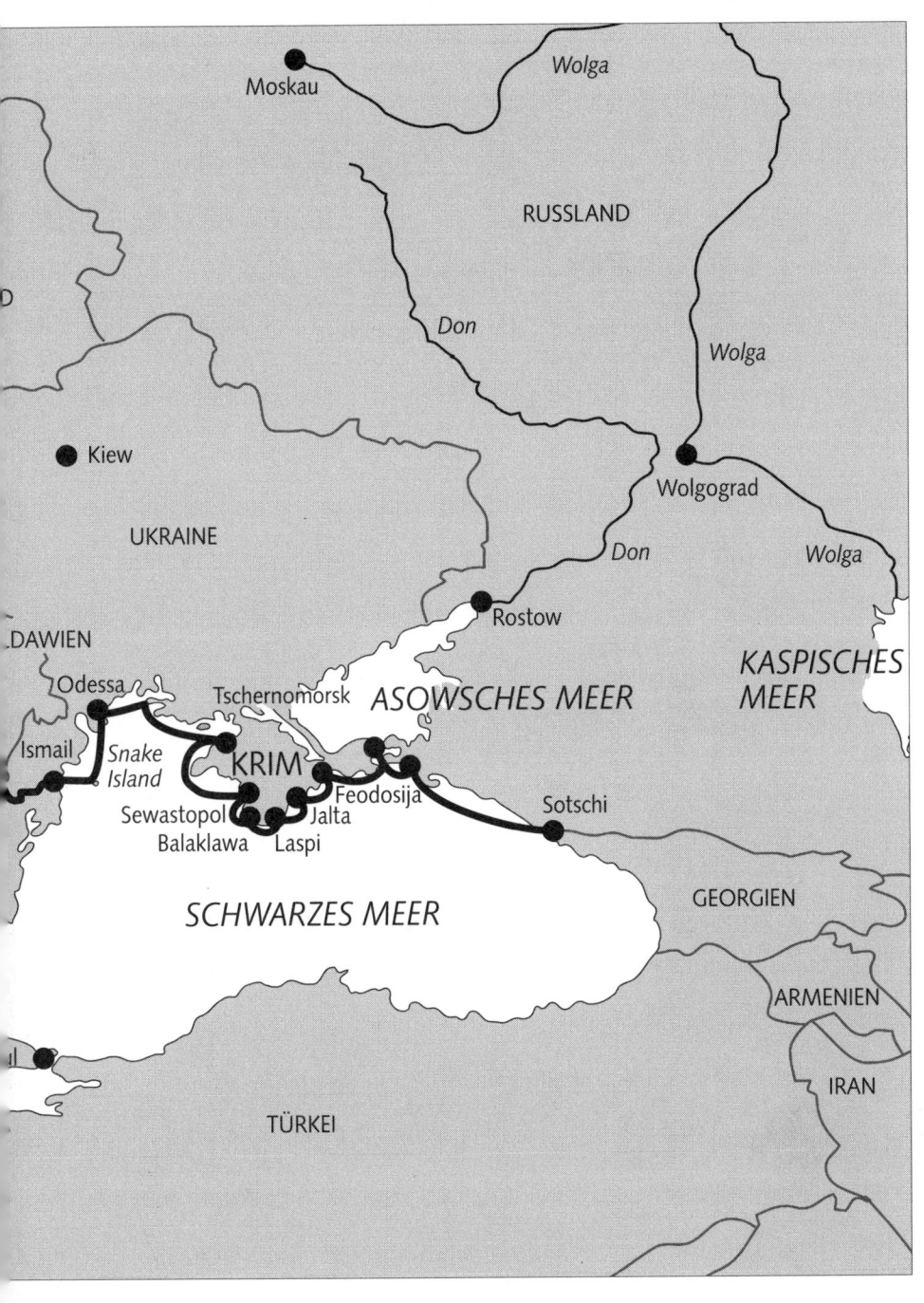

ANGELIKA
# GEBHARD
## ANDREY ALEXANDER

# MIT ROLLO AUF ABENTEUERKURS
## Spurensuche im Schwarzen Meer

DELIUS KLASING VERLAG

Von Angelika Gebhard ist darüber hinaus folgender Titel
im Delius Klasing Verlag erschienen:

*Wellen, Wind und Abenteuer –*
*Angelikas Tagebuch einer Weltumseglung*


Die Deutsche Bibliothek – CIP-Einheitsaufnahme

**Gebhard, Angelika:**
Mit Rollo auf Abenteuerkurs: Spurensuche im Schwarzen Meer/
Angelika Gebhard; Andrey Alexander. – 1. Aufl.,
Bielefeld: Delius Klasing, 2000
ISBN 3-7688-1176 X


1. Auflage
ISBN 3-7688-1176-X
© by Delius, Klasing & Co. KG, Bielefeld


Fotos und Zeichnungen: Andrey Alexander
Nr. 1, 2: Jürgen Appelhans
Nr. 3, 10, 17: Fritz Schneider
Nr. 6, 8, 9, 12, 13, 18, 20, 59, 63: Rollo Gebhard
Nr. 4, 5, 7, 14, 20, 23, 41, 62: Angelika Gebhard
Alle Autorenfotos aufgenommen mit Leica R5 und Leica Spezialobjektiven
Schutzumschlaggestaltung: Buchholz/Hinsch/Hensinger, Hamburg
Druck: Graphischer Großbetrieb Pößneck
Printed in Germany 2000

Delius Klasing Verlag, Siekerwall 21, D-33602 Bielefeld
Tel.: 0521/559-0, Fax: 0521/559-113
e-mail: info@delius-klasing.de
http://www.delius-klasing.de

# Inhalt

# Anstelle eines Vorwortes

„Gebt mir nicht hundert Rubel, gebt mir hundert Freunde", sagt ein altes russisches Sprichwort. Spätestens auf dieser Reise, die in mancher Hinsicht aufregender wurde als unsere Weltumsegelung, erfuhr ich mehr als einmal am eigenen Leib, wie wahr jene Weisheit ist. So ist es mir ein ehrliches Anliegen, den Menschen zu danken, mit deren Tatkraft und Hilfe unsere Expedition zum Schwarzen Meer vorbereitet und durchgeführt werden konnte. Beginnen möchte ich mit Ille, meiner Mutter. Ihr selbstverständlicher Einsatz Tag und Nacht, sei es, mit dem Auto etwa schnell noch fehlende Ausrüstung zum Boot zu bringen oder als „Landstation" die Kommunikation zwischen unseren Partnern zu ermöglichen, war ein Grundstein dieser Reise. Und da ist unser Schiff, die SOLVEIG VII. Gebaut in einer Werft, die von vier Brüdern hervorragend geleitet wird: Jos, Peter, Harry und Jan Linssen.

Unser besonderer Dank gilt allen, die bei der Vorbereitung, Durchführung und nicht zuletzt auch Auswertung unserer Reise zum Schwarzen Meer geholfen haben.
Volker Kirchgeorg, *Ost-West-Wirtschaftsclub e. V. Bayern;*
Sani Dermaku, *Generalkonsul der Bundesrepublik Jugoslawien;*
Georgii Kosykh, *Generalkonsul der Ukraine;*
Dr. Olexander Stryapan, *Vizekonsul des Generalkonsulates der Ukraine;*
Kapitän Alexander Kravchenko, *Geschäftsführer Deutsch-Ukrainische Verkehrs GmbH;*
Dr. Michail A. Logwinov, *Generalkonsul der Russischen Föderation;*
Dr. Iwan Simek, *Generalkonsul der Republik Kroatien;*
Dr. Volker Pellet, *Deutscher Botschaftsrat in Belgrad;*
Produzent Heinz Bibo, *Bibo tv, Bad Homburg;*
Oberbürgermeister Hans Schaidinger, *Regensburg;*

Bundestagsabgeordneter Benno Zierer, *Regensburg;*
Schauspieler Sigmar Solbach, *München;*
Dipl.-Biologin Denise Wenger und Dipl.-Biologe Ulrich Karlowski, *Gesellschaft zur Rettung der Delphine e.V., München;*
Fotograf Fritz Schneider, *Augsburg;*
Erwin Brandl und seine Musikanten, *München;*
Walter Häring, *BYC Berching;*
Bernd Zander, *Geschäftsführer Zodiac-Kern GmbH, Division Marine, Mömbris;*
Ing. Istvan Varga, *Generalmanager Marina, Budapest, Ungarn;*
Kolesar Fedor, *President Neoplanta Yacht Club, Novi Sad, Jugoslawien;*
Dipl.-Ing. Captain Stanislav Samojlov, *Managing Director Ukraine Danube Shipping Company, Ismail, Ukraine;*
Dr. Alexander Voloshkevich, *Director Ukrainian Danube Delta Nature Reserve, Wilkowo, Ukraine;*
Dr. Alexei Birkun, *Brema Laboratory, Simferopol, Ukraine;*
Igor N. Ivanov, *Director Odessa Marina, Ukraine;*
Boris Alexandrow, Wladimir V. Gubanov, Professor Seizew, *Institute of Biology of Southern Seas, Odessa Branch, Ukraine;*
Alvidas A.W. Stanjonis, *Gamma Delphinarie Laspi, Ukraine;*
Igor Jamoikin, *The Golden Symbol Ltd., Balaklawa, Ukraine;*
Valeriy Alexeev, *Commodore Yacht Club, Sotschi, Rußland;*
Teoman Arsay, *Commodore Ataköy Marina Yacht Club, Istanbul, Türkei;*
Sedat Altunay, *General Manager Ataköy Marina, Istanbul, Türkei.*

Besonders bedanken möchte ich mich auch bei Irene Thauberger und Nadja Rubanenko für die Übersetzung russischer Texte.

Diese Namen stehen stellvertretend für alle, die im stillen halfen. Danke auch den vielen Freunden, die uns mit guten Wünschen begleitet haben, wenn wir auf See waren.

*Angelika Gebhard*

*Auch eine Reise von tausend Meilen*
*fängt mit dem ersten Schritt an.*

*Sprichwort aus China*

# Donauwellen

**Sie.** Es ist Freitag, der 13. Februar. Die kalten Wintertage sind vorbei, eine geradezu unverschämt strahlende Sonne scheint über die Alpen und läßt den restlichen Schnee schmelzen.

Soeben haben wir Mittag gegessen, über Euro und den drohenden Irak-Krieg diskutiert. Mit am Tisch sitzt unser russischer Freund, Pantomime Andrey Alexander, genannt Sascha. Er hat nach seinem Auftritt in München spontan einen Abstecher an den Tegernsee unternommen. Nur noch wenige Wochen sind es, bis unser neues Schiff, die SOLVEIG VII, getauft wird, um mit ihrer neugierigen Crew, Rollo, Angelika und Freund Sascha, auf große Fahrt zu gehen. Das Schwarze Meer ist unser Ziel − zu bekannten und unbekannten Küsten. In der Ukraine wird Sascha an Bord kommen und uns als Dolmetscher, Kameramann und Fotograf begleiten.

Davor liegen 2500 Kilometer Flußfahrt vorbei an Österreich, Slowakei, Ungarn, Serbien, Kroatien, Rumänien, Bulgarien bis in die Ukraine, die am Delta beginnt.

Es gibt wohl keinen anderen Fluß auf der Welt, an dessen Ufern sich so viele Geschichten der unterschiedlichsten Völker und Kulturen zugetragen haben. Die Donau verbindet Europa mit Asien, Regensburg mit Istanbul, die Nordsee mit dem Schwarzen Meer. Unsere Pläne lösen in meinem Magen dieses gewisse Kribbeln aus − Vorfreude und Ungeduld auf Neues, Unerwartetes.

9

Volker, ein guter Freund, hat durch langjährige Tätigkeit in einem großen Konzern Kontakte mit osteuropäischen Firmen und arbeitet ehrenamtlich in einem Verein, der sich Ost-West-Wirtschaftsclub nennt.

Spontan bietet er Hilfe an. Er ist ein Typ, der äußerlich genausogut als russischer Diplomat auftreten könnte, sieht man von seinem leicht schwäbischen Dialekt einmal ab. Etwas untersetzt, kräftig gebaut, den leiblichen Genüssen nicht ganz abgeneigt und mit einer Menge Sprüche und Humor für jede Lebenslage ausgestattet. Probleme kennt er nicht, für ihn sind Schwierigkeiten Ansporn und Herausforderung zu einem „Jetzt erst recht!". Kurzum, der Mann, um im Vorfeld der behördlichen Vorbereitungen beratend zur Seite zu stehen! Für Serbien, Rumänien, Ukraine und Rußland brauchen wir Visa.

Wie so etwas ohne Freunde läuft, erlebten wir auf unserer letzten Reise nach Sankt Petersburg, als wir allein viermal das russische Konsulat aufsuchten, jeweils bis zu einer Stunde warteten und dann am Ende erfuhren, daß ein weiteres Formular benötigt werde. Niemals haben wir gesehen, wer uns diese Anweisungen gab, denn die Beamten saßen hinter einer dicken, schwarzen Glasscheibe, durch die wir nichts, aber auch gar nichts erkennen konnten.

Der Unterschied zu heute ist schon beachtlich: Zwar haben wir noch kein Visum, aber allein der Empfang des Generalkonsuls der Bundesrepublik Jugoslawien in der Münchner Villa der ehemaligen Hitlergeliebten Eva Braun läßt uns staunen. Wenn Steine sprechen könnten.

Fast habe ich ein schlechtes Gewissen, als uns Volker durch eine Traube von Menschen, die vor dem schmiedeeisernen Gitter Schlange stehen, vorbeischiebt. Zusammen mit einem Botschaftsangestellten gelangen wir über eine große Treppe in die Räume des Generalkonsuls.

Volker fühlt sich hier fast schon wie zu Hause – man kennt ihn –, liebenswürdig ist auch die Begrüßung. Bei einer Tasse Tee erläutern wir dem gutaussehenden Konsul unser Vorhaben.

Schließlich zieht er aus seiner Schreibtischschublade zwei Antragsformulare. „In zwei bis drei Wochen sollte alles geregelt wendig sind und worauf man besser verzichtet. Für mich steht jedenfalls fest, daß ich nur ganz wenig Kleidung mitnehmen werde: Zwei Jeans, zwei Shorts, ein paar T-Shirts, zwei Pullis, Öljacke, Bootsschuhe, Gummistiefel, Handschuhe und Badeanzug – das muß reichen! Am meisten Platz braucht die Film- und Fotoausrüstung, Ersatzteile, Werkzeuge und Bücher. Aber auch unser „Büro" kommt mit an Bord samt Computer und Drucker.

*1.4.*
Eigentlich wollte ich heute morgen losfahren, doch ich brauche noch einen Tag. Morgen nachmittag wollen wir SOLVEIG VII taufen; aber auch der Käpten ertrinkt in Vorbereitungen und hatte keine Zeit, auch nur eine Meile Probe zu fahren. Es kann spannend werden, bis alle Geräte an Bord das tun, was von ihnen erwartet wird.

Mit der weiteren Visa-Beschaffung komme ich mir vor wie Don Quichote, der gegen Windmühlen kämpft. Eine Reise mit eigenem Boot ist in den Formularen nicht vorgesehen: Keine Schublade läßt sich öffnen, in die wir mit unseren Plänen hineinpassen. Weder sind wir geschäftlich unterwegs, noch besuchen wir Verwandte in Rußland, und auch eine Pauschalreise erinnere ich mich nicht buchen zu wollen.

Im Augenblick haben wir keine Pässe mehr, denn Volker will erneut sein Glück bei der Behörde versuchen.

*3.4.*
Eigentlich müßte ich längst von allen Stühlen fallen, denn geschlafen habe ich die vergangenen Nächte so gut wie gar nicht. Zwei bis drei Stunden im Schnitt.

Um halb fünf Uhr früh starten wir vom Tegernsee und treffen nach einer Nonstopfahrt, einschließlich Stau und anschließendem Verfahren im Ruhrgebiet, kurz vor Beginn der Taufe in Holland ein. Im Dauerlauf schaffen Sascha und ich die Ausrüstung an Bord, bevor erste Gäste anreisen. Nach dem Einräumen finde ich nichts mehr – Pantry, Salon und Kajüte sind ein einziges Gepäcklager voller Plastiktüten, Boxen, Kartons, Kanister. Punkt 17 Uhr die Taufzeremonie. Ille, meine Mutter, hat in der Nacht noch ein

Originaletikett für die Sektflasche handbemalt: „SOLVEIG VII Taufe am 2. April 1998 Maasbracht".
Wir feiern bis Mitternacht. Ich bin nicht müde, sondern vor lauter Freude ganz aufgedreht.

*4.4.*

Mit Harry Linssen, der technischen „Seele" der Linssen-Werft, unternehmen wir die erste Probefahrt bei neun Windstärken! Dabei bin auch ich vollständig getauft worden mit original „Maas-Wasser". Als ich Harry frage, ob so ein Wind um diese Jahreszeit normal sei, schüttelt er den Kopf und meint: „Das kann nur mit Rollo zu tun haben, das habe ich noch nicht erlebt!"

*6.4.*

16.00 Uhr. Leinen los – adieu, Maasbracht. Kurz nach dem Start Hagel und Wind. Wir sind so naß und durchgefroren, daß ich meine Finger nicht mehr bewegen kann. Karte haben wir auch keine von der Maas – jedenfalls glauben wir es –, und prompt sind wir vor der ersten Schleuse nicht sicher, ob dies der Weg nach Venlo ist.

Nach einem Anruf beim Schleusenwärter aber erhält Rollo in jeder Beziehung „grünes Licht". Scheinbar zufällig ist auch Harry unterwegs, winkt heftig zum Abschied. Bis zum Abend schaffen wir immerhin drei Schleusen und machen kurz vor Venlo fest.

Beim Aufräumen der Kajüte finde ich eine wunderbare Karte der Maas zwischen den Büchern, wie durch Zauberhand muß sie ins Boot gelangt sein.

Das ist die gute Entdeckung – der Schreck folgt sogleich, als wir erstmalig SOLVEIGs Heck begutachten und feststellen müssen, daß Heimathafen und Registrierung fehlen. Das ist etwa so, als ob ein Auto ohne Nummernschild durch die Gegend fährt. Wir telefonieren mit Rollos Cousine Heidi und bitten sie, die Klebebuchstaben von der Werft für uns zu holen.

*7.4.*

Schön ist es, wenn ich morgens aufwache und durch das Bullauge im rötlichen Licht der aufgehenden Sonne die Lastschiffe ge-

14

mächlich an uns vorbeituckern sehe. Berufskapitäne stehen früh auf! Ihr Tagesablauf richtet sich nach dem Rhythmus der Natur. Mit dem Wasser leben auch Kühe in den Niederlanden. An manchen Stellen der Maas sind Steine als Zäune im Fluß aufeinander geschichtet, damit sie beim Schwimmen nicht überfahren werden.

Die letzte Schleuse ist geschafft, und mit unglaublicher Wucht und Kraft empfängt uns der Rhein. Bei der Einmündung begegnen uns zehn bis zwölf Schiffe gleichzeitig, die Strömung ist wegen des Hochwassers beachtlich. An das Steuern in diesen Strudeln müssen wir uns erst gewöhnen. Wetter leider mies – Regen und kalt. Wahrscheinlich werden wir heute nacht im Strom ankern, weil wir morgen ganz früh starten wollen.

20.00 Uhr. Doch kein Ankern. Wir machen bei Kilometer 854 in einem romantischen Nebenarm des Rheins beim Neusser Yachtclub fest.

*8.4.*

Fünf Uhr aufstehen. Alles dunkel, ein paar Vögel sind schon munter. Naß-kühles Aprilwetter. Wir frösteln, stärken uns mit kräftigem Tee und Erdnußbutterbroten – mein traditionelles Bootsfrühstück. Bei Morgendämmerung Ausfahrt aus unserem nächtlichen Schlupfloch in den Rhein. Da spüre ich, daß ich auf einem Schiff bin. Herrlich!

Unglaublicher Verkehr. Wie auf der Autobahn. Obwohl wir brav ganz an der Seite fahren, machen sich einige „Berufsskipper" wohl einen Sport daraus, möglichst dicht zu überholen. Oder sie können sich nicht vorstellen, wie ihre Heckstrudel auf ein kleines Boot wirken. Jedenfalls ist dieses Vorspiel sicherlich ein gutes Training für die Donau. Der Motor unserer SOLVEIG VII klingt angenehm: warm und weich.

Originalton Rollo zu dem heutigen Abschnitt Emmerich – Düsseldorf: „Diese Strecke kann man nur hinter sich bringen."

Das Funkgerät läßt sich nicht mehr einschalten. Hat es mit der kleinen Undichtigkeit bei der Außensteuerung zu tun? Als Rollo die Kabel nachmißt, ist jedenfalls kein Strom drauf. Ein neues Boot, das unbekannte Wesen ...

*9.4.*

Rollo telefoniert in den verschiedensten Verkrümmungen mit Boris von der Werft und versucht nach seinen Tips, den Sicherungsschalter an der Black Box des Shipmate zu finden. Zu diesem Zweck haben wir erst einmal das halbe (oder ganze?) Boot auseinandergenommen und die edlen Holzverkleidungen entfernt. Beim letzten Gespräch mit Boris halte ich das Handy an Rollos Ohr, damit er beide Hände frei hat, um nach seinen Beschreibungen die richtigen Schalter zu bedienen.

Nun gut, was zählt ist das Ergebnis – und wir haben Glück: Es ist tatsächlich die Sicherung, und das Ding arbeitet wieder.

Um 17 Uhr haben wir einen Termin mit dem *Kölner Stadtanzeiger*, deshalb starten wir rechtzeitig. Nach ein paar Metern auf dem Rhein stoppt uns die Wasserschutzpolizei. Prompt ist das fehlende „Nummernschild" aufgefallen.

Wenigstens können wir dem freundlichen Beamten unseren guten Willen in Form der aufgeklebten Buchstaben auf der vorbereiteten Folie zeigen, die wir dank Heidi an Bord haben, aber ohne Strafe geht es nicht. Um 20 DM „Beratungshonorar" werden wir erleichtert, und mit dem Versprechen, in Köln das Versäumte nachzuholen, dürfen wir nach einer halben Stunde weiterfahren. Das Rumfaß übrigens erregte ebenfalls seine Aufmerksamkeit: „Sie haben doch nicht Alkohol getrunken?" fragte er vorsichtig und sah dabei ausgerechnet auf den nur Wasser und Tee trinkenden Käpten.

Nachmittags. Der Propeller hat einen beträchtlichen Schlag bekommen! Bis jetzt wissen wir noch nicht, was genau los ist – jedenfalls läuft er seitdem mit Vibration. Offenbar ist Treibgut vom Hochwasser in die Schraube hineingeraten. Konsequenz: SOLVEIG muß so schnell wie möglich aus dem Wasser, damit der Propeller neu gewuchtet werden kann. Wo nehmen wir nur die Zeit her? Am 3. Mai sollen wir in Regensburg offiziell verabschiedet werden, dieses Datum läßt sich nicht mehr verschieben. Auch die Woche durch Serbien, in der Volker und Freund Fritz die SOLVEIG-Crew verstärken, ist zeitlich festgelegt.

Daß immer so vieles gleichzeitig am Anfang einer Unternehmung passieren muß! Außerdem hat Rollo sich eine Bänderzerrung am Fuß zugezogen – es wird Zeit, daß auf der SOLVEIG Normalität Einzug hält!

Vor der Schokoladenfabrik in Köln.

Journalisten und Fotograf sind zur Stelle, nur hinein in den Rheinauhafen kommen wir nicht, denn die Drehbrücke öffnet eine halbe Stunde später. Na gut, brav drehen wir Kreise, der Fotograf fotografiert, und um halb sieben stehen wir erneut vor der begehrten Brücke, aber nichts geschieht! Auch die nächste halbe Stunde dümpeln wir „draußen vor der Tür". Meine Anrufe übers Handy verhallen ungehört, ebenso unser Signalhorn.

Auf einmal, kurz vor sieben, heftiges Winken eines Unbekannten im Trainingsanzug: „Die Brücke wird für Sie geöffnet!" ruft er zum Boot hinüber. Inzwischen sind unsere Hände klamm vor Kälte, Rollo kann kaum mehr das Steuerrad halten. Dann endlich die Erlösung: Langsam, ganz langsam öffnet sich das Tor zum Paradies, und wir nehmen die ausgefrorenen Journalisten an Bord.

*10.4.*

Besuch von Freunden. Als wir ihnen von den Propellersorgen erzählen, schwingt sich Manfred kurz entschlossen wieder ins Auto, und eine Stunde später steht er mit vollständiger Tauchausrüstung vor uns.

Das Ergebnis seiner kalten Expedition im trüben Rheinwasser ist bedrückend: SOLVEIG muß hinaus, der Propeller hat an zwei Flügeln tiefe Einkerbungen. Wir vermuten inzwischen die illegale Entsorgung eines Autowracks.

Rollo hofft, morgen, am Samstag, das Boot aus dem Wasser nehmen zu können.

*11.4.*

Kurzer Hoffnungsschimmer, aber nach einer Stunde Telefonieren ist klar: Wir müssen bis Koblenz, erst dort gibt es einen Kran, hier läuft in dieser Beziehung gar nichts. Kurzer Ostereinkauf in überfüllten Geschäften, dabei will ich nur Brot, Milch, Butter und Fisch. Ein einziges Geschiebe und Gedränge.

Nachmittags erster Ölwechsel. Fordert sehr viel Kraft, denn das Öl ist mit der Pumpe kaum herauszubringen.

*12.4.*

Ostersonntag. Trübes, kaltes Wetter. Beim Start spielt uns der Hausmeister des Schokoladenmuseums, der die Brücke bedient, einen unfreiwilligen Streich. Offiziell steht sie bis 9.30 Uhr an Feiertagen offen. So steht es gut lesbar angeschrieben. Kurz vor acht Uhr wollen wir durch und reiben erstaunt unsere verschlafenen Augen, als sich genau in diesem Augenblick quietschend die Drehbrücke schließt, nur wenige Meter vor der SOLVEIG.

Es ist schon verrückt: Erst läßt man uns nicht rein, und nun kämpfen wir darum herauszukommen. Immer wieder lassen wir das Signalhorn erklingen, offenbar aber nicht für die Ohren des Hausmeisters. Beim vierten Mal versteht er schließlich und entläßt uns in die Freiheit.

Die Berufsschiffahrt auf dem Rhein hat sich gewaltig verändert. Kaum deutsche Schiffe, fast alles Niederländer, Passagierdampfer wie die KD laufen, man hält es nicht für möglich, unter Schweizer Flagge!

*14.4.*

Für sechs Stunden ist SOLVEIG in der Marina Winningen bei Koblenz an Land, um den beschädigten Propeller auswuchten zu lassen. Dank der unbürokratischen Hilfe der Firma Rheinstrom können wir die Reparatur in kürzester Zeit durchziehen.

*16.4.*

Welch eine spektakuläre Fahrt! Die Loreley bei Sonne! Jetzt begreife ich, warum Touristen aus der ganzen Welt sich dieses Naturspektakel nicht entgehen lassen. Hohe Felsen und Burgen auf beiden Seiten des Rheins, enge Durchfahrten, eine atemberaubende Gegenströmung. O Deutschland, wie bist du aufregend und spannend vom Wasser aus! Nahe der alten Zollburg besuchen wir Kaub und erwerben nicht ganz stilgerecht eine Kaffeemaschine. Das Leben hinter den alten Mauern erinnert etwas an die Beschaulichkeit der Südseedörfer. Jeder kennt jeden, alle duzen sich.

Gleichzeitig aber trifft sich daneben der gesamte Verkehr zu Wasser, zur Schiene und in der Luft. Da strömt der Rhein, an seinen Ufern verlaufen breite Straßen und Bahnschienen, und über den Dächern schießen Flugzeuge wie Pfeile durch die Luft. Welch ein Getriebe in dieser Welt!

Und mitten drin der kleine Ort, dessen Alltagsleben von alledem unberührt scheint.

### 22.4.

Lebensmittelgroßeinkauf in Aschaffenburg für über tausend Mark. Man könnte meinen, ein Krieg bricht aus. Aber Rollo wird unruhig, wenn nicht reichlich Vorräte an Bord sind ...

Das Warten vor den Schleusen ist lästig, aber nicht zu ändern. Dafür entschädigt zauberhafte Mainlandschaft. Erster milder Frühlingsabend.

Dörfer im wunderschönen Abendlicht. An Klein-Heubach vorbei. Alte Stadtmauer mit Einfahrtstor, Fachwerkhäuschen direkt an der Mauer hochgezogen. Die perfekte Filmkulisse! Am Ufer brennt ein Feuer zum Grillen.

Mitternacht. Wir liegen am Kai von Miltenberg. Die schönste Stadt-Fluß-Kulisse der bisherigen Reise!

An einem Schiff machen wir zuerst längsseits fest, dann erscheint ein Herr, begrüßt uns mit Namen und lotst SOLVEIG mit Hilfe von blinkenden Autoscheinwerfern zu einem Liegeplatz mitten im Ort. Zusammen mit seiner Frau hat er SOLVEIG per Auto schon länger „verfolgt". Wir laden sie ein auf einen „Solveigs Special" − Whisky vom Faß −, und dann gibt es für den Käpten das heißersehnte Abendessen.

### 23.4.

Fremde Geräusche am Boot. Als ich durch die Luke blicke, begrüßt mich eine kleine Ente, die neugierig hereinschaut und dann in aller Seelenruhe auf dem Deck spazierengeht.

Auch der Main ist offenbar fest in holländischer Hand. Über Kanal 10 hören wir jede Menge Niederländisch. Da passen wir mit unserem Schiff aus Maasbracht ja gut zur Mainschifffahrt ...

*26.4.*

Riesenschreck! Nach dem Überholen eines großen Motorschiffes bleibt die Maschine plötzlich stehen. Wir ankern, warnen über Funk vorbeifahrende Schiffe. Telefonieren (gelobt sei das Handy) mit Fred Spaldo von der Werft. Gott sei Dank hatte er uns seine private Nummer gegeben, denn heute ist Sonntag.

Rollo versucht, nach Freds Anweisungen die richtigen Schrauben zu drehen, während ich über UKW-Funk ankommende Schiffe warne.

Nach zwei Stunden plötzlich die Antwort: Rollo hatte bei Arbeiten auf der Werft den Verbindungshahn vom zweiten Dieseltank aus Versehen geschlossen, daher floß mit einem Mal kein Sprit mehr. Nicht auszudenken, was in dieser Situation auf der Donau passiert wäre bei fünf Kilometer Strömung und dem entsprechenden Schiffsverkehr!

Bachstelzen lieben SOLVEIG ganz besonders! Immer wieder versuchen sie, auf der glatten Reling ihr Gleichgewicht zu halten, mit unterschiedlichem Erfolg allerdings. Sie sind unglaublich neugierig, „untersuchen" die dicken Festmacher, spazieren auf dem Vordeck, als ob sie hier zu Hause wären, und wippen dabei frech mit ihren langen, zierlichen Schwänzchen.

Die Motorpanne heute morgen hat soviel Zeit gekostet, daß wir bis in die Nacht fahren, immer hinter dem Schlepper SENATOR, um so ohne Wartezeit durch die Schleusen zu gelangen. Bei Einbruch der Dunkelheit wollen wir im Vorhafen die Fahrt beenden, ein Wärter sagt uns auch, wo eventuell eine Möglichkeit dazu bestünde, doch Fehlanzeige!

Mit Scheinwerfern suchen wir das gesamte Ufer ab nach dem vermeintlichen Arbeitsschiff, an dem wir hätten längsseit gehen dürfen, es ist leider nicht da. So also weiter im Finstern den Main hinauf – bis wir endlich die Hecklichter von SENATOR wieder entdecken.

Eine irreale Szenerie, aufgescheuchte Vögel zwitschern wie im Frühlingsrausch, und irgendwo in der schwarzen Nacht das einsame weiße Licht von SENATOR. Am Ufer gleiten langsam unheimliche Baumriesen aus einer anderen Welt vorbei, die unser Boot beobachten.

Der Schlepper hat seinen Platz gefunden, aber für SOLVEIG sieht es nicht gut aus. Da lädt uns der Skipper ein, einfach an seinem Heck anzulegen. Tatsächlich ist SENATOR so breit wie SOLVEIGs gesamte Länge!

### 27.4.

Ich habe das Gefühl, zehn Köpfe zu tragen, so schwer fühlt sich mein Kopf an. Wie tausend Nadelstiche empfinde ich das Riesenspektakel der immer munteren und aktiven Vögel.

Vor der Weiterfahrt um halb sechs früh erfahre ich von dem netten Kapitän, wie verdammt hart sein Leben aussieht: Durchschnittlich sechs bis sieben Stunden Schlaf, der Rest ist Laden, Entladen, Schleusen, Steuern. Dabei stets höchste Aufmerksamkeit und Konzentration, denn der Fluß ist keine Straße. Bei flachem Wasser muß er extrem langsam fahren, Begegnungen mit anderen Schiffen müssen über Funk angemeldet werden, vor allem in Biegungen und Engpässen. Das Bild des beschaulich, gemütlich dahintuckernden Motorschiffes trügt. Übrigens kann man achtzig Lastwagen mit der Beladung eines einzigen Arbeitsschiffes sparen!

Diese Kanalschleusen sind ja eine einzige Horrorszenerie, für jeden Thriller bestens geeignet. Zwanzig Meter Hub, das ist soviel wie die Höhe eines fünfstöckigen Wohnhauses. Die Kraft der einströmenden Strudel zerreißt mir fast die Muskeln, als ich versuche, SOLVEIG mit Leinen an den Pollern festzuhalten. Ein Alptraum, in diesem Schleusenschlund über Bord zu gehen! Jetzt aber liegen Gott sei Dank alle sieben Thriller hinter uns, und wir steuern ganz bieder nach Nürnberg.

### 28.4.

Welch ein Kontrast! Ich fahre mit dem IC nach München, um Fotozubehör abzuholen, und schlafe tief und fest. Als ich kurz vor München aus dem Fenster blinzele und ein rotes und grünes Signallicht wahrnehme, glaube ich, mit unserem Boot vor der nächsten Schleuse zu liegen, und will aufspringen, um Leinen vorzubereiten. Diese Kanalschleusen haben meine letzten Kraftreserven gefordert.

Im Getriebe der Großstadt komme ich mir ziemlich fremd vor, so sehr habe ich mich an das Bordleben gewöhnt. Man hat einen wunderbaren Abstand zu den landbedingten Streßfaktoren, denn an Bord wird ständig die gesamte Konzentration von Rollo und mir gefordert. Gleichzeitige Abläufe, wie sie zu Hause zum Alltag gehören, also am Computer arbeiten, Telefon bedienen, Termine koordinieren, Fragen beantworten, parallel einen Haushalt versorgen, sind an Bord nicht möglich. Die alleinige Aufmerksamkeit gehört immer dem Schiff.

29./30.4.
Die Europäische Wasserscheide und Schwimmpoller an der Schleuse Bachhausen – welch ein Genuß! Gigantische Höhen, die sich auftun, noch mal eine Steigerung – das ist ja fast wie im Panamakanal. Fünfundzwanzig Meter Hub hat diese größte Schleuse, Wunderwerk der Technik! Nach 400 Meter Hub geht es von nun an bis zum Schwarzen Meer nur noch bergab.

Hoffentlich nicht in jeder Beziehung. DPA-Meldung: Professionelle Banden stoppen im jugoslawischen Teil der Donau große Frachtschiffe und rauben sie unter vorgehaltener Kalaschnikow systematisch aus. Seit Wochen habe ich kein Radio gehört, nicht ferngesehen. Die Nachricht trifft mich völlig unvorbereitet. Wir müssen versuchen, genaueres zu erfahren.

Bizarre Felsformationen und romantische Schluchten sehen wir im Altmühltal. Morgen werden wir ein Team von RTL an Bord nehmen.

1.5.
Die sympathische Redakteurin und ihr Kameramann würden am liebsten die ganze Reise an Bord bleiben. Gestärkt mit heißem Grog fahren wir gemeinsam schon mal die Donau abwärts nach Regensburg. Und das erste Schiff, welches uns begegnet, trägt den stolzen Namen „Iwan", das riecht so richtig nach Schwarzem Meer. Überhaupt merkt man auf der Donau sofort, daß dieser Fluß etwas zu sagen hat!

An einer Anlege vor der Eisernen Brücke machen wir fest. Wie die Fahrgastschiffe liegen wir jetzt ganz vornehm an einem eigenen Steg, den uns die Firma Wurm für die Verabschiedung übermorgen zur Benutzung überlassen hat.

Abends genieße ich den beleuchteten Dom vor der ewig strömenden Donau. Diese unendlichen Wege des Wassers – ohne Anfang, ohne Ende – lassen auch meine Gedanken dahinfließen.

Sascha hat geschrieben. Offenbar kämpft er im Augenblick noch mit der Technik seiner Ausrüstung.

# ER. *Hallo Angelika, wie geht es Euch auf der SOLVEIG?*

*Ich denke jeden Tag an die Expedition und bereite mich jeden Tag darauf vor. Heute habe ich zum Beispiel einen Anzug für die Unterwasser-Aufnahmen besorgt. Der Verkäufer fragte mich, für welche Temperaturen er gebraucht wird. Woher soll ich wissen, wie die Wassertemperatur sein wird? Dann fragte er: „Wo fährst du hin?" Ich antworte: „Nach Rußland." Er darauf: „Ja, dann muß man mit der tiefsten Temperatur rechnen" und gab mir einen Anzug für Polarreisende. In dem wird man auch in der Antarktis nicht erfrieren.*

*Ich weiß nicht, aber während ich ihn anprobierte, lief mir der Schweiß in Strömen herunter. Aus der Kabine kam ich so müde heraus, als ob ich soeben auf den Boden des nördlichen Eismeeres getaucht wäre. Der Anzug ist ein italienisches Modell, sehr hübsch. Weißt Du, es ist im allgemeinen sehr gefährlich, damit in Rußland anzukommen. Man würde ihn mir ausziehen.*

*Zu dem Anzug kaufte ich noch Handschuhe und weiche Stiefel, auch sehr hübsch, hatte dabei aber die gleichen Befürchtungen. Zum Verkäufer sagte ich: „Könnte man nicht etwas Einfacheres finden?" Er meint: „Die sind alle so."*

*Ich wollte zahlen und holte meinen Geldbeutel heraus, da fragte der Verkäufer: „Und die Gewichte?" Ich: „Welche Gewichte?" „Nun, um im Wasser hinabzusinken", erklärte er mir, und ich merke, daß er ein Lächeln kaum unterdrücken kann, als er sieht, welch „erfahrener" Taucher ich bin. Nun habe ich so viele Gewichte mitgenommen, daß dafür ein extra Sack notwendig war, denn sonst wären die Henkel meiner Tasche gerissen.*

*Ich denke, man müßte den Anzug
zu Hause überprüfen.*

*Zu Hause denke ich, man müßte doch alles in Deutschland über-
prüfen, nicht daß er plötzlich Wasser durchläßt. Aber wo überprüfen? Doch nicht in den Rhein steigen. Ich habe zwar gehört, daß das
Wasser im Rhein so sauber ist, daß man es trinken kann. Trotzdem
habe ich eine solche Show noch nie gesehen. Aber die Polizei würde
sich bestimmt dafür interessieren, was ich als Russe dort zu suchen
habe. Bestimmt bekäme ich bei meiner nächsten Einreise Probleme
mit meiner Arbeitserlaubnis. Ich beschloß also, mit dem italieni-
schen Gewand kein Risiko einzugehen.*

*Ich füllte die Badewanne, mit kaltem Wasser natürlich, stieg in
das Tauchgewand und fing an „abzusinken". Das hättest Du sehen
müssen! Das erste Ergebnis des Tests – bis zum Gürtel ist er dicht.
Zum Fischen mit der Angel reicht er aus.*

*Der zweite Test war eine Unterwasseraufnahme mit der Video-
kamera. Wenn es mir schon nicht gelingt, mich selbst zu versenken,
so könnte ich das doch mit der Sony versuchen. Ich legte sie in die
Polyäthylen-Box, die Du mit Rollo in Singapur gekauft hast, und*

24

*Ob ich so die Kamera
versenken kann?*

schnallte die Gewichte daran – das hättest Du sehen müssen! Damit
die Kamera unterging, mußte ich sie mit Gewalt ertränken. Aber sie
ging nicht unter, dieses Miststück. Sie schwebte wie ein Schwimmer
an der Angel. Ich band noch mehr Gewichte daran, die auch einen
Taucher versenken müßten – keine Reaktion. Weißt Du, was half?
Die Hanteln. Ich schnürte sie drauf.

Nach den Experimenten habe ich alles abgewischt und zum
Trocknen aufgehängt, und ich selbst ging, um nachzuschauen, was
die Kamera in der Badewanne nun gefilmt hat. Um die Aufnahmen
zu verschönern, hatte ich Korallen in das Becken gelegt und dann
das Gerät eingeschaltet.

Die Korallen waren nur eine halbe Sekunde auf dem Film. Dann
schaltete die Kamera automatisch auf den Plastikrand des Futterals,
in dem sie sich befand, scharf und nahm nur diesen auf.

Nun sage, habe ich etwas falsch gemacht!? Morgen werde ich die
Experimente wiederholen, und zwar so lange, bis ich es gelernt habe
und die Bestnote dafür bekäme.

Was meine Arbeit betrifft, so verlief das Konzert in Barcelona
sehr gut. Aber das mußt Du sehen. Wirklich, es wäre gut, wenn Du
dabeigewesen wärst. Gruß an Rollo und bis bald. Alexander

**Sie.** Typisch Sascha! Ich bin neugierig, in welchem Zustand er die Kamera mitbringen wird. Hoffentlich nicht nach dem Muster: Probefilm gelungen, Apparat tot!

*3.5.*

Pünktlich um elf Uhr begrüßen Erwin Brandl und seine Musikanten mit zünftiger Blasmusik die eintreffenden Gäste. Freunde und Förderer unserer Delphin-Projekte sind angereist, unter ihnen Schauspieler und Segelfreund Sigmar Solbach, der Rollo einen Scheck mitgibt. Geld, das er in Frank Elstners Quizsendung *Jeopardy* gewonnen hatte und nun der „Gesellschaft zur Rettung der Delphine" spendet.

Im nahe gelegenen „Salzstadl" genießen alle zusammen noch einmal Bratwürstl mit Sauerkraut, und zur Verdauung gibt es dann auf dem Boot echten Bordwhisky vom Faß. Anschließend eine Fluß-Rundfahrt mit allen Freunden. SOLVEIGs Tiefgang hat sich bestimmt über 20 Zentimeter nach unten verschoben. Erwin und sein Blasorchester begleiten uns auf dem Schiff vom Wasser- und Schiffahrtsamt.

Langes Winken, SOLVEIGs Expedition zum Schwarzen Meer kann beginnen!

Vor der ersten Schleuse gehen wir längsseits an einem Motorschiff aus Bratislava. Sein Käpten erzählt Horrorgeschichten über die Treibstoffqualität in Rußland, auch über die Kriminalität dort und anderswo. Klingt ja recht ermutigend!

Später suchen wir in Straubing einen provisorischen Platz im Hafen. Bin mehr als todmüde, aber glücklich über den gelungenen Start in Regensburg, den wir der liebevollen Vorbereitung von Fritz zu verdanken haben.

Ein Bekannter aus Berching berichtet über die neuesten Nachrichten von Serbien, die sich nicht schlecht anhören. Von Bootspiraten weiß man dort angeblich nichts!

*7.5.*

Linz Winterhafen. Und wir dürfen neben der Polizei liegen. Obwohl es eigentlich verboten ist, zeigen sich die zuständigen Herren äußerst locker und hilfsbereit und versprechen, für die

Nacht das seitliche Tor eigens offenzulassen. Stadtbummel – wie im Süden! Unterwegs ist alles, was Beine hat.

Begeisternd die Altstadt mit unzähligen kleinen Lokalen und frisch renovierten Häuserfassaden. Rollo läßt sich die Haare schneiden für die Taufe der neuen DEUTSCHLAND, zu der er von Wien aus schnell noch nach Hamburg fliegen wird.

*8.5.*

Mit dem geliehenen Auto von Freunden begleite ich SOLVEIG für Filmaufnahmen. Im Austausch fahren sie auf dem Boot drei Tage bis Wien mit. Stopp in Grein. Ein Kleinod! Hier steht Österreichs ältestes Theater.

*9.5.*

Fortsetzung meiner Kamera-Verfolgungstour von Grein bis ... ja wohin eigentlich? Genau das wird zum Problem, da ich das Boot nicht mehr übers Handy erreiche. Funkloch! Vier Stunden Suche im Grünen und anderswo. Fahre bis Tulln, klappere alle Yacht- und Gästeclubs ab. SOLVEIG bleibt verschwunden. Über Schleusentelefon und Schiffahrtspolizei werde ich am Abend schließlich fündig: Sie liegt genau dort, wo ich zweimal mit dem Auto gesucht und nachgesehen habe: Altenwörth! Dieses Nest kenne ich inzwischen wie meine Westentasche. Rollo mußte ankern, da die Stege zu klein sind, deshalb fand ich niemanden. Hoffentlich sind wenigstens die Aufnahmen etwas geworden.

*10.5.*

Heute bin ich nach Wien vorausgefahren, um uns rechtzeitig im Kuchelauer Yachthafen anzumelden. Dort ist nicht viel Platz, und der umtriebige Hafenwart, dessen Hut und Hosenträger so selbstverständlich an ihm aussehen, als wären sie am Körper angewachsen, reagiert nervös, als ich ihn frage, ob wir ein paar Tage bleiben können.

Inzwischen hat er uns aber einem Steg zugewiesen, nur vorläufig, sagt er vorsichtig, aber was soll's – es ist warm, die Sonne scheint, und der kleine Ort ist eine einzige Heurigen-Orgie.

Morgen fliegt Rollo nach Hamburg zur Taufe der DEUTSCHLAND

und zu einer Sendung mit dem Deutschland-Radio in Berlin. Also jede Menge „Heimat" wartet ...

**11.5.**

Schon in aller Früh wird Rollo zum Flughafen gebracht. Um acht Uhr Anruf: Seine Maschine hat vier (!) Stunden Verspätung. Trotz allem immer noch schneller als mit dem Schiff, sage ich, tröstet ihn aber wenig.

Da ich heute zum letzten Mal ein Landfahrzeug zur Verfügung habe, will ich unsere Gasflasche nachfüllen. In einer Großstadt wie Wien ein echter Alptraum. Bei der ersten Adresse im Winterhafen-Freudenau – fast eine Stunde Fahrt – finde ich über dem Firmenschild einen Aufkleber: „Wir sind umgezogen!" Wohin? – Ans Ende der Welt natürlich.

Ein hilfsbereiter Wiener, der mich ratlos vor dem Eingangstor des Fabrikgebäudes stehen sieht, ruft über Handy dort an und erfährt, daß sie ab halb vier sowieso geschlossen haben. Aber dafür geben sie ihm eine neue Adresse und diese mit der hundertprozentigen Garantie, daß jenes Geschäft bis 18 Uhr arbeitet. Auf ein neues also. Am Prater vorbei durch enge Straßen in den dritten Bezirk zur Firma Pütz in der Löwengasse.

„Montags geschlossen", steht dort einfach und klar in großen Druckbuchstaben zu lesen.

Es ist schon absurd: Da komme ich nach Wien – und womit beschäftige ich mich? Mit der erfolglosen Suche nach Gas!

Außerdem steht eine Reparatur an: Das Bugstrahlruder pfeift unüberhörbar. Ich telefoniere mit Fred von der Werft, und er verspricht, per Express Ersatzteile zu schicken. Er vermutet aber, daß nur ein Stift abgebrochen ist. Rollo mußte einige Male harte Ausweichmanöver fahren, dabei könnte es passiert sein.

Abends werde ich zum Abschied nach Grinzing entführt, nicht ohne vorher noch eine einstündige „Ehrenrunde" zu drehen zum dritten Gastip des Tages, der von einem Bootsbesitzer kommt: die BP-Tankstelle am Südbahnhof. Der Hinweis war zwar richtig, nur fehlt diesmal die richtige Größe. Die immer hilfsbereiten Freunde schlagen vor, an Bord noch einmal nachzumessen und, falls es paßt, morgen die Flasche für mich zu holen.

**12.5.**

Endlich kann ich das Thema Gas — hoffentlich für den Rest der Reise — vergessen.

Mit der S-Bahn fahre ich in die City und genieße die unverwechselbare Atmosphäre: Kultur, Geschichte, Eleganz und die unglaublich liebenswürdigen Wiener! Von manch einem Nicht-Wiener als Schmäh abgelehnt, aber ich könnte darin baden. Ich gönne mir einen Friseur ganz in der Nähe vom Stephansdom, um meine Haare für ein paar Monate bootstauglich schneiden zu lassen. Beim Bezahlen bin ich überrascht — nur die Hälfte von dem, was ich zu Hause berappen muß.

Heute ist auch ein besonders intensiver „Handy-Tag", und immer in den passendsten Situationen: beim Haareschneiden, beim Einpacken der Lebensmittel im Supermarkt. Prompt habe ich Boxen für meine Pantry liegengelassen. Schließlich ruft Rollo in der überfüllten S-Bahn an, in die ich mich mit drei schwerbepackten Taschen und Rucksack so gerade noch hineingequetscht habe. Er fragt nach einer Anschrift einschließlich Postleitzahl. Kniend und hantierend, finde ich schließlich in meinem zerfetzten Notitzbüchlein das Gewünschte.

Zurück auf dem Boot stürzt aufgeregt ein Skipper auf mich zu: „Ihre Sachen sind angekommen, der Herr Otto war schon zweimal hier und hat Sie gesucht, ich sag ihm gleich, daß Sie da sind!"

Tatsächlich sind die Ersatzteile aus Holland schon heute eingetroffen, und Otto — ein vielgefragter Mechaniker — will versuchen, morgen den Schaden am Bugstrahler zu beheben. Abends ruft auch unser „Graf" an. Kapitän Kravchenko ist ein wirklicher Freund geworden. Er will über seine Kontakte helfen, gut durch Rumänien und später vor allem durch den ukrainischen Teil des Donaudeltas zu kommen.

Ein hiesiger Skipper, dem ich von unseren Plänen erzähle, fragt sofort: „Habt ihr eine Waffe an Bord?"

Als ich verneine, weiß er nicht so recht, was er sagen soll, aber in seinen Augen lese ich so etwas wie: „Mein Gott, sind die naiv!"

Übrigens haben wir hier im Kuchelau-Hafen weder Wasser noch Stromanschluß. Eigentlich erstaunlich, wenn man vergleicht, wieviel sonst in Österreich für die Sportboote getan wird. Dafür ist die landschaftliche Lage bei Klosterneuburg um so attraktiver und macht das Fehlen dieser Annehmlichkeiten wett. Außerdem hält gleich neben dem Hafen die S-Bahn, und zwanzig Minuten später kann man mitten im Zentrum Wiens spazierengehen.

*13.5.*

Der Bugstrahler ist wieder in Ordnung. Nur der Scherstift mußte ausgewechselt werden. Ottos „Weanerisch" ist nicht leicht zu verstehen. Wenn er spricht, brauche ich eigentlich Untertitel als Übersetzung! Trotzdem lasse ich mir alles so genau wie möglich erklären, damit ich im Ernstfall fit bin.

Ich ordne alle Vorräte und lege ein Verzeichnis an, was sich wo befindet. Rollo telefoniert nachmittags zweimal ziemlich entnervt vom Berliner Flughafen, schon wieder eine Verspätung der Lufthansa-Maschine: vier Stunden. Zum x-tenmal schwört er, nie wieder zu fliegen, wenn es auch anders geht. Taufe und Sendung haben ihm aber gut gefallen.

*14.5.*

Geld ausgeben fällt in Wien so leicht, daß ich schon wieder wechseln muß. Als ich mich beim jungen Mann am Diners-Schalter in der U-Bahn-Station nach den Provisionsgebühren erkundige, erklärt er mir sofort in der für Wien typischen Liebenswürdigkeit, wo ich die nächste Bank finde, die nur die Hälfte verlangt.

Wann immer wir Menschen ansprechen, sie etwas fragen, die Freundlichkeit und die Zeit, die sie sich nehmen, ist verblüffend. Auch in den U-Bahnen geht es meist lebhaft zu, es wird getratscht, bei Gesprächen anderer zugehört, sich eingemischt, hier findet man kaum jemanden, der mit gesenktem Haupt an einem vorbeieilt.

Abends wollten wir ursprünglich ins Burgtheater. „Nora" ist angekündigt, doch leider kurzfristige Änderung des Spielplans. So sehen wir „Glaube, Liebe, Hoffnung" von Ödön von Horváth im Theater an der Josefstadt.

Trotz durchschnittlicher Besetzung geht mir das Stück vor allem im zweiten Teil unter die Haut – besonders die Figur des Leichenpräparators. Seine Lebenserkenntnis, stellvertretend für

30

das Resümee Horváths, ist derart vernichtend, daß ich nach der Vorstellung nur dank Rollos Hilfe die richtigen U- und S-Bahnen zum Boot wiederfinde.

*15.5.*

Rollo muß einen Zeitungsbericht schreiben, so gehe ich allein in die Stadt. Vor dem Stephansdom treffe ich den wieder auferstandenen Mozart. Im authentischen Kostüm und mit bunten Programmheften wirbt er für seine Konzerte in Schloß Schönbrunn. Bei näherem Hinschauen entdecke ich immer mehr „Mozart"-Brüder, etwa ein halbes Dutzend – sie kommen aus England, Frankreich, Peru –, Mozart war und ist eben international. Den Studenten macht ihr Auftritt offenbar Spaß, sie unterhalten sich angeregt mit den gleichfalls internationalen Touristen, aber ohne jedem gleich eine Eintrittskarte für die Schönbrunner Konzerte anzudrehen.

Bei meiner Filmerei erfahre ich von einem Albaner, daß dieser Job, wenn man gut ist, bis zu eintausendfünfhundert Mark pro Tag (!) einbringen kann. Das zumindest verdient ihr Starverkäufer – ein gutgewachsener und blendend aussehender, 1,85 m großer dunkelhaariger (konnte ich durch die weiße Perücke erkennen) Wiener. Jener ist nicht allzu begeistert, als ich ihn bei seiner Arbeit aufnehme, und hält sofort den Katalog vor sein Gesicht.

Natürlich weiß er nach seiner jahrelangen Tätigkeit sofort, welche Touristen er ansprechen muß, um Tickets loszuwerden. Er würde es sicher auch als Restaurantchef zu etwas bringen, aber bei seinen derzeitigen Tageseinnahmen wäre er schlecht beraten, seinen Job zu wechseln.

*16.5.*

Auf Wiedersehen, schönes Wien! Rollo ist nervös wegen der Ausklarierung in Hainburg, eine berühmt-berüchtigte Stelle, an der die wilden Strömungsstrudel machem Skipper das Leben schwermachen.

Es weht ein kühler Wind, dazu Regen. Auch mein Reisefieber ist in unendliche Höhen geschnellt, denn nun verlassen wir den deutschsprachigen Raum.

Starker Rückenwind erschwert das Manövrieren in der Schleuse Freudenau. Am Ende liegen wir verkehrt herum in der Kammer, aber die ist ja groß genug. Dafür klappt die Anfahrt zur Ausklarierung in Hainburg um so besser, der hilfsbereite Zöllner nimmt sogar Leinen entgegen. Schräg gegenüber ist die Einreise für die Slowakei, und mit Hilfe zweier deutscher Bierchen verzichten die Beamten auf den persönlichen Besuch an Bord.

An den Ausläufern der Karpaten erkennt man deutlich die Grenze zu Österreich, sie sind eine markante Trennlinie. Und dann Bratislava – nach einer Linksbiegung erhebt sich stolz die Festung mit ihren dicken, alten Türmen. Über unseren Köpfen ziehen die riesigen Pfeiler einer architektonisch wie auch statisch imponierenden Brücke mit modernem Turm vorbei. Ganz oben ist ein Aussichtsrestaurant eingerichtet, in dem Rollo damals auf seiner zweiten Weltumsegelung 1975 seinen Zwangsumtausch verspeiste.

Das ist jetzt über zwanzig Jahre her. Erinnerungen an seinen Donau-Trip im Sieben-Meter-Boot werden lebendig.

In dem kleinen Yachthafen bei Kilometer 1865 finden wir einen komfortablen Liegeplatz, diesmal sogar mit Wasser und Strom. Regelrechter Luxus im Vergleich zur Kuchelau.

Milan, der stolze Besitzer, hat mit viel eigener Arbeit auf einer langen Schwimmplattform eine gemütliche Kneipe mit offenem Grill eingerichtet.

Er bestellt ein Taxi, das uns zur Altstadt bringt, rund fünfzehn Kilometer vom Club entfernt.

Obwohl der Fahrer kein Deutsch versteht, scheint sein Herz an „Deutschem" zu hängen. An seinem Rückspiegel baumelt zur Duftverbesserung der „Wunderbaum" in Form einer grünen Tanne aus Pappe und eine deutsche Bonbontüte ohne Inhalt! Nun, ich habe ja auch nach der Rückkehr aus Sankt Petersburg leere Milchbehälter mit kyrillischer Schrift aufgehoben.

Nach dem Altstadtbummel besuchen wir das Aussichtsrestaurant, um dort zu fotografieren. Als Rollo damals dort einkehrte, waren Krawatte und Anzug Vorschrift. Deshalb habe ich mich fein angezogen mit der Folge, daß ich in meinem schwarzen Jäckchen ganz schön friere. Diese Mühe allerdings hätte ich mir sparen können. Eine Menge Leute sitzen im Trainingsanzug und Turnschuhen oder in Jeans. So hat die politische Wende offenbar auch die Kleidervorschrift abgeschafft.

In dem Edellokal des ehemaligen kommunistischen Regimes paßt heute nichts mehr so recht zusammen. Da gibt es noch wertvolles Tafelsilber aus alten Tagen, alte, leicht angemoderte Servierwagen, an den runden Wänden großflächige „Blut und Boden"-Kunst, das arbeitende Volk darstellend − und davor, unübersehbar, der moderne Getränkeautomat mit Coca-Cola des ehemals geschmähten und bekämpften Kapitalismus. Nun stehen die Symbole der alten und neuen Zeit einträchtig beieinander.

Die Speisekarte des Nobelrestaurants entführt den Gast wieder in die jüngste Vergangenheit: Neben jedem Gericht, egal ob Suppe, Vorspeise oder Hauptgang, stehen genaue Grammangaben: „Muscheln in Bierteig − 50 g". Nachgewogen habe ich allerdings nicht. Zu trinken bestelle ich „Bier nach Angebot". Stolz serviert der Kellner Originalgebräu aus der Slowakei. Seine Augen leuchten, als ich es lobe.

Beim Geschenkkiosk neben dem Aufzug kann man zwischen drei verschiedenen Angeboten wählen: Teetassen mit Untertellern, Kristallgläser oder Kinderschokoladenriegel einer westlichen Firma.

Der Blick aber auf Bratislava an der Donau ist wirklich sehenswert. Wir sitzen so, daß wir die Plattenbauten nicht wahrnehmen, sondern sich Festung und Altstadt im warmen Abendlicht malerisch vor dem Strom erheben. Die im Wasser funkelnden Sonnenstrahlen lassen die Donau friedlich und beschaulich erscheinen. Selbst der dicke Schubverband wirkt aus der Luftperspektive im Gegenlicht romantisch.

Die anschließende Taxifahrt wirft uns schnell zurück in die Wirklichkeit. Der etwa zwanzigjährige Junge kennt nur eine Geschwindigkeit − Vollgas! Bei den leeren Straßen auch kein Problem. Doch wenn man Bootstempo gewöhnt ist mit zehn bis fünfzehn Kilometer pro Stunde, dann hält man schon die Luft an und freut sich, wieder mit heilen Knochen auf seinem sicheren Schiff einzutreffen.

*17.5.*

Kalt, regnerisch und Sturmböen. Der ideale Tag für profane Haushaltsarbeiten im Boot. An diesem Liegeplatz kann man versumpfen. Milan ist ein sehr warmherziger und liebenswerter Mensch. Als wir ihm erzählen, was wir noch vorhaben, schenkt er uns spontan zwei aktuelle Bände der für Sportboote fast unbezahlbaren Donau-Handbücher, die Bände sechs und sieben bis Budapest. Rollo kann sein Glück kaum fassen, will diese Kostbarkeiten nicht annehmen.

„Behaltet sie, ihr könnt es brauchen, so weiß ich, daß sie genutzt werden. Ich bleibe sowieso immer nur hier", sagt er mit leichter Melancholie in der Stimme.

Wir revanchieren uns mit Whisky und Büchern unserer Weltumsegelung, die zumindest das gleiche Volumen haben.

„Tristan Jones war auch da", sagt er stolz, „er hat ein Buch signiert, eure kommen jetzt dazu!"

Rollo ist für den Rest des Abends nicht mehr ansprechbar, verbringt ihn mit intensivstem Kartenstudium und ist fasziniert von den Originalzeichnungen in Farbe und den detaillierten, metergenauen Angaben. Es sind wirklich die neuesten Exemplare und eine wertvolle Hilfe für unsere Donaunavigation zumindest bis Budapest. Aber vielleicht werden wir ja in Budapest auch noch fündig.

*18.5.*

Leinen los. Milan verharrt lange am Steg, bis die SOLVEIG um die nächste Biegung verschwindet. Auch Spaziergänger bleiben stehen, rufen und winken.

Wir fahren durch den künstlichen Stausee des Mammutkraftwerkes von Gabcikovo. Gigantomanie und ein Verbrechen an der Natur aus kommunistischen Tagen! Das Regenwetter trägt das Seine zu diesem Eindruck bei. Alles grau in grau, einziges Leben um uns sind die tieffliegenden Möwen, die im Wetteifer Fische jagen. An der linken Seite Plattenbauten der Stadt Samorin – davor soll ein Kloster stehen, aber es ist nicht zu erkennen.

Mit diesem Stausee hat die Slowakei den Ungarn buchstäblich das Wasser abgegraben. Die alte Donau fließt nebenan, aber was heißt hier fließt. Sie hat kaum mehr Wasser. Kein Wunder, daß es nach der Wende, als das Kraftwerk fertig gebaut werden sollte, fast zu kriegerischen Auseinandersetzungen zwischen Ungarn und der Slowakei kam.

Eigentlich sollen wir nach der Funkanweisung zusammen mit einem Schnellboot geschleust werden, aber so flott sind wir doch nicht. Was mich beeindruckt: Der Schleusenmeister erkundigt sich sehr freundlich, woher wir sind und wie lange wir etwa noch brauchen. Das ist noch nie vorgekommen – so etwas gibt es also auch!

Nach dem Kanal mündet die alte Original-Donau, und die Landschaft wird wildromantisch. Wälder, eine unglaubliche Baumvielfalt, weiße Strände am Ufer, wild wuchernde Wurzeln, Büsche, Felsbrocken.

Ausklarieren in Komárno. Der Beamte befindet sich im Vollrausch, und wenn ich seinen dicken Bauch so betrachte, verstehe ich, daß solche Gewichte zu tragen eines ganzen Mannes Arbeitskraft erfordern! Deshalb wundere ich mich nicht, daß er mich gleich weiterschickt zum Kollegen auf der Brücke. Eine Minute später sind die Pässe gestempelt. Weiter zu den Ungarn gegenüber.

Am rostigen Ponton eines alten Frachtschiffes machen wir fest, und ein Crewmitglied eines rumänischen Schiffes zeigt den Weg.

„Sie müssen ins erste Gebäude auf der rechten Seite", sagt er und kommt gleich mit. Dort finde ich nur leere Räume, in den vorletzten führt er mich, auch hier alles kahl, weiße Wände und irgendwo, ganz versteckt, eine kleine Klingel, an der ich läute.

Sofort schiebt sich wie von Geisterhand ein Brett in der Wand zur Seite. Eine große grüne Uniformkappe erscheint mit dickem, rundem Kopf darunter und verweist mich ein Haus weiter zur Schiffahrtspolizei. Dort ist es schon etwas wohnlicher: Ein Beamter spielt am Computer, der andere sieht fern, beide sprechen weder Deutsch noch Englisch.

„In einer Stunde kommt jemand zum Boot", glaube ich dennoch zu verstehen.

Auf dem Weg zur SOLVEIG stoppt mich ein Mann in abgetragenen Hosen. „Das ist mein Ponton", sagt er, „Sie müssen zwanzig Mark bezahlen!"

Ich habe nichts eingesteckt und abgesehen davon auch wenig Lust, für dreißig Minuten Festmachen so viel auszugeben. Meinem Begleiter ist die Sache peinlich, er verrät mir, daß dieser Typ immer versucht, an Bares zu kommen.

Unten stehen bereits zwei flotte Beamte, die, ohne einen Blick in das Boot zu werfen, die Papiere ausfüllen und „Gute Fahrt" wünschen.

Etwas verwirrt ob des Tempos machen wir los, und SOLVEIG schießt freudig stromabwärts Richtung Budapest. Nach einer halben Stunde überholt uns das Zollboot mit den freundlichen Beamten von eben, wir winken ihnen zu, sie grüßen, kommen heran. Verlegen und sich entschuldigend, erklärt einer der beiden, daß wir leider noch einmal zurückfahren müssen, da die Pässe noch nicht gestempelt sind.

Das klingt nach einem schlechten Scherz. Und bedeutet neben der Extrafahrt, daß wir in diesem tristen Nest am Ende noch übernachten müssen, denn weiter schaffen wir es wahrscheinlich nicht mehr bei Tageslicht. Den Grenzübergang nach Ungarn habe ich mir einfacher vorgestellt!

Eine Stunde später. Bin wütend und stocksauer! Dank eines eitlen und eifersüchtigen Beamten haben wir zu guter Letzt auch noch eine Beschädigung am Boot! Jener Typ, der mich im ersten Gebäude weiterverwiesen hat, erscheint nun selbst, nimmt mit wichtiger Miene die Pässe in seine dicke Hand, blättert sie kurz durch und gibt sie wieder zurück. Das ist seine ganze Tätigkeit! Kurz darauf prescht mit voller Geschwindigkeit und ganz nah ein großes Schiff an uns vorbei, die Fender fliegen hoch, und dicke Schrammen sind die Folge. Wir haben nur noch einen Gedanken, egal wie dunkel es ist – nichts wie weg hier!

Spätabends. Diese Gegensätze! In einem Seitenarm der Donau finden wir einen ruhigen Ankerplatz. Niemand will etwas von uns, draußen regnet es, eine Petroleumlampe brennt, ringsum stilles Wasser und Natur, Natur, Natur. Ganz weit weg bin ich von dieser Welt, fühle das leicht schwojende Schiff. SOLVEIG scheint zu atmen, wenn sie so sanft schaukelt. Es ist so still um uns, daß wir kein Radio andrehen. Ich höre Regentropfen, das eifrige Ticken der Glasenuhr und sonst nichts. Auch die Vögel sind inzwischen verstummt. Will gar nicht schlafen, so schön ist es, diese Ruhe, diesen Ankerplatz in mich aufzunehmen.

*19.5.*

Regen, wolkenverhangen. Rollo schlägt dieses Wetter aufs Gemüt, nach Tee und Marmeladenbrot geht es ihm besser. Ein bißchen lichtet sich auch der Himmel. Heute werden wir Fritz und Volker in Budapest treffen. Mit ihnen als zusätzliche Crew hoffen wir die Fahrt durch Serbien zu bewältigen. Aber es ist wohl auch Glückssache.

Wir passieren Esztergom und seine monumentale Kathedrale. Von weitem – im Nebel – gefällt sie mir gut.

Übrigens haben wir ständig Kanal 16 eingeschaltet, um zu wissen, wann sich wo ein Schubverband befindet. Interessant für mich, die internationale Donau-Sprache ist Deutsch.

Budapest voraus!

Gemerkt habe ich es allerdings nicht so ohne weiteres, denn an den Ufern ist alles grün, keine Häuser zu sehen, und durch den dichten Regen ist auch von der typischen Budapestkulisse nichts zu erkennen.

Dafür ist der Liegeplatz in der Wiking Marina an der Margareteninsel ganz nach unserem Geschmack. Strahlend stehen Fritz und Volker unter ihren Regenschirmen am Schwimmsteg.

*20.5.*

Gott sei Dank kein Regen mehr. Es gibt einiges zu organisieren: Batterien besorgen, DM in kleine Scheine wechseln für „Bakschisch" im Osten, und nach Möglichkeit Gasflaschen noch einmal nachfüllen. Mittags Interview eines hiesigen Fernsehsenders, und danach fahren wir mit Volker und Fritz ins Zentrum. Ich nehme ein Statement von Rollo auf, und wir legen die Kamerapositionen für morgen fest. Volker und Fritz sind wunderbare Assistenten und hilfreich.

*21.5.*

In Deutschland ist Feiertag – Christi Himmelfahrt. Das erfahre ich übers Handy, als mich meine Freundin anruft. Hier im fernen

Budapest fühle ich mich so weit weg von Tagen und Daten, daß ich damit gar nichts anfangen kann. Wichtiger ist: Die Sonne scheint! Mehrmals sind wir mit Boot, Auto und Begleitboot unterwegs, um zu filmen.

Außerdem „offizielles" Mittagessen mit dem Manager der Marina, Varga Istvan und Walter Häring aus dem fernen Berching, der alles hier organisiert und vermittelt hat.

Varga Istvan ist eine maßgebliche Persönlichkeit von Budapest, oder am Ende von Ungarn? Er kennt jeden und jede – ein Unternehmer und Macher, und er unterstützt mit nützlichen Hinweisen.

Nachmittags Sightseeing, anschließend verfahren wir uns gründlich. In Budapest mit dem Auto unterwegs zu sein erfordert besondere Nerven. Sowohl Fritz als auch Walter Häring sind zum wiederholten Mal hier, aber ohne Verwirrung in den Straßen sind sie noch nie durchgekommen.

Abends essen wir in einem originellen Szene-Bistro. In der Mitte des runden Raumes, der sich über zwei Etagen erstreckt, glänzt auf einem etwa drei Meter hohen Podest eine funkelnagelneue Harley-Davidson-Maschine, nebenan ist ein Filmstudio eingerichtet.

Kaum haben wir Platz genommen, geht selbst für trainierte Ohren ein Höllenlärm los, der Rollos sofortige Flucht zur Folge hat. Erst als ihm der Chef dieses Etablissements glaubhaft versichert, daß dies nur eine Lautsprecherprobe war, und uns alle zu Freidrinks einlädt, läßt sich der Käpten umstimmen. Schließlich ist es unser letzter Abend in Budapest. Morgen mittag fahren wir weiter Richtung Jugoslawien.

*Gib mir nicht Reichtum,*
*gib mir einen guten Nachbarn.*

*Sprichwort aus Bulgarien*

# In den wilden Osten

**Sie.** Budapest und seine Brücken zeigen sich von der Schokoladenseite, als wir die Leinen loswerfen, für Fritz und Volker gilt das gleiche, das heißt, ich werde unglaublich verwöhnt. Donau abwärts steuern wir durch einsamste Landstriche. Schiffsverkehr findet praktisch nicht statt. Nur heute? Oder überhaupt?

Abends Ankern in einem Nebenarm. Völlige Stille und im Gegensatz zu gestern sehr entspanntes Bord-Diner. Der Käpten schnurrt. Dennoch beschließen wir aus Sicherheitsgründen abwechselnde Ankerwache, immerhin passieren wir bereits morgen die serbische Grenze.

*23.5.*
Noch siebzig Kilometer. Rollo hat bereits die Europaflagge gesetzt, auf der sind die deutschen Farben ganz diskret nur in der rechten oberen Ecke zu finden. Die serbische Flagge ist vorbereitet.

Die Donau fließt ruhig durch die ungarische Pußta, die Landschaft ist flach, an den Ufern grün, fast keine Häuser sind zu sehen. Gelegentlich quert eine Fähre. Gehört uns die Donau allein?

Durch das Fernglas entdecke ich Fischer am Ufer und Reiher, die unbeweglich auf verdorrten Ästen verharren.

Nachmittags Szenenwechsel: Mohács. Ungarische Grenzstation. Geduld ist gefragt und der Zoll angeblich noch mit einem kroatischen Frachter beschäftigt. Wie bei der Einklarierung liegen wir an einem großen Schiff, das zum Schwimmdock umfunktioniert wurde. Auf dem großen Schild unübersehbar die Gebühren: vierzig US-Dollar für die ersten sechs Stunden!

Bis jetzt hat sich noch niemand zum Kassieren gemeldet. Ob man jemals die Donau wird befahren können, ohne diese Versuche, überall, wo es möglich ist, zu kassieren?

Auf einmal steht derselbe dicke Beamte, der uns schon vor zwei Stunden kurz begrüßte, am Schiff, betrachtet gelangweilt die Pässe. Wir dürfen fahren. Allerdings: Wenn Rollo und Volker nicht im Büro nachgefragt hätten, lägen wir garantiert noch immer da.

Inzwischen gleiten wir durchs „Niemandsland". Sind äußerst gespannt, was uns mit der Einreise nach Jugoslawien bevorsteht. An Bord wird zur Zeit auffallend wenig geredet. Selbst Volker, der immer einen flotten Spruch oder Witz auf Lager hat, ist erstaunlich still geworden. Außerdem hat er seit gestern keine Handy-Verbindung mehr zu seiner Familie, auch das ist nicht ganz nach seinem Geschmack. Der ungarische Beamte riet noch, uns über Kanal 16 anzumelden. Mal sehen.

In diesem Abschnitt der Donau leben die Tiere wirklich ungestört! Auf Sandbänken trocknen Dutzende Kormorane und Fischreiher ihr Gefieder. Einträchtig hocken sie nebeneinander, mit Behörden haben sie offenbar keine Probleme.

Die jugoslawische Grenze. Ein Arbeiter hilft mit den Leinen, bietet an zu dolmetschen. Mit ungarischem Schnaps bedanken wir uns im voraus, und sofort bringt er Rollo und Volker zur Polizei, während Fritz und ich auf dem Boot bleiben. Nach einer Stunde kommen die beiden zurück mit der Nachricht, daß der Zoll noch mit einem Rumänen beschäftigt ist. Rollo richtet vorsichtshalber schon einmal Zigarillos her.

Die finden später zwar keinen Anklang, dafür um so mehr die Erzählungen seiner Seeabenteuer. Außerdem wollen die Herren genaue Angaben über den Inhalt unserer Geldbörsen. Da lavieren wir uns so durch, und ich verstecke vorsichtshalber das nicht deklarierte Geld in der kleinen Waschmaschine.

Als wir endlich die Leinen loswerfen, braucht Rollo zum erstenmal einen Schnaps! Die Crew ebenso.

40

Wir passieren eine Brücke, auf der sich, obwohl intakt, kein Fahrzeug bewegt. Gegenüber liegt Kroatien.

Weiter durch zwanzig Kilometer Einsamkeit bis Apatin, wo man laut Handbuch festmachen kann. Doch beim Anblick des wenig einladenden Platzes verzichten wir lieber und ziehen statt dessen unseren Anker vor. Fischer sind in ihren Booten unterwegs, unser Winken wird nicht erwidert. Natürlich fallen wir auf mit dem deutschen Boot. Sicherheitshalber schließen wir alles gut ab.

*24.5.*
Deprimierend die Vorbeifahrt an Vukovar − Kroatien. Zerschossene Häuser, Fabrikhallen als Ruinen, ebenso Kirchen in Trümmern. Ein bedrückender Gedanke, wieviel Elend, menschliche Schicksale hinter uns zurückbleiben. Doch es sind auch Neubauten entstanden. Menschen am Ufer blicken dem Boot nach.

Zum Mittagessen ankern wir hinter einem rumänischen Schubverband, der ebenfalls Pause macht. Ziegen, ein altes Bauernehepaar und ein Storch am Ufer. Alle futtern oder knabbern an irgend etwas. Am heikelsten ist der Storch. Er stolziert am Strand, nur ab und zu pickt er mit seinem langen Schnabel in den harten Boden, aber seine Ausbeute scheint gering.

Novi Sad ist die erste Stadt in Jugoslawien, die wir besuchen.

Wir verbringen einen unglaublich anregenden und interessanten Abend mit dem Präsidenten des Yachtclubs. Er ist Rechtsanwalt und so wie Varga Istvan aus Budapest mit Gott und der Welt befreundet.

Die Essens- und Schnapsmengen sind gigantisch, wobei letztere bei der serbischen Küche auch gute Dienste leisten. Der Name des Etablissements: „Bata Peugeot" − „Kleiner Peugeot" zu deutsch. Sein Inhaber hat es auf der Uni mit sechs verschiedenen Studiengängen versucht, jeweils für ein Semester, bevor er seine wahre Bestimmung, das Kochen, entdeckte.

*25.5.*
Pünktlich um 9.45 Uhr stehen auf einmal drei „neue Serben" im schwarzen Anzug und dunklen Sonnenbrillen vor SOLVEIGs Heck.

Nach kurzer Verwirrung stellt sich heraus, daß sie Freunde von Volker sind und uns zum Einkaufen mitnehmen wollen. So denken wir jedenfalls und behalten unsere Jeans gleich an. Ihre schwarzen BMWs sind schon ein wenig mitgenommen, auch die Türen lassen sich nur ungern schließen. Innen baumelt am Rückspiegel der beliebte deutsche „Wunderbaum".

Ins Zentrum mit Vollgas — scheint jenseits der österreichischen Grenze das Durchschnittstempo zu sein —, und bevor wir auch nur ahnen, was passiert, stehen wir plötzlich mitten im Empfangsraum des Rathauses und werden dem Oberbürgermeister samt Stadträten vorgestellt. Dazu Fernsehen, Journalisten — und wir, noch nicht ausgeschlafen, in unseren zerschlissenen Bootsklamotten!

Es folgen Ansprachen aller drei Bürgermeister, Rollo, nicht verlegen, improvisiert eine Rede, ebenso Volker. Jedes Komma wird von den Journalisten eifig notiert und von einer Dolmetscherin liebevoll übersetzt, so daß wir eine Menge über die Geschichte der Stadt erfahren, ihre Zukunftspläne, aber auch über ihre Sorgen wegen des Embargos. Unter den sechs Partnerstädten ist auch eine deutsche — Dortmund. Außerdem rühmt sich Novi Sad, besonders frei und offen zu sein.

Es gibt viele Glaubensrichtungen — katholisch, lutherisch, orthodox, calvinisch ... — achtzehn verschiedene Volksstämme. Sogar schwäbische Namen wie Schäuferle oder Gegenbauer sind zu finden, freut sich der Schwabe Volker. Leicht nachzulesen im Telefonbuch oder auf dem Friedhof.

Noch heute leben rund zweihundert Deutsche in Novi Sad. Bestimmte deutsche Begriffe wurden sogar übernommen, wie zum Beispiel Butter, Schleife, Zucker, Besteck, Flasche, Stoff, Lampe. Woher ich das alles weiß?

Volkers Freunde haben zum längsten und opulentesten Mittagessen meines bisherigen Lebens eingeladen, und zwischen den verschiedenen Gängen gibt es außer Hochprozentigem auch viel Wartezeit. Allein die Vorspeise, bestehend aus Salami, Speck, Wurst und Käse, die bereits in fertigen Portionen auf den Tellern serviert wird, ist mehr als ein Hauptgericht auf der SOLVEIG. Es folgt Suppe in gleicher Quantität, und danach fängt das Essen erst richtig an mit Salaten, gegrilltem Fleisch, Wein und Schnaps. Dreieinhalb Stunden dauert der Spaß, danach habe ich Durchfall. Diese Mahlzeiten, erfahre ich zwischen Suppe und Hauptgericht, sind nichts Ungewöhnliches. Zum Beispiel werden Namenstage immer groß gefeiert, und dann dauert ein Essen etwa zwölf (!) Stunden – von morgens bis abends –, und alle Familienmitglieder und Freunde sind eingeladen.

Über Politik sprechen wir wenig, aber Schicka, so heißt einer der drei Freunde, ist seit einem Monat mit einer Kroatin verheiratet, die aus Vukovar floh. Ein Foto von ihr will er lieber nicht zeigen, „weil sie so unglaublich hübsch ist“. Er sagt, er ist Serbe und daher sehr eifersüchtig, „aber das muß sein, sonst ist es keine Liebe“. Sie studiert ein bißchen und ist gerade schwanger. „Aber ich will, daß sie nicht soviel arbeitet, doch sie ist sehr stolz – wir werden sehen.“

Seinen Namen Schicka hat er seit der Schulzeit, und so geht es auch den anderen beiden Freunden Rocky und Scharvey. Ein Leben lang behalten sie ihre Spitznamen, und die meisten ihrer alten und neuen Freunde kennen nur diesen. Bei den anschließenden Lebensmitteleinkäufen lassen sie es sich nicht nehmen zu helfen und bestehen sogar darauf, uns auch dazu einzuladen.

*26.5.*

Mit frischem Brot, von Volker eigens noch vor dem Frühstück beim Kiosk besorgt, steuern wir um halb zehn weiter nach Belgrad. Heute ist mehr Schiffsverkehr, etwa sechs Begegnungen mit Schubverbänden. Himmel trüb, Stimmung an Bord bestens. Obwohl offiziell nicht erlaubt, biegen wir bei Belgrad in die Save und finden bei einer Diskothek, die gerade renoviert wird und in zwei Tagen eröffnet werden soll, einen Liegeplatz. Die Farbe am Pontonrand der schwimmenden Bar ist noch nicht trocken, so werden SOLVEIGs schwarze Fender gleich mit hellblauen Streifen verziert zur Erinnerung an serbische Gastfreundschaft.

Die fünf jungen Männer – alle etwa zwischen achtzehn und fünfundzwanzig Jahre alt – erzählen, daß sie die Disko auf der Save seit drei Jahren betreiben und jedes Jahr „ein bißchen“ anbauen.

„Und was sagen die Behörden dazu?" frage ich neugierig.

„Wenn du in diesem Land erst die Behörden fragst, dann kommst du nie zu etwas!" lächelt einer von ihnen verschmitzt.

Ihr Optimismus ist bewundernswert, vor allem auch bezüglich der Zeitplanung: In zwei Tagen ist offizielle Eröffnung, über eintausend Einladungen haben sie verschickt, davon achtzig Prozent Zusagen. Platz soll es für fünfhundert Gäste geben. Der aktuelle Zustand der Disko hätte mich noch zwei Wochen Arbeit vermuten lassen. Nicht einmal der Holzboden ist fertig verlegt und erst ein Zehntel, wie bereits getestet, frisch gestrichen.

Mit Fritz durchstreife ich die Innenstadt von Belgrad. Es ist schon eigenartig, wenn man wenige Wochen zuvor negative dpa-Nachrichten über den Sicherheitszustand von Serbien hört und dann das Gegenteil von alledem erlebt!

Die Menschen helfen mit Rat, soweit sie können, und sind aufgeschlossen. Wir besorgen Gemüse, Kekse und Wasser und genießen auf unserem Schiff die Kulisse der beleuchteten Stadt. Alle drei Minuten donnert eine alte, rote Straßenbahn über die Brücke, bei der man das Gefühl nicht ganz los wird, daß sie jede Minute einstürzen könnte.

*27.5.*

Trotz ständigem „Donnern" habe ich gut geschlafen. Die Preise sind für deutsche Verhältnisse ausgesprochen günstig, und am Nachmittag, als uns ein Vertreter der deutschen Botschaft besucht, erfahre ich auch warum: Das durchschnittliche Einkommen der Bevölkerung beträgt um die zweihundert Mark. Selbst Botschafter, die vorher im Ausland tätig waren und wieder zurückbeordert werden, verdienen hier gerade einmal vierhundert Mark.

Ärmlich auch der Zustand der Häuser. Erstaunlich, daß es der Straßenbahn immer noch gelingt, ihr Ziel über die verbogenen Schienen sicher zu erreichen.

Auch das Telefonieren nach Deutschland im Amt ist billig. Drei lange Gespräche am Tag für gerade einmal zwölf Mark. Stunden könnte ich im Café sitzen und das Leben in der Fußgängerzone beobachten, die Vielfalt der Typen ist auffallend. Wie in Sankt Petersburg kleiden sich die Mädchen und Damen ausgesprochen sexy und betont weiblich mit Netzstrümpfen und Miniröcken. Sogar ein mindestens neunzig Jahre altes Mütterlein stolzierte auf hochhackigen Absatzschuhen!

*29.5.*
Verrückte Gegensätze in Belgrad.

Morgens erleben wir drei Stunden lang das Pfingstfest in der orthodoxen Kirche und werden verzaubert durch die wunderbaren tiefen Stimmen des Männerchores. Obgleich ich filme, bekomme ich Gänsehaut. Was mich verblüfft, sie sind glücklich, daß ich sie aufnehme! Man lädt mich sogar ein, auf die Kanzel zu steigen! Die Prozession ist eine deutliche Demonstration der starken Verwurzelung der Menschen mit ihrer Kirche. Ich spüre, daß sie sich von keiner Macht der Welt die Ausübung ihrer Religion mehr verbieten lassen wollen und deshalb jede Gelegenheit wahrnehmen, ihre Feiern mit Hilfe der Medien in der breiten Öffentlichkeit zu präsentieren.

Noch am selben Abend schnelles Umblättern: die große Eröffnungsparty der Disko, an der wir festgemacht haben. Harte Techno-Rhythmen aus übersteuerten Verstärkern schlagen wie Peitschenhiebe um die Ohren.

Innerhalb kürzester Zeit drängelt sich die gesamte junge Szene der bessergestellten Familien auf den wenigen, überdachten Quadratmetern des noch kurz zuvor verlegten Holzbodens. Natürlich gibt es keine Chance, auf unserem Boot auch nur irgend etwas Vernünftiges anzustellen. Außerdem sind wir natürlich eingeladen mitzufeiern. Diese Disko-Nacht auf unserem Gastgeberschiff werde ich so schnell nicht vergessen. So habe ich mir Serbien nicht vorgestellt! Die Jugend voller Kraft, sehr aufgeschlossen, sie sprechen gerne Englisch oder Deutsch. Sie schimpfen viel auf ihre Regierung, die jegliche persönliche Initiative breits im Keim zu ersticken droht. Dasselbe hört man übrigens von den Journalisten.

Inzwischen sind wir unterwegs Richtung Rumänien. Es ist schwül, mein Kopf brummt. Nur wenige Kilometer vor dem Eisernen Tor ankern wir auf eineinhalb Metern Tiefe: Froschkonzert, wild aus dem Wasser wachsende Wurzeln, kleine Inseln. Auch Moskitos schätzen diesen Platz, provisorisch bringe ich an Bullaugen Gazevorhänge an. Wir fallen früh in die Koje, um Schlaf nachzuholen!

*30.5.*

Das erste Frühstück im Freien! Mit Froschgequake als Soundtrack. Volker befaßt sich mit der Gebrauchsanweisung für die Toilette, da sie defekt ist. Mittags werden wir im Ort Ram Zeuge einer serbisch-österreichischen Hochzeit.

Alle Gäste kommen mit zwei Fähren und ihrem eigenen Auto über die Donau angereist. Um heil an Land zu gelangen, wird am Ufer eifrig Sand aufgehäuft und nachgeschaufelt, so daß der Übergang von der Rampe nicht zu uneben wird. Der zukünftige Schwiegersohn erhält von der Schwiegermama neben nicht enden wollenden Anweisungen und Ratschlägen zum Schluß noch einen Schnuller fürs Baby zugesteckt, das er offenbar heute zu betreuen hat.

Wir stärken uns mit Fisch und Salat in der kleinen Kneipe am Strand und fahren weiter durch Wiesen- und Hügellandschaft. Dann − bei Einbruch der Dämmerung − steuerbord voraus die Einfahrt zum Eisernen Tor. Ein gigantischer Anblick, die mächtige Burg Golubac! Am rechten Donauufer fällt der Anker. Mit Volker und Fritz sitze ich noch lange im Cockpit, bei Rotwein und Raki verbreiten wir Lebensphilosophien, nicht unbedingt zum Mitschreiben, während Rollo mit seinem Laptop am Kartentisch arbeitet. Sternklare Nacht, die Mondsichel leuchtet vom schwarzen Himmel, selten zieht ein Schleppverband an uns vorbei. Frösche quaken. Heile Welt?

*31.5.*

Frühstück an Deck. Es ist Pfingstsonntag, informiert mich Volker, der zu seinem Leidwesen noch immer keine Handy-Verbindung mit zu Hause hat. Fröschen, Vögeln, Uhus und Reihern ist das egal. Und so bleibt am Ende jedes Wesen in dieser Welt mit seinen kleinen und großen Problemen allein und versucht, irgendwie damit fertigzuwerden. Volker jedenfalls probiert mittags in einem kleinen Ort sein Telefonglück übers Festnetz. Die Verbindung funktioniert nicht, statt dessen dürfen wir für eine halbe

Stunde am Ponton dreißig Mark hinblättern, so daß wir schleunigst die Flucht ergreifen.

Blitz, Donner, Regen, Wind – und SOLVEIG in der Wolfsschlucht, könnte man glauben. Die Fahrt durch das berühmte Eiserne Tor übertrifft alle Erwartungen: Hohe Felsmassive wie in den Fjorden Norwegens erheben sich links und rechts der Donau. Das Wasser ist bis zu vierzig Meter tief. Fritz filmt und fotografiert das Schiff vom Ufer.

Abends vor der riesigen Doppelschleuse Derdap 2. Die jugoslawische Schleuse ist zur Zeit in Reparatur, erfahren wir, nicht über Funk, da hört keiner. So setzen wir Fritz und Volker an Land, um direkte Erkundigungen einzuholen.

„Probiert es bei der rumänischen!" lautet die Auskunft.

Also hinüber zur linken Donauseite und Festmachen kurz vor dem Eingang.

Mit pantomimischen Handzeichen, verstärkt durch die Zugabe von Bier und Zigaretten, bitten wir einen rumänischen Arbeiter nachzufragen, wann eine Möglichkeit besteht, geschleust zu werden. Er versucht gerade, mit Schraubenzieher und Hammer ein museumsreifes Telefon endgültig zu ruinieren. Mit Apparat Nummer zwei, der ebenfalls ziemlich altersschwach aussieht, erreicht er nach vier Versuchen endlich seinen Chef und gibt mir den Hörer.

Der versteht Gott sei Dank mein vor Aufregung ziemlich verworrenes Englisch, und ich erfahre, daß wir erst morgen früh in die Kammer einfahren können. „To many ships", meint er.

Als er Länge und Breite von mir mitgeteilt bekommt und ich mich im voraus mit Zigaretten und Bier – „Wollen Sie mich bestechen?" „Aber nein, ich möchte nur eine kleine Freude machen!" – für eine schnellere Abfertigung bedanke, ist der nächste Durchgang für uns frei.

Wir dürfen sogar vor einem Fahrgastschiff hinein!

Aber auch die Schleuse selbst ist erwähnenswert. Zweimal zweiunddreißig Meter Fall und alles erleuchtet. Als sich nach eineinhalb Stunden das riesige Tor öffnet, empfängt uns mit einem Schlag völlige Finsternis. Wie um Himmels willen jetzt noch einen Platz finden?

Fritz und Volker drehen an den Suchscheinwerfern, plötzlich wachsen Bäume aus der Flußmitte – alle Nerven sind zum Zerreißen gespannt. Dann eine grüne Boje.

„Dahinter können wir ankern, das habe ich mir auf der Karte angesehen", höre ich Rollo erleichtert sagen.

## 1.6.

Letztes gemeinsames Frühstück mit Volker und Fritz und weiter nach Kladowo, nur sechs Kilometer entfernt. An einem Ponton direkt bei der Polizei legen wir zum stolzen Preis von 25 DM oder Dollar an. Offensichtlich bedeutet der Unterschied zwischen DM und Dollar noch nichts. Es folgt genaues Befragen nach dem Woher und Wohin, das Gepäck wird eingehend untersucht – und dann aber nichts wie weg von dieser ungastlichen Gegend.

Zur Zeit sind wir mit dem Handy im rumänischen Netz. Wegen des längeren Funklochs haben sich Freunde Sorgen um uns gemacht.

Zum Mittagessen ankern wir, neben uns stolzieren kleine und große Störche auf der Sandbank. Plötzlich kommt ein Unwetter, Schaumkämme und Wellen fast wie auf dem Ozean. Gläser fliegen, wir versuchen so gut es geht aufzuräumen. Die Donau ist schon sehr vielseitig. Sie kann Fluß sein, Kanal, See, Bucht oder auch Meer. Und an ihren Ufern trafen einmal unterschiedlichste politische Systeme hart aufeinander. Sie trennte und verband Menschen gleichermaßen.

Im Augenblick fahren wir auf der linken Seite an Rumänien entlang, ein besetzter Wachturm neben dem anderen.

Mit der nächsten Schleuse haben wir Glück. Über Kanal 16 erhalte ich prompt Antwort, und nach einer Viertelstunde Kreise drehen tönt es aus dem Lautsprecher: „SOLVEIG, you can come now!" Musik in meinen Ohren ...

Tatsächlich sind wir heute wieder das einzige Schiff auf diesem Abschnitt und so gesehen sicher auch eine willkommene Abwechslung für den vereinsamten Wärter. Ein Soldat nähert sich, notiert vom Heck Name und Registrierung. Mit Hilfe meines kleinen Reiseführers will ich ihm etwas Nettes über Rumänien sagen, doch er winkt müde ab, deutet mit dem Daumen nach unten. Als er hört, daß ich in der Nähe Münchens lebe, blicken seine Augen sehnsüchtig in die Ferne.

Die bittere Armut in diesem Land spürt man, auch ohne es betreten zu haben: am Ufer Schrott, Schiffswracks, und dazwischen hängt Wäsche zum Trocknen. Das heißt, wo immer es noch irgendein Dach gibt, hausen Menschen. Morgen wollen wir Jugoslawien verlassen.

*2.6.*

Vier Uhr morgens: Ein Hahn kräht, Uhu ruft, Vögel zwitschern, Wasser gluckert, und die Glasenuhr tickt.

Sechs Stunden später. Nach einiger Verwirrung mit Papieren und Stempeln und der „Pontongebühr" hat man uns sehr freundlich aus Jugoslawien verabschiedet. Zuvor besorgen wir noch in einem kleinen Duty-free-Kiosk, gleich neben dem Büro der Zollbeamten gelegen, Zigaretten, Nescafé, Schokolade und Wodka. Letzterer bedeutet sicher Eulen nach Athen tragen, aber die eineinhalb Liter fassenden Smirnof-Flaschen sind einfach zu verlockend und hübsch anzusehen.

Und jetzt freue ich mich auf Bulgarien. Was ich bisher am rechten Ufer sehe, läßt mich die Schweiz an der Donau vermuten: hübsche, kleine, gepflegte Häuschen bzw. Ansiedlungen, keinerlei Schrott, so wie noch gestern an der rumänischen Seite der Donau.

Die Landschaft ist eben – Wiesen, Sand – ein tiefblauer Himmel mit Schönwetterwolken. Schafherden am Ufer, Fischer treiben in ihren schlanken Booten. Wachtürme rechts und links erinnern an die Vergangenheit, übrigens sind die bulgarischen aufwendiger gebaut und mit Radar ausgestattet. Auf der rumänischen Seite entdecken wir viele noch mit Wachtposten besetzt.

Plötzlich prescht eine schwimmende Rostlaube auf uns zu, rumst, ehe wir uns versehen, ans Boot – ich denke okay, jetzt geht's zur Sache, die wollen alles!

„Passaporte", schreit einer der vier Gestalten aufgeregt.

Ich zeige dem Schreihals das Gewünschte, aber er ist nicht zufrieden.

„Visa!"

„No Visa für Bulgarien – wir aus Deutschland", radebrecht Rollo.

„Geben Sie Pässe!" kommt es noch mal von dem Schrottkahn. Wir geben ihm das Gewünschte, und er verschwindet mit den Dokumenten im Führerhaus. Die übrigen drei Burschen verfolgen aufmerksam jede Bewegung von uns. Als der Chef schließlich wieder auftaucht, gibt er die Pässe zurück, schreit „Okay!" und schießt mit Vollgas davon. Der Spuk ist vorbei!

Beim Einklarieren in Vidin lassen sich gleich ein Dutzend Behördenvertreter im Salon nieder – alle sehr jung, sehr eifrig, sehr unsicher. So viele Bootspapiere und Stempel sind bis jetzt noch nie hin- und hergereicht worden. Aber liebenswürdig sind sie, das muß man sagen.

„Angelika hier – Angelika da – du brauchst unbedingt einen Arzt, wir rufen für dich an!" Die Hilfsbereitschaft ist grenzenlos, als sie hören, daß ich Schmerzen am Ohr habe.

Der Agent, der den Ponton verwaltet und auch die Gebühren von 20 Dollar kassiert, lädt uns zu Kaffee und Saft in die Bar des Schiffsterminals ein. Er ist so ein Typ Jean Gabin auf bulgarisch, und das Improvisieren mit unseren zwei Seiten „Bulgarisch – Das Wichtigste" im Dumont-Reiseführer nimmt kein Ende.

Die Stadt ist auf den ersten Blick hübsch anzusehen, großzügige Parkanlagen, schöne Häuserfassaden, doch bei näherem Hinschauen bröckelt gewaltig der Putz.

*3.6.*

Der „wilde Osten" hat zugeschlagen. Ich stehe noch unter Schock, schreibe jetzt trotzdem Tagebuch. Vielleicht hilft es ein bißchen.

Man hat mich beim Filmen beklaut, und zwar vollständig: Bargeld, Kreditkarten, Personalausweis – alles weg, außer dem Paß. Gott sei Dank hatte ich ihn nicht bei mir. Die Einkaufstasche wurde von hinten aufgeschlitzt! Mit einem scharfen Messer! Und ich Vollidiot dachte, in Bulgarien ..., aber was heißt schon in Bulgarien, ich war zu blauäugig, auf der anderen Seite wollte ich meine wichtigsten Dokumente nicht an Bord zurücklassen.

Rollo ist sich ziemlich sicher, wer es war – eine hochgewachse-

*In Zukunft filme ich nur noch mit Bodyguard!*

ne Frau mit ihrem etwa zwölfjährigen Sohn. Er bemerkte sie schon eine Zeitlang, da beide immer wieder plötzlich aus dem Menschengewühl in unserer Nähe auftauchten. Aber er dachte sich nichts Besonderes dabei. Irgendwie sind wir innerlich nicht auf diese Möglichkeit eingestellt gewesen, denn in Serbien trieb sich nicht solches Volk herum.

Bisher habe ich immer geglaubt, das passiert nur anderen, und ich würde so etwas merken. Die Filmerei lasse ich jetzt besser bleiben – ohne Bodyguard hat das keinen Zweck. Außerdem ist mir die Lust dazu völlig vergangen.

Der Ort selbst ist eine Mischung aus quirligem Leben in der einzigen großen Fußgängerpromenade und Müßiggang in den zahllosen Kneipen. Bereits ab neun Uhr hocken hier meist junge Leute, trinken stundenlang an einer Cola oder einem Kaffee. Am Ende der etwa zwei bis drei Kilometer langen Promenade schließt sich der Markt an mit vielen kleinen Ständen, an denen es alles zu kaufen gibt: Obst, Gemüse, Haartrockner, Schnürsenkel, Autoersatzteile – von geklauten Autos? – , Niveacreme, Deckel für Einmachgläser, Schuhe, T-Shirts, Schrotkugeln für Luftgewehre.

Nach diesem Zwischenfall ist mein Blick für die unmittelbare Umgebung plötzlich schärfer geworden: Der Agent zum Beispiel, der uns hilft, Wasser nachzutanken, trägt in seinem Gürtel Handschellen, jederzeit einsetzbar, alles und jedes wird mehrere Male abgeschlossen, auch die Tür zu seinem Büro ist durch eine Zwischentür mit eigenem Schlüssel abgesichert.

Per Handy bestellen wir Ersatzteile in Hamburg für die nicht mehr arbeitende Bordtoilette, und dann endlich Leinen los! Ich bin froh, hier wegzukommen!

Wir fahren an Lom vorbei, ankern zwischen zwei Inseln und einer Sandbank. Halbmond. Mit einem guten Abendessen versuchen wir, unseren Schock zu verdrängen. Doch als wir in der Dunkelheit Fahrtgeräusche hören und plötzlich Suchscheinwerfer auf uns gerichtet werden, lösche ich Kerze und Ankerlicht und bewaffne mich mit einem Fernglas. Ein Schnellboot dreht mehrere Kreise, leuchtet immer wieder das Ufer ab, bleibt mit seinem Licht lange auf der SOLVEIG. Nach fünf Minuten fährt es endlich weiter stromabwärts. Das Ankerlicht bleibt aus, besser erst gar nicht gesehen werden! Der Halbmond ist schon hell genug.

*4.6.*

Ruhige Nacht in „unserer" Bucht zwischen Rumänien und Bulgarien, zwischen Sandbänken, kleinen Inseln und dem Festland. Auf einer Sandbank neben der SOLVEIG Scharen von Kormoranen.

Tagsüber kommen uns zwei große Schubverbände entgegen, von denen freundlich gewinkt wird. Sonst sind wir allein in dem riesigen Strom.

Das Ufer von Bulgarien ist meist grün, nur wenige Häuschen kann ich entdecken. In einem Dorf landet ein Storch fast auf dem trabenden Pferd – jedenfalls erscheint es so aus der Bootsperspektive.

Rollo hört Deutsche Welle. Schlimmes ICE-Unglück in Eschede und weitere Zuspitzung des Kosovo-Konflikts.

*5.6.*

Nikopol ist nur fünfzehn Kilometer entfernt, hier wollen wir etwas einkaufen. Eine Stunde später erreichen wir diesen Ort, dessen größter Vorteil darin besteht, daß er im Funknetz liegt und wir mit dem Handy wichtige Anrufe tätigen können. Ansonsten nerven Jugendliche und Halbstarke am Ponton, kommen unaufgefordert auf das Boot. Der Ort selbst dreckig, sehr arm, die Häuser verfallen.

Für meine Besorgungen habe ich mir sicherheitshalber die wichtigsten Worte „Guten Tag", „Wo ist ...", „Brot" etc. in bulgarisch und türkisch notiert, denn ich las, daß in diesem Ort viele Türken leben und man mit Türkisch die Herzen öffnet. Aber dieses Türkisch muß auch verstanden werden, und am Ende hilft doch eher mein Englisch. In einer Kneipe erhalte ich schließlich frisches Brot, Wasser und Wein.

Eigentlich habe ich mich auf Bulgarien gefreut, aber dieser Staat ist nicht an die Donau gebaut – Sehenswürdigkeiten findet man im Inneren. Von Rumänien gar nicht zu reden: in Reih und Glied angepflanzte Nutzbäume oder Industrieanlagen, die vor sich hin verrotten. Die Donau selbst eine einzige Dreckbrühe, tote Fische, Schaum, Plastik, Bierflaschen, sogar eine Holzkommode schwimmt vor dem Bug – alles wird in diesem Fluß entsorgt!

An einer Engstelle sitzen wir fast auf – nur noch vierzig Zentimeter unter dem Kiel! Zur Zeit fließt so wenig Wasser, daß die Schubverbände bereits auf Regen warten.

*6.6.*
Seit Novi Sad machen wir heute zum erstenmal wieder in einem richtigen Yachtclub fest. Und zwar in Ruse. Geschützt vom Donauschwell, im Handelshafen gelegen, haben wir dank eines sehr hilfsbereiten Skippers einen Liegeplatz in einer kleinen Box bekommen. Obwohl jeder Platz besetzt ist, hat er eigens für uns sein kleines Segelboot verlegt, er fuhr raus und ging dann bei uns längsseits.

Walentin hat Deutsch in Kursen gelernt und war schon fünfzig Tage in Deutschland, erzählt er. Sein Boot und all die anderen Yachten befinden sich in einem ähnlichen Zustand wie die meisten Häuser und Straßen in Ruse, es sieht aus wie nach einem Krieg. Viel Dreck auch in den Grünanlagen, man hat das Gefühl, kaum etwas wird repariert oder gepflegt.

Einkaufen ist günstig: Ein Kilo Brot kostet dreißig Pfennig, Wein 2,20 DM, ein Liter Wodka ebensoviel, die gleichen niedrigen Preise gelten auch für Gemüse.

Als ich mehrere Flaschen Wein besorge, blickt mich die Verkäuferin erstaunt an, so viel kann sich ein „normaler" Mensch nicht leisten. Deshalb erfinde ich schnell eine Geburtstagsparty, um meinen Großeinkauf etwas abzumildern.

Später kommt der Inhaber einer Tankstelle aufs Boot. Er will mit uns besprechen, wo wir Diesel übernehmen können. Obwohl er nicht unbedingt zu den armen Leuten zählt, verschlägt es ihm die Sprache. Als er sie wiederfindet, fragt er nur: „Wieviel kostet so ein Boot?"

Obwohl wir mit dem Preis weit untertreiben, bedeuten diese Summen ein so utopisches Vermögen, wie für unsereins das Dollar-Imperium von Bill Gates jenseits realer Möglichkeiten erscheint.

Inzwischen denken wir ernsthaft darüber nach, ob es nicht besser ist zu sagen, wir hätten das Boot von der Werft geliehen und müssen es nach der Reise zurückgeben, um nicht den Eindruck zu erwecken, daß wir im Geld „ertrinken".

Übrigens sind die Bulgaren äußerst gesellig, Restaurants und Cafés wohin man blickt, und alle vollbesetzt. Eine besondere Rolle im gesellschaftlichen Miteinander spielt der Nachbar. Ihm wird immer geholfen, und wenn jemand zum Beispiel umziehen muß, dann versucht er, auch für seinen Nachbarn eine Wohnung oder ein Haus in der Nähe zu finden. Enge Freundschaftsbande prägen die Beziehungen, die ein Leben lang halten. „Gib mir nicht Reichtum, gib mir einen guten Nachbarn!" lautet ein altes bulgarisches Sprichwort.

*7.6.*

Sehr heiß: 35 Grad. Unter Rollos Koje habe ich Abdeckungen für die Salonfenster gefunden. Ich verstehe nur nicht, warum sie aus schwarzem Stoff genäht sind! Aber etwas erträglicher wird es wohl werden, wenn die Sonne nicht mehr direkt in den Salon scheinen kann.

Außerdem kommt bei der Suchaktion auch die Ersatzpumpe der Toilette zum Vorschein − ebenfalls unter Rollos Koje. So ist endlich auch dieses Thema „abgehakt". Rollo schreibt an einem Zeitungsbericht, und ich schneide weitere Gazestoffe zurecht für die restlichen Luken, denn heute nacht haben die Mücken Rollo bös verstochen. Am Spätnachmittag ist sein Bericht fertig, und wir bummeln durch die Innenstadt.

Alle sind auf dem etwa zwei Kilometer langen Boulevard auf den Beinen: Soldaten, junge Liebespaare, Mädchen, Großmama mit Enkelin, Familien mit Kinderwagen, Schüler, Zigeuner, und am Straßenrand verkaufen Bauern Kirschen und Salat. Wir erwerben beides, ebenso Wasser und Wein in einem Laden, der bis Mitternacht geöffnet hat. Auch diesmal zeigt die Verkäuferin diskret das Preisetikett der Weinflasche: 2,30 DM. Scheinbar überlege ich und nehme dann drei Flaschen, die sie einzeln sorgfältig einpackt. Ich komme mir vor, als hätte ich den teuersten Champagner gekauft, doch bei den hiesigen Durchschnittseinkommen, die ähnlich wie in Serbien zwischen 150 und 200 DM monatlich liegen, verwundern die Preise nicht.

*8./9.6.*
Der Hafenkapitän hat sich gemeldet und ist beleidigt, daß wir uns am Wochenende nicht haben blicken lassen. Mit zwei Crewlisten und diversen Zertifikaten marschiere ich in sein Büro, und nach dem üblichen Small talk, er spricht sogar etwas Deutsch, ist alles wieder in Ordnung.

Rollo bleibt an Bord, um das Tankfahrzeug für unsere Dieselübernahme abzuwarten. Es kommt zwei Stunden später als verabredet, dafür verläuft die ganze Aktion — und eine Aktion war es wirklich — erfolgreich. Etwas, das in Deutschland völlig undenkbar ist, geschieht: Die Personenfähre macht eigens Platz für uns. Und als sie Passagiere befördern muß, geht sie einfach mit dem Bug ans hintere Ende ihres Anlegers und läßt die Leute dort aussteigen. Das nenne ich Improvisation und Hilfsbereitschaft!

Auch drei Mitglieder vom Club helfen, halten abwechselnd den großen Schlauch in den Trichter der Tanköffnung. Nach einer Stunde ist SOLVEIGs Bauch prall gefüllt mit 850 Litern zusätzlichem Brennstoff.

Das Befahren der Donau ist seit einigen Tagen recht spannend geworden, da die Seezeichen häufig nicht mit den Angaben der

Unterlagen übereinstimmen. Rollo ist die meiste Zeit damit beschäftigt, die Karte zu verbessern, was ihn so beansprucht, daß sein „erster Offizier" versucht, die Betonnung im Auge zu behalten. Silistra ist der letzte bulgarische Ort, und dort klarieren wir aus.

„Haben Sie das Bier auch in Zimmertemperatur?" fragt mich der Offizier höflich und in lupenreinem Deutsch, als ich ihm wie üblich etwas zu trinken anbiete. Er ist stolz auf seine Sprachkenntnisse, und jenen Satz lernte er als erstes fehlerfrei sprechen! Nur ungern trennt er sich von SOLVEIGs Besatzung, um ein ukrainisches Frachtschiff abzufertigen, wo ihm ein solcher Service wahrscheinlich nicht zuteil wird. Unerwartet unkompliziert verläuft auch die behördliche Abfertigung in Rumänien, das heißt, sie findet gar nicht statt!

„Sie können so lange in Rumänien auf der Donau fahren, wie Sie wollen", verabschiedet man uns. Kein Zoll, keinen Stempel in den Paß und sehr nette Beamte.

Abwechslungsreich die Landschaft mit Hügeln, Wiesen, Sandstein, Wälder, Sanddünen mit weidenden Pferden. Dazwischen Pelikane, die mit langsamem Flügelschlag ihre Kreise über uns ziehen. Einfache Hütten wie eine Höhle in die Wiese gebaut, davor ein Fischerboot, zwei Kühe und ein Karren. Menschen winken, freuen sich, wenn wir fotografieren.

Bis Ismail in der Ukraine, wo wir mit Alexei und einem weiteren Wissenschaftler vom Brema-Institut verabredet sind, fehlen noch knapp zweihundert Kilometer. In zwei Tagen sollen wir dort eintreffen.

Der hilfsbereite „Graf" ruft schon heute an, er scheint in Ismail viel in Bewegung gesetzt zu haben. Übrigens winken alle ukrainischen Frachtkapitäne samt Besatzung geradezu enthusiastisch, geben Hubsignale. Das macht Freude!

Abends fällt der Anker neben einer romantischen, kleinen Insel. Und was sehe ich? Die seltenen Rosa-Pelikane! Sie kommen nur in den Donauniederungen vor; außerdem haben sich etliche Möwen und sogar Seidenreiher niedergelassen. Sie sehen wirklich vornehm aus: schwarzer Schnabel, schwarze Füße und alles andere weiß. Derzeit sind sie ausgiebig mit ihrer Schönheitspflege beschäftigt, doch als ein Pelikan nach dem anderen zu schlafen beginnt, stehend mit seinem Kopf in den Federn, fliegen die Reiher, etwa zehn an der Zahl, davon. Wohin?

Zurück bleiben auf der kleinen Landzunge zwanzig „kopflose" Pelikane und am Strand liegende „beinlose" Möwen. Letztere ziehen es offenbar vor, trockenen Fußes zu nächtigen …

Faszinierend, wie die schlafenden Tiere optisch eins werden mit der Landschaft. Pelikane sind in dieser Stellung nicht mehr zu unterscheiden von den kurzen Baumstämmen – sie setzen sich für den Betrachter fort.

Inzwischen ist Dunkelheit hereingebrochen. Ein neues Bild: Vollmond. Alle Pelikane jetzt ganz dicht zusammengerückt, Körper an Körper, Feder an Feder, dann großer Abstand – und die Möwen? Gerade mal zwei liegen noch hier, die anderen sind bereits weggeflogen. Fazit: Die Landzunge „gehört" den Pelikanen und – vorübergehend – der SOLVEIG-Crew.

*10.6.*

Heute nacht bin ich doch tatsächlich vom Ticken meines kleinen Reiseweckers aufgewacht. Auf diesen Donau-Ankerplätzen erlebe ich eine Ruhe und Stille wie in den verwinkeltsten Mangroven Neuguineas. Pelikane sind offenbar Frühaufsteher und bereits unterwegs auf Nahrungssuche. Und zwar alle! Nicht einer ist mehr da. Aber heute abend – da bin ich mir sicher – wird sich hier wieder gemeinsam geputzt und für die Nacht zurechtgemacht und natürlich zusammen geschlafen.

Vier Kormorane haben jetzt den Platz für sich entdeckt; einer trocknet gerade in Vogelscheuchenhaltung sein Gefieder. Übrigens taten es einige Pelikane gestern auf die gleiche Weise. Um den Mast der SOLVEIG schwirren aufgeregt Schwalben, ganz nah.

In der Ferne sind Fischer in schwarzen, schweren Ruderbooten mit ihren Netzen beschäftigt, am Ufer labt sich ein Pferd mit seinem Fohlen am Flußwasser. Hier ist die Donau endlich ganz klar und rein. Ich habe eine Wasserprobe entnommen, die ich später untersuchen lassen will. Schwimmen gehe ich trotzdem nicht – leider – wegen meinem noch immer schmerzenden Ohr.

Heute ist unser letzter Tag in der rumänischen Donau, und zwar genau an der rumänisch-ukrainischen Grenze. Bei einem kleinen Dorf, das malerisch an Sandsteinfelsen klebt, stoppen wir kurz zum Fotografieren. Auf einmal springen ein halbes Dutzend Jungen von einem vielleicht fünfzehn Meter hohen Felsen in den Fluß! So wie in Acapulco, aber nicht für Geld, sondern zum Spaß, um uns etwas vorzuführen.

Wir ankern nur ein paar Meter vom rumänischen Grenzwachboot entfernt. Gegenüber, auf der linken Seite, der erste Wachturm der Ukraine, mit zwei Posten besetzt. Unablässig verfolgen sie unsere Bewegungen durch ihr Fernglas.

Rumänische Soldaten kontrollieren die Pässe; sie haben nichts dagegen, daß wir über Nacht bleiben wollen. Es ist wohl der romantischste Grenzposten, den ich bisher erlebt habe: Ihr Boot mit einer Heckleine am Baum festgebunden, dahinter weiden Pferde, ein paar Zelte sind auf der Wiese aufgeschlagen, vielleicht von den Fischern. Kleine Boote liegen am Strand neben abgestorbenen Baumwurzeln, und all das auf einem kleinen Eiland mitten im großen Strom.

*11.6.*

Nachdem ein rumänischer Fischer sehr unglücklich ist über unseren Liegeplatz und dies auch überdeutlich kundtut, holen wir schon um zehn Uhr vormittags den Anker auf, bedanken uns vorher bei den Soldaten für ihren „Schutz" mit Zigaretten. Der Graf ruft wieder an, er scheint ganz aufgeregt, auch eine gewisse Larissa meldet sich vom Schiffahrtsbüro in Ismail – kurzum, die ruhigeren Tage auf der SOLVEIG gehen zu Ende!

Deutlich ist zu spüren, daß das große Meer nicht mehr fern ist. Große Überseeschiffe gleiten, eine riesige Bugwelle vor sich her schiebend, an der SOLVEIG vorbei, die Donau ist ganz breit und tief geworden. Mittags ankern wir an der rumänischen Seite. Dieses Gebiet zwischen Rumänien und der Ukraine scheint von beiden Seiten besonders gut bewacht zu sein. Auch hier entdecken wir sofort zwei Soldaten am Ufer, die uns beobachten.

Der Fischer „vom Dienst" kommt längsseits und bittet, wir mögen zweihundert Meter weiter nach hinten verlegen. Brav holen wir das Eisen hoch und tun wie geheißen. Als sich nach einer Stunde weitere Fischer dem Boot nähern und es außerdem gewaltig zu wehen beginnt, begleitet von Donnern und Blitzen, fahren wir lieber gleich weiter.

Weiße Schaumkämme bilden sich, Wellen laufen entgegen, aber SOLVEIG ist davon (noch?) unbeeindruckt. Dank der Breite des Stromes ist zur Zeit die Navigation sehr einfach: Im Prinzip gilt, immer in der Mitte fahren.

Wir übernachten im Chilia-Arm. Nur wenige Meter vom Boot entfernt, suchen drei Seidenreiher Nahrung auf der Sandbank. Wirkliche Schönheiten!

Mit dem silbrig-weißen Gefieder strahlen sie eine gewisse Eleganz aus. Und das Tüpfelchen auf dem „i" sind wenige ganz dünne Federn, die frech von ihrem Kopf abstehen. Mit ihrem langen, schmalen Schnabel durchwühlen sie in regelrechten Schlangenlinien das flache Wasser am Strand nach Kleintieren. Rollo meint gerade, das Ganze sehe aus wie der rotierende Besen einer Straßenreinigungsmaschine.

Wenn sie das hören ...

*Ein Gast bringt Freude nach Hause.*

*Ukrainischer Trinkspruch*

# Dobry djen, Ukraine

**Sie.** Guten Tag, Ukraine! Und welch ein Empfang! Es ist kaum
zu glauben, SOLVEIG ist tatsächlich die erste ausländische Yacht im
Hafen von Ismail. Wie Staatsgäste werden wir begrüßt!

Am Kai der ukrainischen Personenschiffahrt liegt SOLVEIG nun
ganz stolz, und Stanislav Samojlov, der Manager der „Ukraine
Danube Shipping Company", breitet symbolisch den roten Tep-
pich vor uns aus. Auch Alexei Birkun mit Freund und Mitarbeiter Sergei sind aus Simferopol eingetroffen. Nach einer unkom-
plizierten Einklarierung – ein Gesundheitsinspektor kam auch an
Bord – genießen wir alle zunächst ein Sechs-Gänge-Menu à la
Ukraine: Gurken, Tomaten, Teigtaschen mit einer köstlichen Fül-
lung, Gemüsesuppe, gebratenes Huhn mit Mais und Kartoffeln,
Erdbeeren mit Sahne, Weißwein und Kaffee. Jeder Schritt, jeder
Bissen wird vom Fernsehen begleitet. Trinksprüche ohne Ende,
ich sammle sie bereits, denn diese Sitte nimmt auffallend zu, je
weiter wir nach Osten kommen.

Nachmittags schließt sich ein großes Besichtigungsprogramm
an: Reste der türkischen Festung. Innen zeigt man uns ein impo-
nierendes Diorama des erfolgreichen Befreiungskrieges von den
Türken, unter der Führung des Generals Suworow. Übrigens
genau nach jenem General wurde Tom Neales Einsiedler-Insel in
der Südsee benannt.

Als Rollo dies unserer Begleiterin Luba erzählt, die übrigens fließend Deutsch spricht, ist sie fürbaß erstaunt. „Ihr" General, geehrt im fernen Pazifik, auf der anderen Seite der Erde!

Diese Mischung von Gemälden auf einer runden Wand und plastischen szenischen Darstellungen genau davor ergeben zusammen ein riesiges räumliches Bild und versetzen den Betrachter unmittelbar in das dramatische Geschehen der Schlacht.

Am Nachmittag organisieren die Gastgeber in einer kleinen, aber liebevoll ausgestatteten Gemäldegalerie eigens ein Konzert für uns. Fünf Damen der hiesigen Musikschule für Kinder spielen auf ihren Violinen. Mit einer Intensität und Freude, die sofort überspringt! Während die hübschen Mädchen ihre Geigen wieder sorgfältig verpacken, drückt mir die Leiterin der Gruppe beim Abschied einen kleinen Brief in die Hand, den sie soeben geschrieben hat:

Ismail Ukraine
Lenin-Prospekt, 17 a
Musikschule für Kinder
Violinistensemble
"Begeisterung"

Sehr geehrter Herr Gebhard,
Wir bitten Sie höflich uns
zu helfen, kulturelle Be-
ziehungen mit Musikanten
von München herzustellen.
Mit freundlichen Grüßen
Leiterin der Kindermusikschule Nr. 1
Repkina Tatiana

Ismail ist eine ansehnliche, kleine Stadt – sehr sauber im Vergleich zu Rumänien, und man ist dem Westen gegenüber unglaublich aufgeschlossen.

Unser Schiff ist die Attraktion, Leute bleiben andächtig stehen, studieren es von allen Seiten, Pärchen fahren eigens mit dem Auto zur Pier, um die ausländische Yacht wie ein berühmtes Denkmal zu besichtigen.

*13.6.*

Großeinkauf auf dem Markt. Zusammen mit Alexei, Sergei und Sekretärin Luba sind wir unterwegs. Luba ist vollauf damit beschäftigt, uns vier in dem dichten Getümmel nicht zu verlieren! Alles, was man im weitesten Sinn als Gegenstand bezeichnen kann, wird angeboten. Auch leere, alte Marmeladengläser für die vergeßlichen Kunden, die zum Beispiel Sahne kaufen wollen. Die gibt es nicht abgefüllt. Für jedes offene Lebensmittel muß man, so wie damals in Deutschland zu Urgroßmutters Zeiten, eigene Behälter mitbringen, auch für Eier. Butter wird ebenfalls offen verkauft.

Zur Zeit gibt es reife Kirschen, Tomaten, kleine Gurken, Kartoffeln, alles bis zu Ende gereift mit einem Aroma, das ich mich nicht erinnere, jemals genossen zu haben.

Bei meinen Filmaufnahmen habe ich allerdings Probleme, nicht nur, weil es schier unmöglich ist, selbst einzukaufen und gleichzeitig zu drehen. Nein, die Händler haben panische Angst vor der Steuer, denn die meisten Stände sind illegal, und keiner will Abgaben von seinem ohnehin geringen Verdienst bezahlen. Luba erzählt, daß viele ein kleines Häuschen besitzen mit eigenem Obst- und Gemüsegarten, so daß sie sich selbst versorgen können. Die Marktpreise sind gar nicht mal so niedrig, wie man zunächst glaubt – etwa doppelt so hoch wie in Bulgarien. Im Vergleich zu Deutschland allerdings immer noch Pfennigbeträge für ein Kilo Tomaten oder Gurken. Weniger wird sowieso nicht abgewogen. Umrechnen ist einfach: eins zu eins!

Schwerbepackt, auch mit heimischem Bier für Sergei und Alexei, laufen wir zurück zum kleinen Bus, den die Stadt eigens für uns zur Verfügung gestellt hat, und zehn Minuten später befinden wir uns mitten in der großen Kathedrale in einem orthodoxen Gottesdienst.

Am Ende teilen sich die Gläubigen untereinander die vom Popen geweihten und selbst zubereiteten Speisen, die sie von daheim mitgebracht haben. Jeder gibt seinem Nachbarn etwas ab von seinem Gericht, man unterhält sich dabei – alles geschieht selbstverständlich und unverkrampft. Ich spüre deutlich, diese Religion ist Teil des Alltagslebens.

Nachmittags wird uns in vielen kleinen Kanistern Diesel geliefert, Gott sei Dank kümmert sich die Firma selbst um das Einfüllen in den Tank. Außerdem hat Rollo in einer Besichtigungspause endlich die Toilettenpumpe austauschen können.

Zwei Hochzeitspaare kommen zum Kai, posieren für Fotos mit unserem schönen Schiff im Hintergrund und werfen anschließend ihre Sträuße in die Donau.

*14.6.*

Es ist Mitternacht, einzige „Lärmquelle" ist das Froschkonzert. Unser Heck blickt bereits zum Schwarzen Meer, während der Bug noch auf einen der schier unendlichen Donaudelta-Arme weist.

Um neun Uhr morgens hat ein ukrainischer Kapitän die SOLVEIG bestiegen, um uns bis Wilkowo zu begleiten. Wir sind die erste ausländische Yacht auf diesem Donauarm! Daher gibt es keine Karten, und wir sind auf die Kenntnisse eines ortskundigen Führers angewiesen. So versorge ich heute vier sehr hungrige männliche Crewmitglieder, und dank dem Markt in Ismail, Knorrsuppe und Dörfler Würstchen werden sie sogar satt.

Am Nachmittag treffen wir Naturschützer Mischka, zu deutsch Michael, und mit seinem Motorboot erkunden wir kleine Seitenkanäle der Donau. Schließlich zeigt er uns eine erst letztes Jahr entstandene Sandinsel, und wir betreten als erste Fremde das kleine Vogelparadies.

Auch SOLVEIGs Ankerplatz ist einzigartig: In nächster Umgebung brüten Seeschwalben, daneben hocken Kormorane auf den kahlgefressenen Ästen der dürren, bizarren Bäume und nicht weit entfernt rosa Pelikane.

Seit sechzehn Jahren arbeitet Mischka als Naturschützer im

Delta, seine Frau ist ebenfalls Biologin. Begeistert ist er bei der Arbeit, kennt jedes Schilfblatt mit Namen – so scheint es –, und wenn er von seinen Aufgaben erzählt, blitzen seine Augen. Vier Stunden sind wir mit ihm unterwegs, bis wir schließlich einen neuen, wunderschönen Ankerplatz finden. Hier treffen Meer und Fluß zusammen. SOLVEIG liegt nun inmitten des Naturschutzgebietes. Über fünftausend Quadratkilometer umfaßt die riesige Sumpflandschaft, in der die seltensten Tier- und Pflanzenarten heimisch sind.

*15.6.*

In einem kleinen See entdecken wir einen jungen Kormoran, der sich in einem Fischernetz verfangen hat. Wir sind unterwegs mit Alexander, dem Leiter der Naturschutzstation, und ein paar Kollegen. Mit gezielten Griffen befreien sie den armen Vogel von den dünnen Nylonfäden, die sich um seine Federn geschlungen haben. Behutsam setzen sie ihn aufs Wasser. Er dreht sein Köpfchen ein wenig, breitet die Flügel aus, die Gott sei Dank unverletzt geblieben sind, und fliegt zum Ufer.

Bis zu dreihundert Vögel sterben pro Jahr in den Fischernetzen, erzählt Alexander traurig. Neben Aufklärungsarbeit gehört es auch zu den Aufgaben der Naturschützer bei ihren Kontrollfahrten, die Vögel aus ihrer ausweglosen Lage zu befreien.

„Früher, als ich noch Student war und mit meiner Arbeit hier begann, war dieser See mit dem Meer verbunden, das kannst du auf alten Karten gut sehen, erst 1983 hat man den Zufluß vom Salzwasser gestoppt, und der See wurde so, wie er jetzt aussieht", berichtet er.

Heute bekommen viele kleine Seen im Delta ihr Wasser vom Kanal, was für die Fische und ihre Brut gut ist, gleichzeitig aber gelangen Sedimente des Flusses hinein, lassen sie flach werden. Wie so oft, so sind auch hier die Folgen menschlicher Eingriffe in die Natur nicht wirklich vorhersehbar.

„Als ich vor vier Jahren hier Direktor des Reservats wurde", setzt Alex fort, „hatte ich viele Kämpfe mit den Bauern auszufechten. Über zweihundertfünfzig wilde Rinder und Ziegen liefen an den Stränden herum und hatten eine verheerende Wirkung

1

2

...aufe in Maasbracht – wir feiern bis Mitter-nacht.

2 Die neue SOLVEIG VII, eine Linssen Sturdy 40.

3

3 SOLVEIG passiert die schönste Stadt an der
  Donau – Budapest.

4 Mozart ist international, Studenten aus allen
  Ländern verdienen gut am Kartenverkauf.

5 Schönste Brücke an der Donau, die berühmte
  Kettenbrücke in Budapest.

6 Klein, aber fein – der Yachtclub von Milan in Bratislava/
Slowakei.

7 Blaue Donau – rechts im
Bild das Rathaus von Budapest.

8 Nur selten begegnet uns ein
Schiff.

9

10

9 Fritz und Volker, tatkräftige
Verstärkung der SOLVEIG-
Crew in Serbien.

10 Orthodoxer Pfingstgottes-
dienst in Belgrad – obwohl
ich filme, bekomme ich
Gänsehaut.

11 Deprimierend die Vor-
beifahrt an Vukowar –
Kroatien.

12 Im Zentrum Belgrads.

13 Beim Eisernen Tor – das
Wasser ist hier bis zu vierzig Meter tief.

11

14

14 Rollo und Sascha: „Wo bitte geht's nach ...?"

15/16 Die perfekte Filmkulisse:
    SOLVEIG in der „Wolfsschlucht"!

15

## 16

17

17 Nie zuvor haben Ausländer die Station au
   Snake Island betreten!

18 Romantische Kanäle im Donaudelta bei
   Wilkowo.

19 Auf der Donau erlebe ich eine Ruhe und
   Stille wie in den verwinkeltsten Mangrove
   Neuguineas.

19

auf den Pflanzenwuchs, da sie alles abbissen. Den Besitzern war es egal, denn für sie war das bequem. So ignorierten sie unsere Klagen, verlangten sogar Beweise, daß es ihre Kühe sind, die den Schaden anrichten. Zunächst mußten wir klein beigeben.

Aber dann setzte ich in die Zeitung, daß wir ab dem 10. Oktober alle wildlaufenden Rinder abschießen werden. Nach Ablauf der Frist schossen wir dann wirklich drei Bullen und verschenkten das Fleisch ans Hospital.

Am nächsten Tag kamen plötzlich alle Bauern gerannt und riefen: ,Wie kannst du unsere Kühe schießen?' ,Ach, sind das eure Kühe!', erwiderte ich, ,ihr habt doch immer gesagt, daß es nicht eure Tiere sind, die den Schaden anrichten!' So lenkten die Bauern schließlich ein und zogen mit ihren Rindviechern wieder nach Hause."

Mit den schmalen Motorbooten schlängeln wir uns weiter durch enge und engste Kanäle, bei einer der Beobachtungsstationen stoppen wir, um etwas vom Deltawein zu kosten. Aufgrund der besonderen Bodenbeschaffenheit kann er nur hier angebaut werden und soll sofort nach der Ernte getrunken werden wegen seiner geringen Haltbarkeit. Deshalb ist er auch nicht transportfähig.

Die Folgen dieser Tatsache sind nach der Probe durchaus zu spüren. Die Stimmung auf unseren kleinen Erkundungsbooten hätte nicht besser sein können und erreicht am Abend ihren Höhepunkt, als Freunde von Alexander uns mit frisch zubereiteten Fischen aus der Donau überraschen, die sie in ihren Kochtöpfen per Boot zur SOLVEIG transportieren. So beenden wir den Tag im Delta zusammen mit etwa zwei Dutzend Naturschützern bei Petroleumschein im Cockpit unseres Schiffes, und Alexei ist vollständig damit beschäftigt, die vielen Toasts, die abwechselnd von Alexander, Rollo und mir zum besten gegeben werden, zu übersetzen.

„Die Donau verbindet uns alle, und wir werden Freunde sein!"

Mit diesem Spruch verschwinden Alexander und seine Freunde mit ihren leeren Töpfen, Tellern und Flaschen in der Dunkelheit und brausen zu ihrer Station zurück.

*16.6.*

Ein Tag, wie er unterschiedlicher zu gestern nicht sein könnte. Der totale Irrsinn findet derzeit statt. Rollo ist knapp davor, das Unternehmen Ukraine abzubrechen. Ich selbst stehe auch noch unter Schock.

Heute morgen noch scheint alles in Ordnung. Zusammen mit einem hiesigen Ortskundigen fahren wir zurück zur Stadt der ukrainischen Donaufischer Wilkowo. Auf dem Weg treffen wir Einheimische, die mit ihren Booten unterwegs sind. Alexei wundert sich, auch Männer beim Rudern zu sehen.

„Normalerweise ist es in dieser Gegend Tradition, daß Frauen diese Arbeit übernehmen", erklärt er mir.

Ähnliche Gepflogenheiten hat Alexei offenbar auch für sich selbst verinnerlicht, denn beim Anlegen am Steg verläßt er sich ausschließlich auf meine Muskelkraft mit dem Ergebnis, daß SOLVEIGs Außenhaut schließlich einen Kratzer und er selbst eine Rippenprellung bei dem Manöver davonträgt.

Wir treffen den Bürgermeister und Alexander, der uns durch ganz „Klein-Venedig" führt. Früher durchzogen so viele künstlich angelegte Kanäle den Ort, daß jedes der etwa hundert Häuser eine Insel für sich hatte.

Mittags verabschiedet sich der Käpten auf sein Boot, da mal wieder ein Ölwechsel fällig ist, während Alexei, Sergei und ich einkaufen gehen. Dank Alexei ist das Besorgen der lebensnotwendigen Dinge wie Bier, Wodka, Brot, Wurst, Butter und Käse einfach. Allein hätte ich niemals den Laden erkannt, denn er unterscheidet sich nicht von einer Wohnung. Kein Schild verrät, daß sich hinter der Türe ein Geschäft versteckt, aber wozu auch, hier kommen nur Einheimische zum Einkaufen, und die wissen, wo sie was finden.

Wir verabschieden uns von Alexander in seinem Büro. Er ist ein Typ, der jederzeit in New York Geschäfte machen könnte. Mindestens sechs Dinge laufen gleichzeitig durch seinen Kopf und seine Hände, mit dem „Anpacken" hat er ebenfalls keine Probleme, kurzum ein Manager, aber auch Zupacker. Und dabei sehr engagiert im Naturschutz. Er will mit Hilfe eines vorsichtigen Umwelttourismus versuchen, die Arbeit seiner Station im Delta mitzufinanzieren.

Wir kehren zum Boot zurück. So glauben wir jedenfalls.

Als wir im Hafen eintreffen, sind Schiff und Käpten verschwunden! Leute deuten in die Ferne. Alexei, Sergei und ich können nichts, aber auch gar nichts entdecken. Im gleichen Augenblick plötzlich ein ohrenbetäubender Krach – Quietschen –, und die Passagierbrücke zum großen Anlegeponton wird von einem riesigen Kran zusammengequetscht wie eine Ziehharmonika und landet im Wasser.

Dieses Ungetüm hat schon am Morgen längsseits des Pontons festgemacht, ich habe alles noch gefilmt, weil der Kran so beängstigend nah zu unserer kleinen Anlegebrücke kam, wo SOLVEIG lag – und nun hat der Führer offenbar den falschen Hebel bedient.

Langsam wird mir flau im Magen, was um Himmels willen ist mit SOLVEIG und Rollo passiert?

Mit Alexei stürze ich zum Hafenmeister in der Hoffnung, daß Rollo vielleicht Kanal 16 eingeschaltet hat, meistens denkt er nicht daran bzw. verläßt sich auf mich. Ich bin zu aufgeregt und bitte Alexei, den Funkkontakt zu versuchen.

Alexei: „SOLVEIG VII, SOLVEIG VII, can you hear me?"

Rauschen, alles stumm.

Alexei: „SOLVEIG VII, SOLVEIG VII, this is Alexei, please come in!"

Erst Knacken, und dann:

„This is SOLVEIG VII."

Alexei: „Rollo, where are you?"

Rollo: „I am ankering, because the crane has damaged my boat!"

Alexei: „Oh, my God!"

Rollo: „I will pick you up and come to the big ponton!"

Alexei: „There ist no ponton, because the crane has destroyed the ponton also!"

Rauschen.

Alexei: „Can you hear me?"

Jetzt greife ich selbst nach dem Hörer und rufe: „Rollo, kannst du mich hören?"

Rollo: „Ja. Ich kann euch hören. Ich komme jetzt zur Anlegebrücke und hole euch."

Angelika: „Die Brücke ist weg, du mußt ankern!"

Rollo: „Ich komme zur Anlegebrücke und fahre jetzt los!"

„Okay!" bestätige ich und gebe meine Erklärungsversuche auf. Er wird ja selbst sehen, was passiert ist.

Später gesteht mir Rollo, daß er weder Alexei noch mir geglaubt hat, daß der ganze Ponton zerstört ist. Er dachte, wir haben ein bißchen zuviel Sekt getrunken und Spaß gemacht. Aber danach ist niemandem zumute, vor allem nachdem uns Rollo den Verlauf seines Nachmittags berichtet.

Er arbeitete gerade im Motorraum, als es plötzlich einen dumpfen Schlag tat, so daß er nach vorne fiel. Sofort sprang er heraus und sah, wie der schwimmende Unterbau des riesigen Krans ans Heck stieß: SOLVEIGs Rumpf prallte an die Anlegebrücke, dessen grob zusammengeschweißte Verstrebungen tiefe Kratzer an der Bordwand zurückließen.

Zufällig war die Polizei im Hafen. Rollo zeigte alles dem Beamten in der Hoffnung, den Kranführer zur Rechenschaft zu ziehen und für den Schaden einen finanziellen Ausgleich zu bekommen. Lachen war die einzige Antwort. Von dem Chef dieses Chaotenunternehmens gar nicht zu reden. Ein einziges Schimpfen, Fluchen und „Go away!". Keine Entschuldigung, auch nicht ansatzweise.

Nun kommt dazu, daß wir von der Stadtadministration ausdrücklich aufgefordert waren, an dem kleinen Ponton zu bleiben, ja der Eigentümer des Stegs kam persönlich, wollte am späten Nachmittag mit uns eine Autorundfahrt unternehmen.

Rollos Zustand und Flüche schildere ich lieber nicht, er hat jetzt nur einen Gedanken: „Raus und weg von hier!"

Aber selbst das geht nicht so einfach. Da gibt es die „Bordercontroll" und das Hafenamt, und jede Behörde will sich auf den verschiedensten Papieren mit Stempeln verewigen. Alexei braucht über zwei Stunden, bis er die wertvollen Abdrücke auf unseren Dokumenten schließlich beisammen hat – zwei Kilometer einfacher Weg, macht vier Kilometer hin und zurück.

An Bord nur noch ein Kommentar von ihm: „You know, every evening, when I go to bed, I say to my wife, I can not stay in this country any longer." Pause, tiefes Durchatmen, „but in the morning ..." „Weißt du, jeden Abend, wenn ich ins Bett gehe, sage ich zu meiner Frau, ich kann in diesem Land nicht länger leben – aber am Morgen ..."

## 17.6.

Der letzte Tag auf der Donau und der erste im Schwarzen Meer! Es ist wie eine Befreiung, nach den vergangenen vierundzwanzig Stunden endlich salzige Seeluft einzuatmen, die Weite zu fühlen. Auch die Moskitos sind wir los, das wurde Zeit. Barometer steht hoch, blauer Himmel, leichte Brise.

Die Ausfahrt aus dem Delta ist allerdings von der Betonnung her völlig wirr, man hat einfach genommen, was noch übrig war, alle Farben, Rot, Grün, Gelb, ohne die Bedeutung der Farben zu berücksichtigen. Wir haben Glück und steuern hinter einem großen Frachter.

Inzwischen befinden wir uns seit nunmehr drei Stunden im offenen Wasser.

Unser Ziel, Snake Island, ist das einzige Eiland im Schwarzen Meer. Es war und ist militärisch genutzt, und das Anlanden ist verboten. Über Alexei haben wir aber eine Sondergenehmigung erhalten.

13.00 Uhr. Da liegt es, das einsame Eiland – ein einziger Stein- bzw. Felshaufen, so scheint es. Ohne Busch, ohne Baum, dafür gespickt mit militärischen Überwachungsgeräten. Über Funk nehmen Alexei und Sergei Kontakt auf zum Militär und bitten um Erlaubnis, an Land zu gehen. Auf der Leeseite finden wir eine Ankermöglichkeit. Die beiden rudern mit dem Zodiac-Schlauchboot zum Ufer, Rollo und ich bleiben zurück an Bord, warten erst einmal ab.

Zwei Soldaten beobachten vom Fels aus unser Treiben, auch mein Sprung ins klare hellblaue Wasser des Schwarzen Meeres wird genau verfolgt. Sicher ist unsere Ankunft eine kleine Sensation.

Unsere Freunde kommen zurück mit guten Nachrichten: Wir sind vom Kommandanten persönlich eingeladen, die Insel zu besuchen! Das Landen mit dem Zodiac an der Felsküste und in der starken Brandung ist nicht ganz einfach, aber mit Hilfe von vier

Grenzsoldaten, die eiligst die Felsen hinunterklettern, wird das Schlauchboot von acht kräftigen Händen gepackt und auf eine Felsplatte gehoben.

Sie strahlen uns an, als kämen wir vom lieben Gott persönlich; seit Monaten sind sie auf der Insel stationiert, und seit über hundert Jahren hat niemals ein fremder Besucher seinen Fuß auf diesen Platz gesetzt.

Vierundzwanzig Soldaten werden hier in völliger Abgeschiedenheit ausgebildet. Sie pflanzen Gemüse an, backen ihr Brot selbst, ihr Leben ist der Einsamkeit im Kloster durchaus nicht unähnlich. Erstaunlicherweise sind alle freiwillig hier, und die meisten haben keine besondere Sehnsucht nach dem Festland. Das mag verschiedene Gründe haben.

Vor allem fällt mir auf, daß die Atmosphäre ausgesprochen locker und ungezwungen ist zwischen Kommandant und Soldaten. Niemand von „ganz oben" kontrolliert ihr Treiben. Außerdem ist auf dem kleinen Eiland für ihr Leben bestens gesorgt, es gibt kein arm oder reich. Vorsichtig und schüchtern fragen sie, ob sie fotografieren dürfen. Später erzählt uns der sympathische Kommandant, daß auf der Insel sogar Amphoren aus griechischer Zeit gefunden wurden.

Die nahende Dämmerung erinnert den Käpten, daß noch eine lange Nachtfahrt nach Odessa vor uns liegt. Außerdem brist es auf, und Rollo macht sich Gedanken um das gegen Wind und Seegang ungeschützte Boot. Wir rudern zurück und stärken uns mit einem reichhaltigen Abendessen.

Zwei Stunden später stampft SOLVEIG durch die sich langsam aufbauende Dünung. Rollo und ich steuern abwechselnd, aber auch Alexei und Sergei beschließen, die ganze Nacht draußen im Cockpit zu verbringen.

Nach Mitternacht: sehr grober Seegang, an Bord entsprechend ungemütlich. Unseren russischen Freunden fallen immer wieder die Augen zu, sie wollen aber nicht in ihrer Koje schlafen.

*18.6.*
Bei Morgengrauen kommt schemenhaft die Küste in Sicht. Über Kanal 16 hören wir die russische „Borderguard" unseren Schiffs-

namen rufen. Rollo ist erschrocken, glaubt, daß wir etwas verkehrt gemacht haben.

„Woher kennen sie den Namen?" wundert er sich bei Alexei. Der schmunzelt und meint: „Sie sehen alles, auch den Namen deines Schiffes!"

Kein Boot in unserer Nähe und die Küste meilenweit entfernt. Alexei antwortet für uns, gibt Position und Ziel der Reise an, und offenbar ist man vorerst zufrieden.

Der Seegang wird immer unangenehmer. Nach der durchwachten Nacht setzen mir die rollenden Bewegungen besonders zu, und ich bin sehr froh, als wir am späten Vormittag den Hafen von Odessa erreichen. Dennoch läuft ein ziemlicher Schwell hinein und läßt das Schiff nicht wirklich zur Ruhe kommen.

In einer hochmodernen Marina, sie ist erst vor zwei Wochen fertiggebaut worden, machen wir fest und sind auch hier das einzige ausländische Boot. Zwei weiße schnelle Motorflitzer liegen an den Schwimmstegen, die Platz für mindestens hundert Yachten bieten. Wie eine Geistermarina, so kommt mir die Anlage vor. Am Eingang steht eine moderne orthodoxe Kirche, eine etwas ungewöhnliche Kombination von Religion und Wassersport. Aber was heißt hier Sport?

So ganz werde ich das Gefühl nicht los, daß hier gewisse Gelder „gesäubert" wurden. Jedenfalls sehen wir eine Menge entsprechender „Herren" mit weißen Hosen und dunklen Sonnenbrillen herumlaufen.

Die Liegegebühr ist beträchtlich, doch wir haben keine Alternative. In drei Tagen wird Sascha aus Moskau eintreffen.

Abends erster Stadtbummel zusammen mit Alexei und Sergei. Ich bin begeistert: Das ist „Paris" in der Ukraine! Pulsierendes Leben in den Straßen und Cafés, hübsche Mädchen wohin man blickt, lachende, fröhliche Gesichter, Bands, die spielen, allerdings auch gesalzene Preise für die Drinks!

Und alle Getränke sind importiert, es ist nicht möglich, zumindest nicht im Zentrum, einheimisches Bier, Wein oder Wasser zu bestellen. Trotz allem sind die meisten Stühle besetzt, wer wenig Geld hat, bestellt eben einen Kaffee und bleibt davor Stunden sitzen. Sehen und gesehen werden heißt die Devise.

71

*19.6.*

Per Bus zum großen Markt. Das System ist wohl typisch für Odessa, einer Stadt, in der nichts so läuft wie anderswo: Trolleybusse und Straßenbahnen sind für alle kostenlos – ein Geschenk des Bürgermeisters an die Einwohner.

Wer es sich leisten kann, benutzt für umgerechnet 0,60 DM die besseren Fahrzeuge, die mehr Platz haben, da Trolleys meistens überfüllt sind. Bei diesen Bussen wiederum erhält man eigentlich nie ein Ticket. Das Einkommen des Fahrers und Begleiters hängt nämlich von der Anzahl der Gäste ab. Geben sie Tickets aus, müssen sie mit dem Betreiber einen Teil abrechnen. Gelegentlich kommt ein Kontrolleur, aber da passiert im Grunde auch nichts. Dieser wird natürlich geschmiert und lebt davon. Der Eigentümer macht ebenfalls mit in diesem internen System, denn alle haben am Ende dasselbe Ziel: „Dem Staat keine Steuern zu zahlen."

Das Wichtigste ist Schwarzgeld. Davon kann man persönlich allenfalls überleben. Odessa war und ist das Zentrum des Schwarzmarktes.

Für mich ist es daher schwierig zu filmen. Jeder fürchtet, „entdeckt" zu werden. Der Markt in Odessa fasziniert in seiner Größe und Vielfalt. An allen Ständen wird man eingeladen zu probieren, und niemand ist böse, wenn nichts gekauft wird. Im Gegenteil – vom Kunden wird erwartet, daß er vergleicht, also überall etwas kostet, und dann dorthin zurückkehrt, wo es am besten schmeckte. Nach einer Stunde Einkaufen mit Alexei bin ich satt. Für das große Abschiedsessen von Alexei und Sergei heute mittag habe ich Unmengen herrlicher Fische, Gemüse und Kräuter besorgt. Alexeis Leidenschaft sind Märkte. Er verhandelt und feilscht ohne Ende und freut sich dann wie ein Kind, wenn er die besten Tomaten zum billigsten Preis erwischt hat.

Zur gleichen Zeit versuchte Sergei heute vormittag, die Bahntickets für die Heimreise nach Simferopol zu besorgen. So einfach geht das anscheinend nicht, denn er kam unverrichteter Dinge wieder zurück, da der Schalter für den Zug nach Simferopol erst mittags öffnet. Man kann auch über eine Agentur versuchen, Fahrkarten zu kaufen, doch dort kosten sie mehr. Kompliziertes System.

72

Der Bahnhof selbst ist prächtig ausgestattet mit viel Marmor und sehr sauber. Vor dem Haupteingang stehen Frauen und bieten auf handbeschrifteten Schildern Zimmer zum Übernachten an.

An Bord der SOLVEIG Mittagessen nach russisch-ukrainischer Sitte mit Wodka, Wein, Salaten, Vorspeisen, Fisch und viel Gemüse. Wir haben Freunde von Alexei eingeladen: Professor Seizew von der Universität Odessa und Boris Alexandrow, auch er Wissenschaftler des biologischen Institutes. Sie haben für uns den Besuch von Snake Island vorbereitet und organisiert. Mit dabei auch das hiesige Fernsehen mit Interviews, so daß jede Minute auf der SOLVEIG verplant ist.

Am Spätnachmittag dann Abschied und Heimreise von Alexei und Sergei nach Simferopol. Rollo und ich besuchen einen Ballettabend in dem prächtigen und berühmten Opernhaus. Leider treffen wir fast keine einheimischen Besucher, da sie sich die Tickets nicht leisten können. Sie kosten in der Ferienzeit zwischen fünf und zwanzig Griwna. Nach der Saison aber können die Odessiten für einen Griwna wieder ihr Theater genießen. Im strömenden Regen zurück zum Schiff, das zum erstenmal, seit wir in der Ukraine unterwegs sind, ohne Bewachung ist. Denn auch in die schicke Marina kann grundsätzlich jeder hinein- und hinausgehen. Gott sei Dank sind unsere Sorgen unbegründet, und alles steht noch an seinem Platz. Außerdem hat der Chef versprochen, ab morgen für Bewachung zu sorgen.

## 20.6.

Odessa ist unglaublich lebendig! Pulsierend, voller Witz und Humor. Boris kennt jeden Stein, und mit Begeisterung zeigt er die Winkel und Ecken, die Touristen normalerweise nicht zu sehen bekommen.

Für mich treffen hier Paris, Athen und Sankt Petersburg zusammen. Das „Laissez-faire" und „Savoir vivre" von Frankreich, das enge, familiäre und nachbarschaftliche Beisammensein Griechenlands, das sich besonders bei den Wohnungen im griechischen Teil zeigt. Dort sitzen auf langen Balkons jeden Tag die Hausbewohner, um neueste Geschichten untereinander auszu-

*Odessa, eine Mischung aus*
*Sankt Petersburg und Paris*

tauschen. Und schließlich alte Fassaden ehemals stattlicher Gebäude, die wie in Sankt Petersburg an den Glanz des letzten Jahrhunderts erinnern.

Inzwischen „schmücken" leider wie in allen anderen östlichen
Staaten an der Donau auch hier Coca-Cola- und John-West-Wer-
bung die Vorderfront, so daß man sich eine Menge wegdenken
muß, um das ursprüngliche Stadtbild vor Augen zu haben. Die
neuen „Zaren" des ehemaligen Ostblocks, die Multikonzerne,
haben Einzug gehalten und sind die eigentlichen Gewinner des
kalten Krieges zwischen Ost und West. Das tut weh, und man
spürt, daß dieser „Mantel" nicht paßt, der Kapitalismus zeigt sich
hier von seiner miesesten Seite!

Obwohl wir nach sechs Stunden Stadtgang mit Boris unsere
Beine kaum mehr spüren, sind Rollo und ich abends noch einmal
alleine los, um die Atmosphäre zu genießen. Jedesmal steigen wir
die berühmten, nicht enden wollenden Stufen der Potemkinschen
Treppe hinauf, an Beintraining wird es uns in den kommenden
Tagen gewiß nicht fehlen.

Heute ist im ganzen Land Schulschluß, und überall werden die Abiturienten gefeiert. Mädchen, herausgeputzt wie für einen großen Ball mit Tüllröcken, Cocktailkleidern, aber auch mit hautengen, hochglänzenden Minikleidchen, alle Schönheiten ihres Körpers betonend, sind mit Familie, Verwandten und Freunden allerorten unterwegs. Vor den Eingängen in die Cafés bilden sich immer wieder Trauben wartender Gäste. Neu Hinzukommende umarmen ihre Freunde und überreichen den strahlenden Schulabgängern riesige Blumensträuße.

Am Ende der Fußgängerzone treffen wir Musiker aus den Anden, Straßenmaler verewigen Portraits von Mona Lisa, bis der nächste Regenschauer die Kreidefarben wieder ineinander verschmelzen läßt.

In einem Café klingt es nach Live-Musik, neugierig blicke ich hinein, sehe aber niemanden singen. Doch dann entdecke ich zwei junge Mädchen an einem Tisch sitzend, mit Zigarette und Mikrofon ausgestattet. Ihre Augen starr nach vorne auf einen Fernseher gerichtet, in dem ein Musik-Videoclip läuft, der unterlegt ist mit einer Art Teleprompter. Mit Hilfe der eingeblendeten Sätze wird der Text des Schlagers nicht nur sichtbar gemacht, vielmehr entstehen die Worte exakt in dem Rhythmus, in dem sie gesungen werden sollen. Erst erscheint der ganze Satz weiß als Vorbereitung, und im Augenblick des Einsatzes färben sich die Buchstaben gelb.

Offenbar betätigen sich die beiden Mädchen als Animiersängerinnen, denn jetzt steht ein Mann auf, drückt dem Besitzer der Anlage einen Geldschein in die Hand und greift nun seinerseits zum Mikrofon. Zuvor hat er in einem bebilderten Buch geblättert und das Lied seiner Wahl gefunden.

Ich gebe zu, diese Art von Unterhaltung habe ich in einem Lokal noch nie erlebt, aber vielleicht gehe ich in die verkehrten Kneipen.

*21.6.*

Ein Sonntag. Die Glocken der orthodoxen Kirche bei der Marina läuten − und was machen wir? Rollo repariert mal wieder die Bordtoilette, nach der Abreise von Gästen schon Tradition, während ich Geschirr spüle und Saschas Kabine vorbereite, der heute nachmittag eintreffen wird.

Pünktlich um 15 Uhr erscheint Boris, blaß im Gesicht und todmüde, denn er hat den Schulabschluß seiner Tochter durchgefeiert. Auch das ist Tradition. Alle Abiturienten wollen den Beginn des Tages nicht verpassen, der mehr bedeutet als nur ein Wachbleiben bis zum Morgen. Die aufgehende Sonne zu beobachten bedeutet für sie symbolisch der Start in einen neuen Lebensabschnitt.

Trotz seiner Müdigkeit hätte es Boris sich niemals nehmen lassen, mich zum Flughafen zu fahren, mehrmals habe ich vorgeschlagen, mit dem Taxi zu fahren. Aber da kenne ich ukrainische Gästebetreuung nicht. Selbst wenn sein Auto eine Panne gehabt hätte, Boris würde irgend etwas organisieren, nur um mir die Taxikosten zu ersparen.

Odessa Airport: klein und gemütlich. Eine Anzeigetafel der landenden und startenden Maschinen suche ich vergeblich, aber Boris versichert mir, daß Saschas Maschine bereits gelandet sei, die behördlichen Prozeduren jedoch noch eine Weile dauern.

Der Raum voller Menschen, die sich offenbar schon auf längeres Warten eingerichtet haben. Ich bummle ein wenig, versuche, mir vor Boris meine Nervosität nicht anmerken zu lassen. Vor zwei Wochen habe ich das letzte Mal kurz mit Sascha telefoniert und nur mit Mühe hören können, was er sagte, doch für die voraussichtliche Ankunftszeit reichte die Verständigung.

Plötzlich steht er wie ein Geist vor mir: „Wohin siehst du nur?" begrüßt er mich grinsend.

„Wieso bist du schon da?" stottere ich wenig geistreich.

„Ich habe Glück gehabt, der Zoll hat mich nicht besonders kontrolliert!"

Inzwischen ist auch Boris zu uns gestoßen, und der „Heimfahrt" steht nichts mehr im Weg. Seit über zehn Jahren war Sascha nicht mehr in Odessa. Zur Zeit der Sowjetunion feierte er hier viele Erfolge als Pantomime.

Und so erlebt er selbst seine Ankunft:

**ER.** Odessa, mein Gott, wie lange war ich nicht hier! Schon als ich im Flughafen stehe, fühle ich, daß ich nicht genug Geduld habe. Möchte schnell aus der Absperrung hindurchbrechen und alles sehen: Deribassowskaja, wo ich abends in die bunte Menge feierlich angezogener Leute eintauchte; das Opernhaus, neben dem ich von der Polizei verhaftet wurde, und den Strand, wo ich mit meinen Freunden gebadet habe.

Aber jetzt aus der Hektik des Flughafens herauszukommen ist nicht so einfach.

Odessa ist eine ausländische Stadt geworden. Du mußt sogar deinen Paß zeigen, wenn du aus Rußland einreist. Dumm! In Europa fallen Grenzen – in der ehemaligen Sowjetunion entstehen sie, und man bezahlt dafür auch noch viel Geld. Apropos Geld: Wenn Sie zehn bis fünfzehn Dollar übrig haben, können Sie ohne Schwierigkeiten den ukrainischen Zoll passieren und damit viel Zeit sparen, weil der Zoll jeden gründlich prüft ohne Ausnahme.

Trotzdem gibt es Leute, die gerne diese fünfzehn Dollar bezahlen. Das sieht man, weil ein Teil der offiziellen Kofferträger völlig betrunken ist. In der Hitze des Warteraums gehen die „bezahlten" Träger am Zoll vorbei. Polizisten sehen in dem Augenblick genau in die andere Richtung.

Ein Koffer wird von einer hübschen Zoll-Mitarbeiterin mit stark bemalten Augen geöffnet. Sie findet nichts Interessantes und gibt mir die Genehmigung für den Ausgang. Hurra – ich bin frei!

Gegenüber auf der anderen Seite sind massive Türen der Epoche des frühen Sozialismus, in dieser Zeit war alles für die Ewigkeit gebaut. Dort warten Odessiten, und durch diese Menge, wo es keine Luft zum Atmen gibt, schiebe ich mich nach draußen. Nicht sofort, denn inmitten dieser Menge erblicke ich ein bekanntes Gesicht.

Das ist Angelika, die mit dem Direktor des Instituts der südlichen Meere gekommen ist, mich abzuholen. Wie sagt man in Deutschland: Das ist ein netter Direktor – ein relativ junger Mann –, was man von seinem Auto nicht behaupten kann. Dieses Auto hat schon viel gesehen. Das einzige, was es noch nicht gesehen hat, ist eine gute Reparatur.

Der Direktor bittet mich, ihn einfach Boris zu nennen, was für

Russen nicht typisch ist. Wenn du eine wissenschaftliche Stelle hast, ich spreche nicht vom Direktorsessel, stellen sie sich mit dem Vornamen und dem Namen des Vaters vor. Boris Alexandrow zum Beispiel.

Auf dem Weg ins Zentrum von Odessa – hoffentlich verzeiht uns Angelika – sprechen wir fast nur russisch. Die russische Sprache ist die Sprache Odessas, obwohl Territorial-Odessa schon immer ukrainisch war. Aber ein internationaler Hafen braucht eine internationale Sprache.

Durch das Autofenster ziehen Schilder von Sony, Coca-Cola und Marlboro-Zigaretten vorbei. Man kann denken, die Odessiten sitzen den ganzen Tag nur am Fernseher, trinken Coca-Cola und rauchen schon genannte Zigarettenmarken. Ungewöhnlich ist nur, daß alle Reklame in ukrainischer Sprache ist. In meiner Zeit ist das schon der dritte Versuch, bei dem die Odessiten gezwungenermaßen probieren, ukrainisch zu sprechen: zuerst bei Chruschtschow, denn er war auch Ukrainer, dann in der Breschnew-Zeit, weil in seinem Politbüro auch ein Ukrainer war, und jetzt.

*Die Potemkin-Treppe, auf welcher Eisenstein die berühmten Szenen für seinen Panzerkreuzer Potemkin aufgenommen hat.*

Wir erreichen das Zentrum der Stadt, und das Gespräch geht automatisch zu seinen Sehenswürdigkeiten, die Boris seinen Gästen Rollo und Angelika schon teilweise gezeigt hat. Eine Kurve, dann die nächste, und schon sind wir bei der Potemkin-Treppe, auf welcher Eisenstein die berühmten Szenen für seinen *Panzerkreuzer Potemkin* aufgenommen hat. Vorher hatte diese Treppe überhaupt keinen Namen.

Der Weg windet sich wie eine Schlange, verläuft nach unten über die Estakada, und dort ist das Territorium vom Passagier-schiffterminal.

Ein paar Minuten verlieren wir, um eine Wache zu überreden, die uns schließlich ungern das schwere Eisentor öffnet, und wir fahren ein zur neuen Pier beim neu eröffneten Yachtclub, wo einsam eine schwarz-weiße Yacht liegt unter deutscher Flagge. Nun – „guten Tag, SOLVEIG!"

**Sie.** Sascha hat einen Stoß deutscher Illustrierter und eine Menge Post für Rollo und mich mitgebracht. Seine neue, schwankende Umgebung scheint ihm zu gefallen.

„Wann starten wir?" fragt er den Kapitän, der sich aber im Augenblick noch nicht festlegen will.

Auch mir ist daran gelegen, noch ein paar Tage zu bleiben, um mit Sascha als Kameramann und gleichzeitigem Dolmetscher Interviews aufnehmen zu können. So machen wir uns gleich nach einem gemeinsamen Bordessen auf den Weg in die Stadt.

Sascha erlebt den ersten Abend in Odessa auf seine Weise:

**Er.** Vielleicht haben Sie gehört, daß alle Wege nach Rom führen, in Odessa gibt es eine andere Meinung. In Odessa gibt es überhaupt über alles eine eigene Meinung.

Stellen Sie sich vor, jemand will wissen: „Wie komme ich zur Deribassowstraße?" Das ist eine komische Frage.

Sie können in London fragen, wie komme ich zur Oxford Street, das ist normal. Sie können in München fragen, wie komme ich zum Marienplatz, das ist auch normal. Aber wenn Sie in Odessa fragen, wo ist die Deribassowskajastraße, wird man Sie auslachen, denn alle Wege führen zur Deribassowskaja.

Es ist oft passiert, daß Touristen schon auf der Deribassowstraße stehen und trotzdem fragen, wo ist diese Straße. Dann kommen Sie in eine schwierige Situation. Wenn ein Passant das hören wird, sagt er: „Gehen Sie geradeaus, zweite Straße links, dann gehen Sie weiter und dritte Straße rechts. Dann sehen Sie ein gelbes Haus mit Blumen auf dem Fensterbrett, und gehen Sie in die zweite Etage, und fragen Sie Tante Sima, ob sie Ihnen einen Hahn gibt. Nehmen Sie diesen Hahn, und drehen Sie seine Eier, aber nicht meine, weil Sie die ganze Zeit auf der Deribassowstraße stehen."

Auch wir stehen da an meinem ersten Abend. Es ist einfach nicht möglich, nach Odessa zu kommen und nicht zu sagen: „Guten Abend, Deribassowstraße!"

Ich habe ein bißchen Angst spazierenzugehen. In früherer Zeit bin ich fast jeden Sommer von Moskau nach Odessa geflogen. Und jedesmal habe ich auf dieser Straße meine alten Freunde getroffen. Aber nach zehn Jahren, wer erinnert sich an mich?

Wenn du zum erstenmal nach Odessa kommst, empfindest du einfach nur Freude, hier zu sein. So, wie vielleicht Angelika, die neben mir geht. Sie möchte auf unserem Weg jedes kleine Café mit ihrer Kamera aufnehmen. Und wirklich, die kleinen Tische und geflochtenen Korbsessel unter den bunten Sonnenschirmen sehen so gemütlich aus! Westliche Werbung hat diese Sonnenschirme auf ihre Art bemalt: „Marlboro", gegenüber „Rothmanns" und im nächsten Café „West".

Aus diesen tiefen Gedanken zieht mich eine Stimme heraus:

„Alexander Andreev!" Ich glaube es nicht. Kann es sein, daß es in Odessa noch einen Alexander Andreev gibt? Aber die Stimme wiederholt meinen Namen so, wie normalerweise ein Moderator in der Show mich ankündigen würde. Ich drehe mich um und sehe auf die Stimme, die aussieht wie ein langhaariger Mann mit Schnurrbart und lustigen Augen. Das letzte Mal habe ich diese Haare gesehen ohne diesen Schnurrbart, aber der Besitzer von dieser Menge Haare – Igor – war zehn Jahre jünger.

„O Mann, du!" und wir küssen uns nach Künstlertradition.

Mein Freund spielt Jazz, wenn es Gelegenheit dazu gibt, und

hat einen guten Ruf. Für mich ist es schwer zu hören, daß er jetzt Ersatzteile für Autos verkauft. Trotzdem erzählt er das ganz lustig. Die neue Realität hat ihn nicht kaputtgemacht. Wie ein Fisch, der seine Farbe verändert, verändern Leute ihre Art, Geld zu verdienen. Wer Schauspieler war, ist Verkäufer in einer Boutique, wer Wissenschaftler war, ist Lehrer an einer Schule, wer Jude war, ist nach Amerika ausgewandert. Igor ist Russe. Er hat nur einen Ausweg: Geld zu verdienen mit allen Mitteln.

„Möchtest du einen Witz hören?" fragt er mich. „Ein Jude fährt in einem Zug nach Odessa. Dort trifft ihn die ganze Familie.

‚Oh toll, wie war die Fahrt?'

‚Scheußlich! Die ganze Zeit bin ich gegen die Fahrtrichtung gefahren.'

Sein Sohn sagt: ‚Aber du bist dumm, Papa. Du hättest mit jemandem deinen Platz tauschen müssen.'

‚Ich bin dumm?' antwortet Papa. ‚Du bist dumm, mit wem kann ich tauschen, wenn ich allein im Coupé bin?'"

Wir lachen. Schwer zu sagen, ist das wirklich so komisch, oder stehen wir einfach in Odessa auf der Deribassowstraße? Zwei Schritte weiter ist das nächste kleine Cafe, Igor zeigt es uns.

„Ist hier etwas Besonderes?" fragen wir.

„Ja, hier gibt es Karaoke", antwortet er. „Mein Freund hat diese Maschine gekauft."

*Karaoke statt Akkordeon in Odessas Straßen*

Und wirklich, jeder kann mit einem Mikrofon seine Wunschmelodie singen, Musikbegleitung und eingeblendeter Text laufen gleichzeitig über den Bildschirm. Das kostet nicht viel, aber macht Spaß, besonders für Leute, die noch davon träumen, Sänger zu werden. Es kommt aus Ostasien und hat jetzt die Ukraine erreicht. Vielleicht ist es normal: Früher haben Leute Akkordeon auf der Straße gespielt, und inzwischen ist es zu altmodisch.

Die heutigen Jugendlichen haben keine Ahnung von Musikinstrumenten. Alles wird dir in fertiger Form und in guter Verpakkung gegeben. Nicht einmal den Schlagertext müssen sie kennen.

Am Ende der Deribassowstraße steht das Opernhaus. Ein Wunder der Architektur des 19. Jahrhunderts. Selten wird sein Saal voll. Karaoke von der anderen Seite der Straße ist ein billiger, aber starker Konkurrent.

Nach der Verabschiedung von Igor gehen wir weiter, und diese berühmte Straße bringt mich auf verschiedene Gedanken. Sie bietet uns ihre Cafés, Blumenläden, kleine Boutiquen, wir lernen auf diesem Weg ihre Passanten kennen. Einer von ihnen ist ein spanischer Maler, er heißt José, trägt einen Hut und hat einen Stock, vielleicht, um nicht in der Menge der Odessiten unterzugehen. Komisch, ich möchte gerne in dieser Menge eintauchen und kann es nicht ...

*Früher gab es Geld ohne Arbeit,*
*heute gibt es Arbeit ohne Geld.*

*A. Birkun*

# Abenteuer Odessa

**Er.** Die Macht des Geldes spürt man von der ersten Minute, wenn man nach Odessa kommt. Früher konntest du Millionen haben, aber sie nicht ausgeben. Häuser waren nicht zu verkaufen, alle Gebäude gehörten der Stadt, und keiner hat sie abgegeben. Autos gehörten nur Parteifunktionären oder den Brigadieren der kommunistischen Arbeitsbrigade. Darum hatten wir sogenannte „Untergrund-Millionäre". Sie hatten Berge von Geld, aber Angst, schön angezogen zu sein – dann war sofort klar, daß du viel Geld besitzt, denn in der Sowjetunion mußten alle gleich sein.

Ausnahme war der Direktor vom Secondhand-Laden, weil man nur dort ausländische Klamotten und Elektronik kaufen und verkaufen kann. Und als zweiter Geldplatz die Barkeeper, die ihre privaten Alkoholflaschen oder gestohlenen Wodka verkauft haben.

Inzwischen hat sich alles radikal verändert. Jetzt fragt keiner, woher du Geld hast – Spielsalons, Roulette findet man in Moskau vielleicht schon häufiger als in Monaco. Striptease, ein Begriff, der nur zum Leben in kapitalistischen Ländern gehörte, ist jetzt tägliche Sache in jeder Stadt. Aber man muß auch sagen, daß Arbeitslosigkeit und Bettler auf den Straßen zur täglichen Sache geworden sind. Selbst große Städte haben viel verloren, weil sie nur als Plätze für Werbeplakate dienen, kopiert in der ganzen Welt mit der gleichen Schablone.

83

**Sie.** Heute besuchen wir Professor Seizew im Institut und sprechen mit ihm über seine Forschungsarbeiten und die aktuelle Situation im Schwarzen Meer. Er ist eine großartige Persönlichkeit mit fundamentaler Allgemeinbildung!

Bei unseren Einkäufen in der Stadt fragt Sascha eine Reihe junger Leute, was sie von der Coca-Cola-Werbung allerorten halten. Die meisten wundern sich über so eine Frage. „Das ist phantastisch, das ist die moderne Zeit, es gefällt uns, sieht echt gut aus!"

Auf dem Markt erstehe ich für Rollos Geburtstag original handbemalte Zinnsoldaten aus der Zarenzeit, danach stärken wir uns mit Pizza und Tee. Schreibe die ersten Ansichtskarten dieser Reise, kann sie aber noch nicht abschicken, da die Post geschlossen ist.


*23.6.*
Sascha und Rollo sind mit den Wissenschaftlern an die Küste gefahren, um vor Ort ihre Arbeit für unseren Film zu dokumentieren. Dieser Küstenabschnitt weckt bei Sascha ganz eigene Erinnerungen.

„Weißt du, was ‚Blat' bedeutet?" fragt er mich unvermittelt, als er am Nachmittag zurückkommt.

„Welches Blatt meinst du, vom Baum?"

Aber nein, ich erzähle dir eine Geschichte.


**Er.** Was ist „Blat"?
Wenn das nicht erklärt wird, kann man nicht verstehen, was früher Erholung in der Sommerzeit am Schwarzen Meer bedeutete. Man sollte nicht vergessen, daß die ehemalige Sowjetunion an der sibirischen Küste zwar unendliche Strände hatte, aber nur die Küste am Schwarzen Meer war warm. So hatte das ganze Volk, das nicht ins Ausland fahren durfte, nur ein Ziel: das Schwarze Meer. Es war eine Art Mekka für das sowjetische Volk.

Zu jenen Zeiten waren die Preise für Hotel, Pensionate, Eisenbahntickets usw. nur symbolisch. Jeder konnte es sich leisten und hatte dafür Geld in seiner Tasche, auch um roten oder schwarzen Kaviar zu kaufen. Aber nicht jeder hat es gekauft. Warum? Weil er „Blat" nicht hatte. Also was bedeutet dieses magische Wort?

Unter „Blat" kann man gute Kontakte verstehen, wenn du für kleines Geld große Privilegien bekommst. Die schönsten Privilegien waren zum Beispiel, ein Auto zu kaufen, ohne dafür in der Schlange zu stehen. Diese Schlange kann mehrere Jahre dauern. Mein Vater hat für sich kein Auto gekauft, weil sein Leben nicht lang genug war. Riesige Privilegien sind bis heute, ein privates Telefon zu haben. Das kostet fast nichts, zwei Rubel pro Monat, aber es gibt nicht genug Telefone.

„Blat", das sind Kontakte, die von deinen Möglichkeiten, dich zu bedanken, unterstützt werden. So kannst du im Hotel wohnen und stellst dafür ausländische Medikamente zur Verfügung. Du bringst einen Videorecorder nach Hause als Dank, weil du einen Kauf von Möbeln aus polnischer Produktion arrangiert hast. Heute hat sich das „Blat" stark gewandelt durch das Geld, aber man kann nicht alles mit Geld kaufen.

Und was hat „Blat" mit dem Strand zu tun, an dem ich mich heute befand?

Eigentlich kann man die Fische im Meer erst zählen, wenn man sie auf einem Quadratmeter im Meer registriert. Deshalb haben die Wissenschaftler vom Institut südlicher Meere diese Methode angewandt an einem der zahlreichen Strände von Odessa – dem Tschikalow-Strand.

Aber ich habe nicht die Arbeit der Biologen am Strand bewundert, sondern daß man uns an diesen Strand gelassen hat. Im Sommer war es noch vor kurzer Zeit absolut hoffnungslos hierherzukommen, im Herbst ein bißchen unwahrscheinlich und im Winter einfach nur schwer, was im Grunde bedeutete, daß man eine Genehmigung bekam.

Dieser Strand wurde zu Ehren des russischen Piloten Tschikalow benannt, der als erster den Nordpol überflogen hat, von Rußland nach Amerika. Doch zum Strand und besonders zum Tschikalow-Pensionat hat der berühmte Pilot keinerlei Verbindung. Das Pensionat, auch Erholungsheim genannt, gehörte zu den Objekten besonders geliebter Parteifunktionäre aus Moskau.

Sie waren vom Volk durch eine große blicksichere, metallische Umzäunung getrennt, sogar Leute mit „Blat" konnten nicht herkommen. Denn unter diesem ganz einfachen Begriff „Erholungsheim für die kommunistische Partei" waren in Wirklichkeit ganze Paläste versteckt mit Swimmingpools, Tennisplätzen, aber auch Bars mit Luxuslebensmitteln wie Kaviar und Champagner aus Novi Swet, amerikanischen Zigaretten und französischem Cognac.

Akademiker Seizew, er ist wirklich ein bedeutender Mann, konnte selbst nicht zwischen Juni und August hierherkommen, weil in diesen drei Monaten Sommerferien waren und alle Bosse mit ihren Kindern am Strand Urlaub machten.

Und jetzt kann man einfach durch die Parkalleen lustwandeln – auch eine ehemals verbotene Zone für die einfachen Leute. Und irgendwann spazierten und saßen hier auf den Bänken die Parteibosse!

Heutiger Besitzer der Erholungshäuser ist die jüdische Gemeinde, die alle Bänke im Park weggenommen hat, so daß die Passanten nicht länger verweilen können. Darum sitzen Rollo und ich auf dem Koffer der Videokamera, und für Professor Seizew haben wir auch ein bißchen Platz gelassen. Man kann sagen, daß er „Blat" bei uns hat.

Der Lift, der die Bosse zum Meer gebracht hat, funktioniert jetzt nicht mehr. Es gibt kein Geld für eine Reparatur. Gut, daß es noch ein bißchen Geld gibt, um das Denkmal vom Piloten Tschikalow zu pflegen, der wie früher im Zentrum des Parks steht und auf uns aus langer Vergangenheit blickt, als Ukraine und Rußland noch ein Staat waren.


**Sie.** Zwei weitere Yachten sind im Hafen eingetroffen, aus Deutschland und England. Erstaunlicherweise wurde die britische Yacht von einem Soldaten bewacht, später erfahren wir, daß sie diesen Schutz selbst verlangt hat.

Boris überrascht uns mit Opernkarten, und dieser Abend verläuft ganz anders, als wir uns vorstellen.

„Chio Chio San" steht auf dem Programm mit Sängern aus Kiew und einem kanadischen Gastdirigenten. Das Publikum läßt sich von dem Geschehen auf der Bühne wenig beeindrucken, unterhält sich weiter angeregt.

Geklatscht wird grundsätzlich noch während das Orchester spielt. Irgendwie erinnert alles mehr an ein geselliges Beisammensein mit Opernuntermalung. Am Ende verteilen schließlich Damen mit großen Handtaschen Blumensträuße für die Hauptakteure und fallen sich gegenseitig um den Hals, als ob ein Abschied für immer bevorsteht.

In der Pause treffen wir José, den spanischen Maler – seltsamer Typ, aber immer in Begleitung höchst attraktiver Damen.

Sascha ist nicht unbedingt Opernfan, aber jene zwei Stunden wird er so schnell nicht vergessen.


**Er.** Auch wenn Sie Opern nicht mögen, sollten Sie in Odessa trotzdem ins Opernhaus gehen, das schon die Gesellschaft des vergangenen 19. Jahrhunderts und des fast vergangenen 20. Jahrhunderts mit seiner Architektur fasziniert hat; eine Mischung unterschiedlicher Stilelemente mit vergoldeten Logen und Lampen, Marmortreppen und dunklen, alten Spiegeln.

Ich glaube, Rollo liebt die Oper noch aus der Zeit, als er ein Schallplattengeschäft hatte. Oder auch von früher. Angelika, so

*Odessa, Opernhaus*

sieht es aus, geht überhaupt gerne ins Theater. Warum ich ins Theater gegangen bin, weiß ich nicht. Vielleicht, weil man am Buffet jemanden aus vergangener Zeit treffen kann.

Unsere Plätze sind im Parkett, dritte Reihe. Es gibt nicht viel Publikum, besser gesagt wenig. Einerseits sind Tickets sehr teuer, andererseits ist schönes Wetter. Und als sich über unseren Köpfen die mächtigen Kristallüster abdunkeln und die Vorstellung beginnt, finde ich den dritten Grund.

Aber eins nach dem anderen. Schon nach den ersten Takten der Musik kommt die erste Überraschung: Unter dem Opernnamen „Chio Chio San" entdeckt Rollo die Musik von „Madame Butterfly" und blickt verwundert zu mir. Sie singen vermutlich in der Originalsprache, denn ich höre zwischen der musikalischen Darbietung einzelne italienische Wörter.

Es ist klar, daß nicht viel Geld für die Inszenierung zur Verfügung stand. Darum versuche ich, die billigen, selbstgenähten Roben – wie von C&A – nicht zu bemerken. Es ist auch klar, daß die Theaterschneiderin sich bemüht hat, aus alten, nicht mehr gebrauchten Kostümen das Beste zu entwerfen.

Abgesehen davon, daß man in Odessa alle Ware aus dem Westen kaufen kann, gibt es aus dem Osten wohl noch nicht alles. Außer gefälschten Uhren ist aus Hongkong noch nicht mehr gekommen als zum Beispiel traditionelle japanische Schuhe. So läuft das ganze japanische Volk auf der Bühne in Badeschlappen herum. Natürlich ist es schon heldenhaft, wenn man drei Stunden lang solche Schuhe trägt. Darum trägt die Primadonna – Madame Butterfly – weiße Ballettschuhe, und ich warte die ganze Zeit darauf, daß sie anfangen wird zu tanzen. Aber tanzen ist von dem neuen Puccini-Regisseur nicht vorgesehen, und die größte Bewegung der Primadonna besteht darin, den Fächer zu bewegen.

Trotzdem hat die Hauptdarstellerin Glück mit ihrem Kostüm im Vergleich zu dem Chor, der nicht nur keine Drachen auf seinen Kimonos, sondern auch keine richtigen Kimonos hat.

Sie sehen aus wie Leute aus den ehemaligen sowjetischen Republiken Tadschikistan und Aserbaidschan, die man oft auf dem Markt in Odessa findet. Aber in der Oper treffe ich sie zum erstenmal.

Beim Szenenwechsel gehören neue Requisiten auf die Bühne, die natürlich von Bühnenarbeitern getragen werden. Um in einem Stil zu bleiben, hat der Regisseur diese Leute auch auf japanische Weise geschminkt; und das ist eine starke Nummer, als zwei muskulöse Männer in den billigsten Kimonos mit nackten Beinen und oben beschriebenen vietnamesischen Schuhen kleine japanische Teetische tragen. Ihre Augen sind dünn geschlitzt, nicht nur von der Schminke, sondern weil sie permanent lächeln. Normalerweise arbeiten sie in der Dunkelheit, doch in seiner modernen Inszenierung riskiert der Regisseur, die Leute ins Licht zu lassen, und dieser Stolz strahlt auf ihren Gesichtern.

Man darf nicht vergessen, daß in diesem Moment irgendwo im Saal ihre Verwandten mit Begeisterung jede einzelne ihrer Bewegungen verfolgen.

Ich denke, daß diese tragende Szene der Höhepunkt der Oper ist. Aber ich irre mich.

Zu Tisch kommt Linkerton, Marineoffizier der USA, mit einer schönen sowjetischen Kortik – das ist ein kurzes Schwert, das zur Marineuniform gehört –, und er singt mit schrägem Kiefer seine Arie. Dann nimmt er Chio Chio San in seine starken Arme und schleppt sie in ein kleines japanisches Häuschen.

Dieses Gebilde verdient ein paar Worte der Aufmerksamkeit.

In dem ganzen Akt kämpfen die Sänger mit seiner besonderen Bauweise, und zwar mit der Tür, welche der Held manchmal auf russische Weise öffnen will, die sich aber nur japanisch schieben läßt, und das schlecht. In der hocherotischen Szene, in der Linkerton versucht, sie mit viel Kraft zuzumachen, habe ich Angst, daß das leichte Häuschen in sich zusammenfällt. Aber russische Nägel sind stärker, als ich gedacht habe.

Bei der schwachen Verteidigung Butterflys gegen die heiße Liebe Linkertons spielt die japanische Tür die Hauptrolle und klemmt den Kimono der Primadonna ein, wie das oft im Bus zur Rush-hour passiert.

So bleibt es ein Geheimnis, welche Art der Liebe mit der eingeklemmten Butterfly möglich ist. Gerettet werden beide vom Elektriker. Er macht auf der Bühne dunkle Nacht.

Wieder denke ich, das ist der Höhepunkt, und wieder irre ich mich, denn auf der Bühne erscheint der Onkel von Butterfly. Er ist so böse auf Linkerton, daß er nach seinem schnellen Gang – o mein Gott ... wissen Sie, welche Nationalität der Onkel von Madame Butterfly hat? Das erraten Sie nie – er ist Russe! Auf jeden Fall beginnt er plötzlich, in russischer Sprache zu singen. Erstaunlicherweise verstehen die Japaner und Amerikaner alles. Nach einer Stunde Italienisch ist Russisch wie eine Bombe, die in unseren Ohren explodiert. Butterflys Onkel, das erfahre ich in der Pause am Buffet, ist nur für diesen Abend nach Odessa gekommen.

Die Leute in den Klamotten von Aserbaidschan hat Puccini nicht vorgesehen, und sie schweigen die ganze Zeit. Sie sind für den Regisseur nötig, um die Volkstragödie zu zeigen. Vorgesehen aber ist Offizier Linkerton, und selten gibt es eine Szene ohne ihn. Im Gesicht sieht er aus wie der junge Breschnew und von der

*Chio Chio San alias „Madame Butterfly".*

Bewegung wie der spätere Pavarotti. Unabhängig vom Verlauf der Handlung lächelt er so süß, daß ich mich über den Geschmack der jungen Japanerin wundere. Aber Liebe macht eben blind. In der Oper überhaupt fällt es schwer, den Gefühlen der Liebenden zu glauben, weil ihre schielenden Augen immer den Stab des Dirigenten verfolgen.

Der einzige, dem man begrenzt glauben kann, ist der amerikanische Konsul mit seinem wunderbaren Bariton. Schon in der ersten Szene, zwischen seinem Gesang, zwinkert er unbemerkt, wie er denkt, einer jungen Dame in der Scheinwerferloge zu. Später organisiert er die gleiche Beziehung mit dem Orchestergraben. Und schließlich mit jemandem im Souffleurkasten. Alles das zeichnet die klassische Charakteristik eines Weiberhelden aus.

Im zweiten und dritten Akt reduziert der Bariton seine Aktivität stark, er schläft sogar fast ein bei Linkertons Arie, vielleicht hat er in der Pause etwas Süßes genossen.

Butterflys Tod erleichtert die Zuschauer. Sie fällt auf der Bühne um, ohne das vorher zu proben. Ihr Kleid rutscht und entblößt ihre müden Beine in den kurzen Kniestrümpfen.

Die Luft draußen ist voll mit dem Aroma des Schwarzen Meeres. Um zum Boot zu gelangen, müssen wir den Primorsky Boulevard überqueren. Langsam taucht das Opernhaus, das schon die Gesellschaften zweier Jahrhunderte fasziniert hat, in die Dunkelheit ein.


**Sie.** Boris stellt uns seinen Kollegen und Freund Wladimir — ebenfalls Biologe — vor, der uns die nächsten vier Tage begleiten wird. Er ist in Potsdam geboren, lebte in den Jahren 1947–1950 als Kind dort und hat aus der Zeit noch etliche deutsche Sprachbrocken in Erinnerung.

Bevor wir weiterfahren, gibt es noch einiges zu tun. Zunächst brauchen wir Diesel. Das bekommen wir in der Marina. Sascha nützt die Gelegenheit gleich, um Filmaufnahmen vom Boot zu drehen. Anschließend fahre ich zusammen mit Wladimir und Sascha zum Markt, an den Ständen nehmen wir Interviews auf und ergänzen schlußendlich unsere Bordvorräte. Bin sehr glücklich über Saschas Filmarbeit, er bringt interessante Details, und wir erfahren viel vom Alltagsleben. Nachmittags drehen wir weiter in der Fußgängerzone und sind danach ganz schön müde, deshalb gehe ich früh schlafen, was am Ende bedeutet, kurz vor Mitternacht!

Bei Sascha wird es natürlich noch später. Warum? Hier ist seine Geschichte.

## Er. Egal aus welchem Land

Seit den zwei Tagen in Odessa sind neue Bekanntschaften an mir herangewachsen wie die kleinen Muscheln an einem Boot.

Die Freunde des spanischen Malers wurden meine Freunde, denen die Freunde der Freunde folgten, und diese Kette würde unendlich wachsen, wenn das Leben nicht ein Ende hätte. Manchmal werden diese Bekanntschaften zu Fesseln, aber inzwischen verlernte der Mensch, ohne diese Fesseln zu leben.

Ich sitze mit meinen Freunden am gediegenen Tisch eines irischen Pubs in der berühmten Deribassowskaja-Straße unter einer mächtigen Eiche.

„Oh, ich muß nach Hause", die junge Frau erhebt sich aus einem Rattansessel, ihren kurzen Rock zurechtzupfend, „ich erwarte einen Anruf aus Österreich!"

Sie bittet, nicht begleitet zu werden, aber Luis steht trotzdem auf, und sie verschwinden zusammen im schummrigen Dämmerlicht Richtung Bushaltestelle.

„Sie hat eine Annonce in der Zeitung aufgegeben", verrät eine andere am Tisch sitzende Repräsentantin des schwachen und, ich würde sagen etwas plauderlustigen Geschlechts, „sie will ins Ausland ziehen."

„Und du, willst du etwa nicht?" provoziert Michail, dem ich meine augenblickliche Anwesenheit in dieser Gesellschaft verdanke.

„Ob ich ausreisen möchte oder nicht – ich bleibe wenigstens ruhig."

Das Mädchen zieht aus der eleganten Ledertasche ein Päckchen Marlboro und zündet eine Zigarette an. Sie trägt ein schwarzes

Spitzenkleid – Trend der letzten Saison in der ehemaligen UdSSR, insbesondere in den Nachtclubs.

„Es widert mich an, zuzusehen, wie diese Männer aus dem Ausland nach Odessa strömen, Hotelzimmer mieten und über Agenturen unsere Mädchen bekommen – fünf Stück pro Tag. Sie machen sich einen netten Urlaub auf diese Weise. Hauptsache – sehr preiswert!"

„Ich glaube", wirft ihre Freundin ein, eine Blondine in sehr offenem Kleid und mit feinen Gesichtszügen, die bestens in den Kirchenchor hineinpassen würde, wäre sie nicht so herausfordernd angezogen, „niemand will sie zu Hause, und deswegen kommen sie zu uns."

Michail steht plötzlich auf und macht einige Schritte in den Pub. Aber ehe wir einen Schluck vom irischen Bier nehmen können, erscheint er wieder, mit der Zeitung in der Hand, und läßt sich in seinen Sessel fallen, der einem Fischernetz ähnlich sieht.

„Jetzt gucken wir mal", sagt er verschwörerisch und blättert in der Zeitung mit dem gemeinen Namen „Makler".

„So – ‚Alfa-Romeo zu verkaufen im besten Zustand' – nein, das ist es nicht, ‚Aluminium schweißen' – nein, das ist es auch nicht. ‚Alles für den Haushalt, Waschmaschinen, Kühlschränke, Teppiche, Geschirr' – das kommt dem schon näher. Hier – gefunden! ‚Ehevermittlung Dialog bietet Bekanntschaften in Odessa und im Ausland – alle Altersstufen, umfangreiche Kataloge'. Habt ihr gehört? Auch im Ausland. Wie sagte Karl Marx: ‚Proletarier aller Welt, vereinigt euch!'"

Michail fängt an, die Annoncen vorzulesen, Frauen- und Männerstimmen lustig nachahmend, je nach Textinhalt.

„‚In jeder Hinsicht angenehmes Mädel, 23, möchte einen echten, modernen, wohlhabenden Mann kennenlernen: 42–73–97.'"

„Hm, ‚wohlhabend', das verstehe ich. Aber was meint sie mit ‚in jeder Hinsicht angenehmes'?"

„Was haben wir sonst?"

„‚Würde Ehe schließen mit einer Frau, die nach Deutschland zwecks SWS auswandert.'"

„Was ist SWS?" frage ich.

„Sascha, du bist eindeutig nicht auf dem neuesten Stand – SWS heißt ständiger Wohnsitz. So, hier sind mindestens fünfzig Anzeigen, ich werde nicht alle lesen. Gehen wir zu Ausländern über."

„"Amir, Kalifornien, USA, 31, 180 cm/80 kg, treu, ehrlich, war nicht verheiratet, liebt Musik, Astronomie, Natur. Suche intelligente, gutherzige, attraktive Lady 20−36 für die Ehe.'"

„So ein Guter! Gibt es solche etwa?"

„Das ist doch nicht von Bedeutung", sagt das Mädchen „vom Kirchenchor" und macht einen kräftigen Zug an ihrer Zigarette, „diesen Mann gibt es wahrscheinlich gar nicht. Die Agentur druckt so etwas, damit die Leute ihr vertrauen. Schaut her, was für Bräutigame wir anbieten! Jung, groß, ehrlich ..."

„ − und Amerikaner", stellt die Freundin in Schwarz fest.

Michail gibt mir die Zeitung. Ich überfliege die Anzeigen, lese nur die letzten Zeilen, um herauszubekommen, wen die ukrainischen Mädchen eigentlich wollen:

„... einen klugen, großen Mann."

„... intelligent, ohne Probleme mit Wohnsitz, 170 cm."

„... wohlhabenden Mann."

„... ins weite Ausland auswandernden Mann."

„... selbständig, brünett unter 35."

„... zuverlässig, ehrlichen Mann."

„... 50−56jährigen Mann, über 180 cm, ohne üble Gewohnheiten, treu und fürsorglich."

„... einen klugen, starken, lebenslustigen Mann, Alfonce und Schmetterlinge, bitte nicht stören."

„... sexuell anziehenden Burschen für intime Zusammenkünfte."

„... wohlhabender Mann wegen materieller Unterstützung."

„... einen Ausländer, egal aus welchem Land."

Meine Augen suchen den Anfang der letzten Annonce, um diese ganz zu lesen: „Junge, interessante Frau mit zwei kleinen sympathischen Kindern würde einen Ausländer heiraten, egal aus welchem Land."

Ich stolpere über diese Anzeige. Da klingt Schmerz und Unbeholfenheit durch. Wie enttäuscht vom Leben muß man denn sein, um gar keine Bedingungen stellen zu wollen und mit allem einverstanden zu sein. Sogar mit üblen Gewohnheiten, mit jedem Alter, sexy muß er nicht sein, nicht aufmerksam − aber Ausländer, um auf jeden Fall die Heimat verlassen zu können.

Die Heimat, die ihr das Leben gegeben hat, aber auch die Hoffnung. Und diese Hoffnung hat sie betrogen.

Versprochen war der Kommunismus, gegeben wurde nicht einmal ein schlechter Kapitalismus, in dem man Arbeit hat und sich nicht selbst zu verkaufen braucht und nicht in der Nacht weinen muß, wenn man an die eigenen Kinder denkt, die noch nicht das Wort „Perspektive" verstehen können. Und es ist auch besser so, denn sie hätten Dichter, High-Tech-Spezialisten, Ärzte oder Architekten werden können, aber sie werden weder ersteres, noch das Zweite, noch das Dritte ...

Was kann man hier schon werden; die Ausbildung kostet Geld, und Geld ist nicht da und kann auch nicht da sein, solange die Betriebe und Fabriken stillstehen. Aber etwas selbst herzustellen ist nicht günstig, viel besser ist Kaufen und Verkaufen an die Landsleute, langsam aber sicher die Heimat zum absoluten Konsumentenland zu machen, das auf Kredit lebt. Dieses überaus reiche Land wird nur deshalb vom Sterben abgehalten, weil es ungünstig wäre, einen so riesigen Markt zu verlieren.

„Sascha, du bist in der Zeitung ertrunken!" Michail wendet sich zu mir, meine Gedanken unterbrechend.

Die Gesellschaft war immer noch bei dem Thema „wohlhabender Ausländer", geht jetzt aber zu etwas Lustigerem über: „Hast du wohlhabende Freunde, Sascha? Wir haben beschlossen, eine ‚Foundation der wohlhabenden Männer' zu gründen, da man jene offenbar so nötig braucht."

„Diese Art ‚Foundation' gibt es bereits – ‚Rothschild-Club' heißt sie."

„Nein, das ist es nicht. Wir brauchen die Leute mit der offenen Seele und dem tiefen Herzen – sagen wir Umweltschützer. Ist Rollo ein wohlhabender Mann?"

Ich will nicht gleich auf den lustigen Ton umsteigen und nicke einfach mit dem Kopf.

„Wohlhabend!" – Michail hält inne, macht eine tiefsinnige Pause. „Wollen wir doch die Mädchen anrufen" – er nimmt die Zeitung, als ob er jetzt tatsächlich die Prätendenten aussuchen will.

„Ja, aber er ist verheiratet", füge ich hinzu.

„Das spielt keine Rolle. Das stand auch nicht in der Zeitung als Bedingung. Wohlhabend? Ja! Das ist die Hauptsache."

Das Lächeln kommt wieder in unsere Gesichter, und dank der unbefangenen Odessa-Atmosphäre und irischem Bier werden wir allmählich lustig. Das Auswanderungsproblem hört auf zu existieren – und keiner am Tisch hat vor, ins Ausland zu gehen. Jedenfalls nicht heute nacht. Und morgen? Aber morgen kommt doch erst – irgendwann.

**Sie.** Unser letzter Tag in Odessa! Und sehr gut kenne ich inzwischen die Potemkin-Treppe. Die rund zweihundert Stufen bin ich heute mindestens viermal rauf- und runtergelaufen, da es immer wieder einen Grund gab, in die Stadt zu gehen. Im Hafen großes Entladen eines „Seelenverkäufers" aus der Türkei: Berge von Tomaten (sind billiger als die einheimischen), Matratzen und Plastikstühle. Alles offen auf dem Deck aufgetürmt, so daß ich mich frage, was auf dem Dampfer bei richtigem Seegang passieren würde.

Abends kommt Biologe Wladimir mit frischen Eiern, Aprikosen, Speck, Bier, Odessa-Champagner und Kirschen. Und als Krönung von seiner Tochter, die aus USA zurückgekehrt ist, drei kleine Ferrero-Küßchen. Direkt verhungern werden wir sicher nicht.

Morgen wollen wir rechtzeitig starten, um das ruhige Wetter auszunutzen.

*26.6.*
Vier (!) Uhr früh: Klopfen an der Bordwand. „SOLVEIG VII!" höre ich eine Männerstimme rufen. Der Morgen dämmert gerade. Durch das kleine Bullauge erkenne ich am Kai einen Mann in uniformähnlicher Kleidung. Verschlafen kriechen wir aus den Kojen, schlüpfen in irgendwelche T-Shirts und schieben das Luk auf.

„Dobry djen", sage ich so freundlich es geht.

„Dobry djen", kommt es freundlich zurück.

„Immigration", stellt er sich vor.

Jetzt hilft alles nichts, ich bin mit meinem Russisch sowieso am Ende, Sascha muß zum Übersetzen geweckt werden. Nun ist er

20

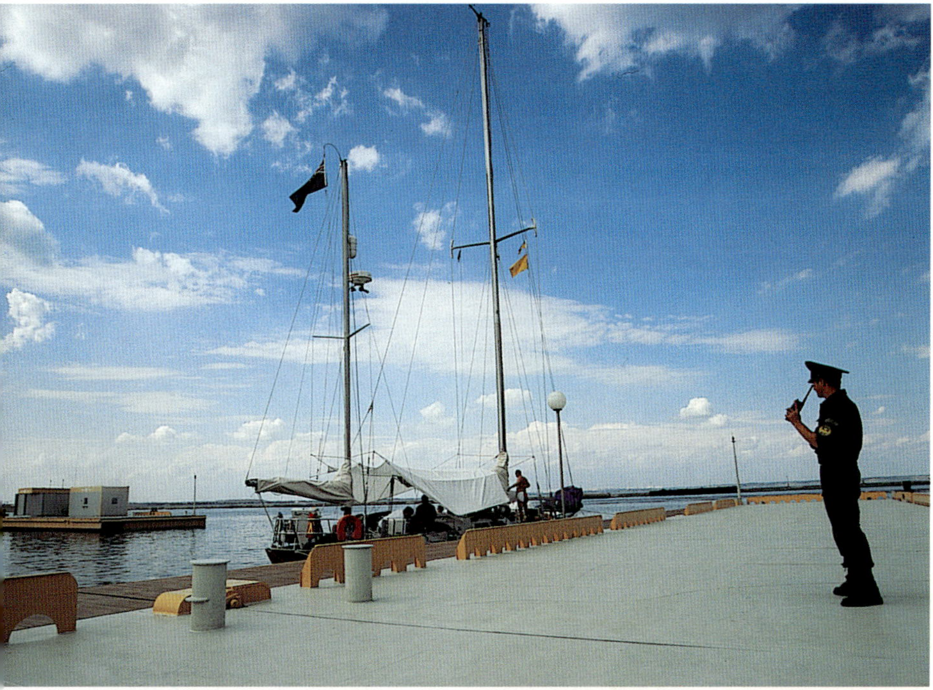

21

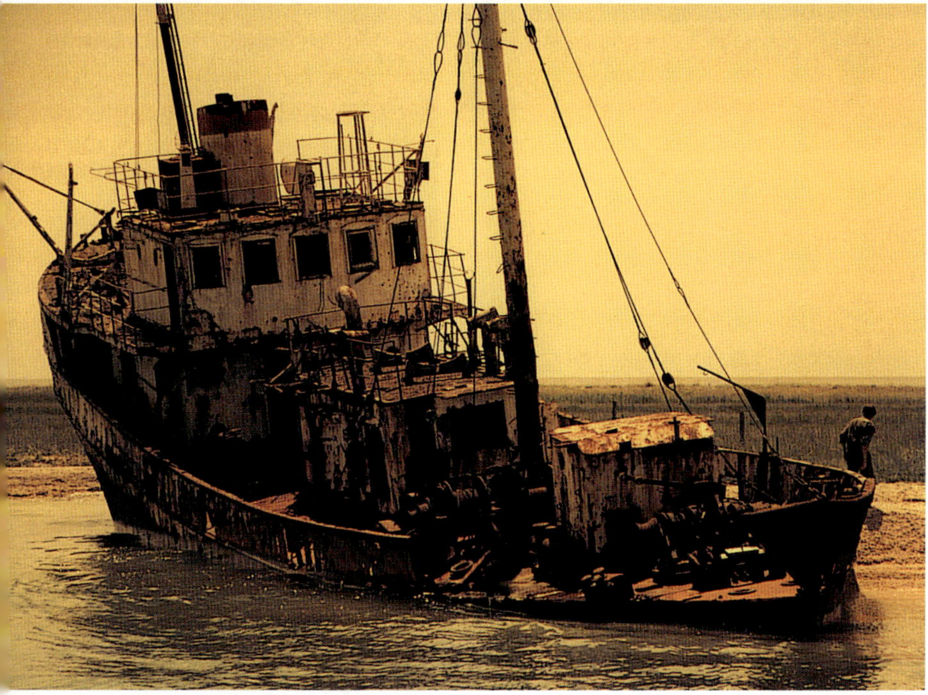

In der neuen Marina von Odessa: Eine Yacht aus Großbritannien wird bewacht.

21 Landzunge Tendrowskaja, dieses Schiffswrack erregt sofort Saschas fotografische Aufmerksamkeit.

22 Sascha: „Chefkoch Wladimir befiehlt mir,
alle Muscheln sauberzumachen."

23 Vergebliche Muschelzucht. Millionen
Rubel, die in der Erde begraben waren,
wurden einfach vergessen.

24 Der Gedanke, in jenem Augenblick eine
Grenze zu überschreiten, machte das Dock
noch interessanter.

25 SOLVEIG sah neben diesem Monster aus wie
ein Kinderspielzeug.

27

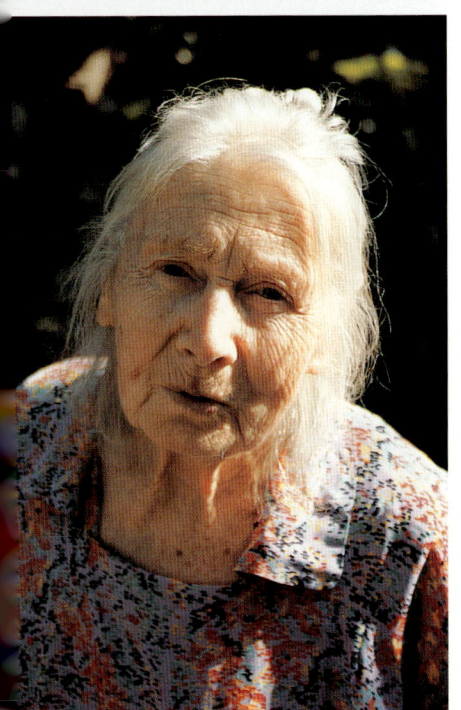

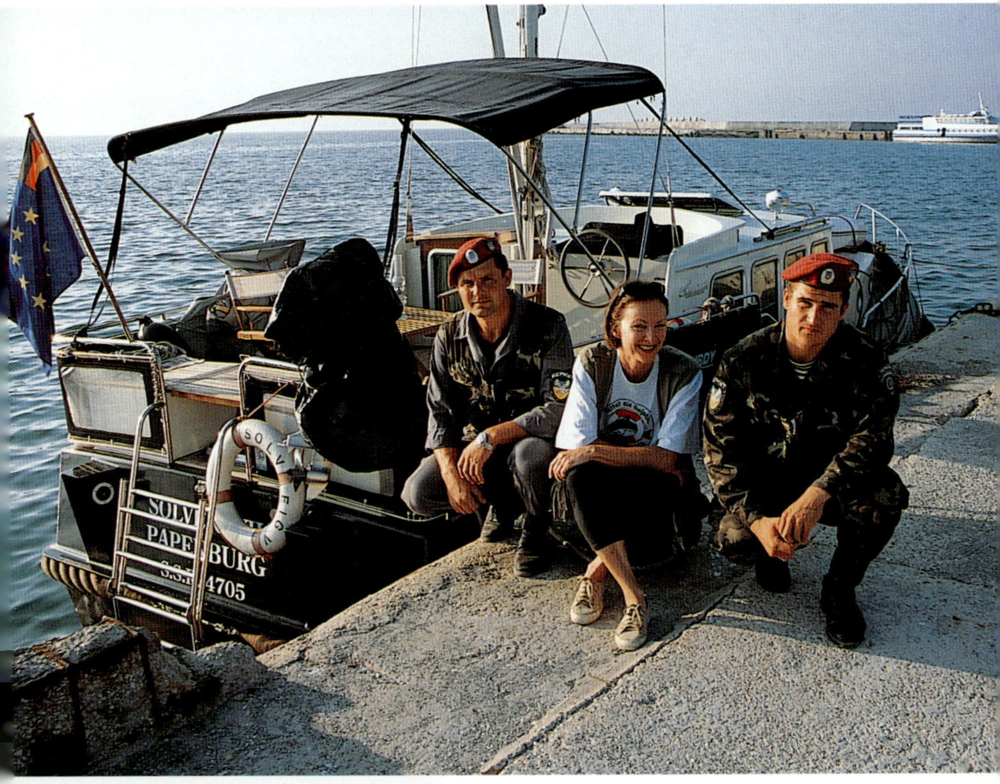


28

26 Felsküste bei Cherson / Krim.

27 SOLVEIGS Bewachung in Jefpatoria.

28 Jelena Feodorowna – 1917 hat sie aus unmittelbarster Nähe die Revolution verfolgt.

29 Zwei Soldaten versorgen Jelena Feodorowna
täglich mit Wasser.

30 Unser Liegeplatz direkt bei den Ruinen der
alten griechischen Stadt ist kaum steigerungsfähig!

31 Uferpromenade in Sewastopol.

32 Alte Fassaden, doch aus den Fenstern
klingt moderner Techno-Sound.

33 Junge Pioniere – es gibt sie noch, aber
   ideologische Unterweisung ist nicht mehr
   das wichtigste Ziel.

34/35 Hinter diesen Mauern lebt Jelena
   Feodorowna, und davor läuft man über
   ein großes Mohnblumenfeld.

33

35

nicht unbedingt der geborene Frühaufsteher, vor allem dann nicht, wenn er erst vor einer Stunde mit dem Schlafen begonnen hat! Doch tapfer stellt er sich der morgendlichen Herausforderung und übersetzt das Anliegen des unerwarteten Besuchers:

„Ihr werdet es nicht glauben, aber er möchte an Bord kommen und kontrollieren, ob mehr Passagiere an Bord sind als auf der Crew-Liste angegeben!" Nur schwer kann Sascha sein Grinsen unterdrücken.

Rollos Humor hält sich vorerst noch in Grenzen, aber er bittet den ungeladenen Gast in den Salon.

Tatsächlich beginnt er nun, alle Schapps und Schränke zu untersuchen, kontrolliert auch unter den Kojen der Gäste.

„Wann fahren Sie?"

Rollo zuckt mit den Achseln. „Ich fahre, wenn wir gefrühstückt haben!"

„Er will von dir eine genaue Zeit wissen", wiederholt Sascha.

„Sag irgend etwas, dann ist er zufrieden und kann es in sein Papier schreiben!"

„Also, um fünf Uhr!" höre ich den Käpten brummen.

Nach weiterem endlosen Hin und Her mit Sascha verabschiedet er sich schließlich und verschwindet in der Dämmerung.

„Wenn wir eine halbe Stunde später starten, glaubt er am Ende, daß wir noch einen Ausflug nach Istanbul unternommen haben!" frotzelt Rollo.

Acht Uhr: Inzwischen befinden wir uns auf See und in ständiger Kommunikation mit der Hafenkontrolle, Grenzkontrolle, Polizei und dergleichen mehr.

„Wie lang ist das Schiff, wie breit, wie hoch, wo wollt ihr hin, warum wollt ihr dorthin, wie heißt der Kapitän, wieviel Knoten fährt das Schiff, wann seid ihr in Odessa angekommen ..."

Uns schwirren die Köpfe. Wenn sie nach Rollos Blutgruppe gefragt hätten, wäre ich nicht einmal erstaunt gewesen.

Etwa eine Stunde lang dauert das Frage-und-Antwort-Spiel von Kanal 16 über Kanal 14 und schließlich zu Kanal 11, den wir von nun an ständig eingeschaltet lassen sollen. Kurzum – große Verwirrung, keiner weiß vom anderen, und jeder versucht, sich selbst so wichtig wie möglich zu machen.

Ohne Sascha an Bord wäre es völlig unmöglich, hier unbeschadet wieder herauszukommen. Der versucht immer wieder zwischendurch, einen Frühstückshappen in den Mund zu schieben, doch jedesmal, wenn er sich zu diesem Zweck setzt, tönt es erneut aus dem Lautsprecher: „SOLVEIG VII, SOLVEIG VII ... SOLVEIG VII, bitte kommen!"

**Er.** Morgens haben wir nach relativ kurzer Fahrt von Odessa eine kleine Insel erreicht – Berisan. Als Sehenswürdigkeiten gibt es hier alte griechische Katakomben und ein Denkmal auf dem Platz, wo Leutnant Schmid im Jahre 1912 erschossen wurde, der Held der ersten russischen Revolution. Vor dem Zweiten Weltkrieg war sein Name so bekannt wie der Name Schumacher jetzt. Wenn du einfach Leutnant Schmid sagst, wissen schon alle, wovon du sprichst.

Der Sohn von Leutnant Schmid mußte nicht einmal arbeiten, so bekannt war sein Papa. Er wanderte von einem Biergarten zum anderen in Odessa, und überall konnte er umsonst essen und trinken. So sehr hat das Volk Leutnant Schmid geliebt und dann den Zaren gehaßt, der ihn erschießen ließ.

Der Sohn von Leutnant Schmid hatte nur ein Problem: daß es in dieser Zeit in Odessa noch weitere zwanzig Söhne von Leutnant Schmid gab, die auch von Ort zu Ort wanderten mit den gleichen Geschichten über ihren Papa und damit Geld verdienten. Manchmal passierte es, daß sich die Söhne im gleichen Lokal getroffen haben. Die ganze Zeit sitzt schon jemand an der Theke und erzählt die Geschichte vom Papa als Held der Revolution, und dann erscheint ein anderer und sagt: „Guten Abend, ich bin der Sohn von Leutnant Schmid!"

Oft waren nach solchen Begegnungen dann beide arg zugerichtet und wurden hinausgeschmissen. Nur einmal, als das wieder passierte, stand der erste Sohn plötzlich auf, blickte auf den anderen und sagte laut: „Brüderchen!", und sie haben sich geküßt. Diese Legende lebt bis heute in Odessa. Warum Legende? Weil es fraglich ist, ob der 22jährige Offizier überhaupt ein Kind hatte.

Vielleicht war der Job, Sohn von Leutnant Schmid zu sein, so hart und gefährlich, daß die „Tochter" von Leutnant Schmid gar nicht erst auftauchte.

Und jetzt sind wir da. Eine kleine Insel mit Tausenden schreienden Möwen in der Luft. Auf das Steilufer führt uns eine halb zerstörte Hängebrücke wie aus dem Film *Indianer Jones*. Weiter zum Denkmal, das in der Ferne vor uns aufragt, fast ganz mit Lebedagras und verwilderten Aprikosen zugewachsen. Auf diesem Weg laufen vor uns junge Möwen, die das Fliegen noch nicht gelernt haben.

Drei Meter hoch ist das Betondenkmal, das aussieht wie drei Vorsegel einer Yacht. Und dort oben auf den Spitzen hocken gerade drei Möwen. Unten eine stark beschädigte und im Gras fast unsichtbare Platte mit dem bekannten Namen: „Leutnant Schmid."

Ich nehme ein Stück Holz und versuche, die Inschrift sauberzumachen.

Tausende Möwen schreien über unseren Köpfen, versuchen, uns im Senkrechtflug anzugreifen. Menschen haben hier ihr Recht verloren. In der Zeit der Sowjetunion war dieser Platz heilig, und jetzt hat das Volk seinen Helden vergessen. Aus diesem Grund gibt es in Odessa zur Zeit keinen Sohn von Leutnant Schmid.

Am Nachmittag fahren wir mit unserem Schiff weiter.

Es wird flacher und flacher, und das Echolot piepst schon in Panik. Bis zum Ufer ist es vielleicht noch eine Meile, und ohne Führung finden wir den Weg nicht. Der Plan, das Naturreservat zu besichtigen, steht in Frage.

Absolute Stille, die noch betont, daß hier alles ausgestorben ist.

Wladimir und ich stehen an Deck und sprechen russisch.

„Verdammte Untiefe!" sagt er. „Vor zwei Jahren sind wir noch ohne Probleme hierhergekommen. Jetzt müssen wir auf morgen warten und dann weitersehen." Ich übersetze Rollo die „wissenschaftlichen Bemerkungen", auf die er auf seine Weise reagiert:

„Ankern und Zodiak ins Wasser!"

Die erste Aufgabe schafft er ohne uns mit einem roten Knopf, aber die zweite liegt auf unseren Schultern. Eifrig befreien wir das Schlauchboot, das mit einer Leine festgebunden war, und in diesem Moment fühlen wir uns wie zwei Jungen an Bord in Erwartung eines Dankes vom Kapitän. Aber Rollo merkt das nicht, für ihn ist alles Routine.

Den Motor auf dem Zodiak zu befestigen ist eine spannende Premiere, weil das Gewicht vom Motor sich auf zwei griechische Helden richtete. Ich bin total stolz, daß Rollo an Bord bleibt und ich das Zodiak zum Ufer des Naturreservats führen darf. Das einzige kleine Problem ist, daß der Motor nicht anspringt. Überhaupt keine Geräusche.

Rollo verfolgt meine erfolglosen Versuche von oben und geht langsam in die Kajüte. Einige Minuten später kommt er zurück, mit seiner Brille auf der Nase und der Gebrauchsanweisung in der Hand. Wir müssen ein unglaublich komisches Bild abgeben: Wir sind drei Expeditionsteilnehmer, sitzen in einem kleinen Gummiboot auf offenem Meer und hören das Vorwort der Bedienungsanleitung.

Möglich, daß unser Fall auf der letzten Seite steht, dann wird unsere Landung lange dauern.

Das Zodiak ist neu, der Motor ist neu, alles muß funktionieren. Aber ... zum Glück war der wichtigste Satz auf der ersten Seite fett gedruckt.

„Vor dem Start stecken Sie die Sicherung an."

„Welche Sicherung noch?" schießt es durch meinen Kopf.

Aber Rollo ist schon unterwegs, und über unseren Köpfen hängt kurz darauf das rote Kabel mit der Sicherung, die den Körper des Fahrers mit dem Motor verbinden soll. Wenn ich also unterwegs ins Wasser fliegen werde, stoppt der Motor automatisch. Klug, nicht wahr?

*Honda ist gut, aber man muß die Gebrauchsanweisung lesen!*

100

Den Weg zum Reservat schaffe ich, ohne dieses System zu benutzen, und wir landen neben einem verrosteten Pier.

Irgendwann haben hier ukrainische Wissenschaftler mit der Zucht von Austern ein riesiges Projekt begonnen. Muscheln künstlich wachsen zu lassen ist keine neue Idee. Dafür braucht man nur Netze, die man an ein Floß im Wasser hängt. So macht man es in der Südsee und im Mittelmeer und überall. Für diese Investition braucht man nur wenig Geld.

In der Ukraine hat man einen anderen Weg gefunden.

Sie haben eine riesige Anlage gebaut, in der das Wasser aus dem Meer mit speziellen Pumpen gewechselt wird. Das hat Millionen gekostet. Die einzigen, die sich für dieses Projekt nicht begeisterten, waren die Muscheln. Sie wollten dort einfach nicht wachsen. Wie sagt ein russisches Sprichwort: „Für ‚Nein‘ gibt es kein Gericht!" Und die Millionen Rubel, die in der Erde begraben waren, wurden einfach vergessen.

Nach ein paar Schritten ins Innere der Insel entsteht vor unseren Augen ein Betonmausoleum für eine große, aber utopische Idee. Verbeulte Kräne und zerrissene elektrische Leitungen in absoluter Stille sind ein deprimierender Anblick. Ein paar Häuser, die auch zum Projekt gehören, stehen ebenfalls leer.

Wladimir zeigt uns ein Zimmer, das er in vergangenen Jahren als Labor benutzte. Abgesehen davon, daß die Matratze auf dem Bett geklaut wurde, kann man hier im Sommer noch übernachten. Aber natürlich keine wissenschaftliche Arbeit leisten.

Zu meiner Überraschung sitzt auf den Stufen neben dem Labor eine Frau.

„Und wo ist Petrowitsch?" (so heißt der Direktor vom Naturreservat), fragt Wladimir sie wie eine alte Bekannte.

„Irgendwo hier, das Reservat ist groß!"

Sie kommt im Sommer, um Urlaub zu machen. Es wäre mir peinlich zu fragen, warum sie nicht auf die Kanarischen Inseln fährt. Die Antwort weiß ich selbst. Armut.

„Möchten Sie hier bleiben?" frage ich ohne Hoffnung, daß sie ja sagt.

„Hier?" antwortet sie und blickt schräg auf die ehemalige Station. „Schrecklich, dieser Platz! Dort war ein See, und er ist nicht da, und hier ist ein See entstanden, der nicht da war. Alle Leute sind schon weg, und wer geblieben ist, vermietet seine Zimmer für Touristen. Sonst gibt es keine Arbeit."

Die Dämmerung bricht ein, und wir gehen zurück zum Pier. Dort zieht sich Wladimir plötzlich aus und springt ins Wasser. Sein blasser Kopf kommt kurz nach oben und verschwindet in der Tiefe. In dieser Sekunde schmeißt er Muscheln auf den Pier, und nach fünf Minuten haben wir schon eine Plastiktüte voll. Erstaunlich, daß die ukrainischen Leiter des Projekts so nah bei der Wahrheit waren: Muscheln wachsen hier wirklich, sogar ohne menschliche Hilfe. Man muß nur tauchen und zugreifen. Aber genau das haben sie in ihrem Büro nicht bemerkt.

SOLVEIGs Licht durchbricht die Dämmerung. Wir müssen zurück.

Wladimir ist heute abend auch noch Chefkoch. Als Biologe kennt er alle Arten von Muscheln, und sein Spezialgebiet sind die Krankheiten von Muscheln. Das wird mich beim Essen beruhigen. Aber jetzt sitze ich mit ihm auf Deck, und mit einem Schraubenzieher säubere ich die Muschelschalen. Es sind so viele Muscheln, daß es reichen würde für zwanzig Soldaten.

Und ich weiß nicht warum, aber der Chefkoch befiehlt mir, alle sauberzumachen. Einen Teil könnte man für morgen behalten. Aber nein, wir säubern alles, und alles geht auf den Herd. Angelika zeigt nur, wo sich die Zutaten befinden, aber sie darf nicht näher kommen.

Wladimir macht drei verschiedene Gerichte, wie er glaubt: Muscheln mit Mayonnaise, Muscheln mit Öl und Muscheln ohne Öl. Alle sollen einen anderen Geschmack haben.

Man sieht, daß Wladimir jahrelang nicht nur Muscheln erforschte, sondern auch tonnenweise verspeiste. Vielleicht ist das wirklich gesund, denn er sieht jünger aus.

Das Besteck kratzt auf den fast leeren Tellern, die Gläser mit Wein, der speziell für dieses Muschelfest geöffnet wurde, klingen, und da war noch etwas. Es hört sich an, als ob jemand mit seinen Zähnen in eine Muschelschale beißt. Aus den Augenwinkeln blicke ich auf Wladimir – kann es sein, daß er noch eine Spezialität für sich selbst vorbereitet? Aber die Geräusche kommen

irgendwo von oben, was praktisch unmöglich ist. Um sicherzuge-
hen, stehe ich auf und blicke durchs Bullauge. Niemand. Nur
Dunkelheit und Ruhe. Und trotzdem aus der schwarzen Un-
endlichkeit ein Klack-klack-klack... „Vögel", sage ich zu mir selbst
und setze mich wieder. Aber die Vögel kommen immer näher, und
nach einiger Zeit klopfen sie schon an der Bordwand. Wie ich kurz
darauf sehe, haben die „Vögel" zwei Köpfe und vier Füße – der
Direktor des Reservats und sein Sohn.

Die vermeintlichen Vogelgeräusche kamen von ihrem Tret-
boot, mit welchem sie sich vorwärtsbewegt hatten.

Sie waren ordentlich angezogen und saßen auf der Bank wie in
einem Auto, dessen Dach geklaut wurde. Und mitten in der Nacht,
irgendwo auf dem Meer, wirkten sie wie zwei Wahnsinnige. In
diesem Moment habe ich gedacht: „Ist hier das Naturreservat oder
eine Datscha der Psychiatrieabteilung?"

Zum erstenmal treffe ich einen Direktor, der statt eines Motor-
boots ein Wasserfahrrad benützt. Ein Gefährt, das sicher besonders
gut geeignet ist, um die Verfolgung von Schwarzfischern aufzunehmen. Das wäre komisch, wenn es nicht so traurig wäre. Aber
wenigstens schützt er die Natur und braucht kein Benzin.

Inzwischen sitzt Petrowitsch Sinovi Iosiphowitsch mit seinem
Sohn gemütlich im Salon, und Angelika nimmt eine Flasche
Wodka, weil sie denkt, daß alle Russen dieses Getränk mögen. Der
Direktor unterhält sich mit Rollo, und später erhält dieser sogar
eine Zeichnung seines Bereiches mit einem für mich nicht klaren
Kreuz im Meer.

„Und hier", sagt Petrowitsch, „dürfen Sie nicht rein – Militär-
objekt." Dabei zieht er um das Kreuz einen deutlichen Kreis.

Zum Abschluß schenkt Angelika ihnen zwei kleine Schnaps-
flaschen. „Ruiniere unser Volk nicht!", sage ich zu ihr. „Sie sind
keine amerikanischen Indianer, sondern normale zivilisierte Menschen."

Aber die zivilisierten Menschen trinken ihre Gläser Wodka bis
auf den letzten Tropfen aus, drehen in ihren Fingern die Schnaps-
geschenke und verabschieden sich von uns.

Klack-klack-klack-klack. Zwei Verrückte tauchen mit ihrem
Wasserfahrrad in die Dunkelheit ein.

*27.6.*

Was ist gut im Tendrow-Naturreservat? Absolute Ruhe. Keine
Schiffe, keine Boote, ganz selten nachts ein Wasserfahrrad und
sonst nur Vögel und Sand. Was ist schlecht? Es ist gleichzeitig Militärgebiet, und Sie dürfen sich deshalb nicht wundern, wenn von
dem klaren Himmel statt einem Storch plötzlich eine Mig 29
kommt und anfängt, ein unbekanntes Ziel zu bombardieren. Denken Sie bitte nicht, daß Ihr Boot das Ziel ist, Sie sind einfach zu
nah an ein Trockendock gekommen, das als ein Kreuz auf der
Zeichnung des Direktors des Reservats eingetragen war.

Es steht hier im Meer auf einer Untiefe seit vielen Jahren, und
für Einheimische ist es auch schon ein Teil der Natur. Aber wenn
Sie einmal morgens seine gewaltigen geometrischen Linien am
Horizont sehen, die sich von Minute zu Minute vergrößern, dann
verstehen Sie sofort die Ausmaße der militärischen Schiffe, die in
diesem Trockendock repariert wurden.

So passiert es uns, als wir an diesem hellen Morgen in seine
Nähe kommen. Der Gedanke, in jenem Augenblick eine Grenze
zu überschreiten, macht das Dock noch interessanter.

SOLVEIG sieht neben diesem Monster wie ein Kinderspielzeug
aus. Diese zwei Objekte können einfach nicht zusammen harmo-
nieren. Ein schön gestrichenes Boot und krumme Betonwände!
Laternen stehen in einer Reihe oben auf der Spitze und zeigen,
daß hier Tag und Nacht gearbeitet wurde. Klar, daß das hier schon
viele Jahre ein Ziel für Bombenmanöver ist.

Wegen der metallischen Teile, die aus dem Beton herausragen, sieht das ganze Bauwerk aus wie eine gigantische Seeane-
mone. Wir drehen zwei Runden um das Objekt, und erst dann lassen wir das Zodiak ins Wasser. Ankern ist wegen unklarer Bodenbeschaffenheit unmöglich. Wenn der Anker sich mit einem Eisen-
teil verhakt, bleiben wir für immer hier, oder wir verlieren den
Anker. Beide Perspektiven sind schlecht, darum entscheidet Rollo,
daß er unter laufendem Motor an Bord bleibt und wir mit dem
Schlauchboot das Dock erforschen.

Zu meiner Überraschung läuft zwischen den Wänden des
Docks eine starke Strömung, die ich auf der SOLVEIG nicht spüren
konnte.

Es ist nicht einfach, mit den kleinen Rudern hineinzukommen, ich habe das Gefühl, als ruderte ich einen Wasserfall nach oben. So brauche ich einige Zeit, um mich in die Nähe der Wand vorzuarbeiten. Fleißige Flugzeugpiloten zerstörten fast alle Treppen, und die Reste eines Geländers baumeln über unseren Köpfen.

Das ist zu hoch für uns – kann sein, daß uns diese Tatsache rettet. Unser Spiel ist ähnlich, wie wenn Kinder im Busch eine Handgranate finden und versuchen, sie auseinanderzuschrauben.

Außerdem muß man aufpassen. Die herausstehenden Metallteile könnten das Zodiak zum Sinken bringen. Das gleiche Bild erwartet uns auf der anderen Seite des Docks. Das Zodiak ist zu leicht und wird von Wellen und Wind geschoben. Unmöglich, es an einer Stelle zu halten.

Wladimir springt ins Wasser, und nach einiger Zeit können wir das Boot endlich an einem Metallteil festmachen, welches er unter Wasser findet.

Meine ganze Aufmerksamkeit konzentriert sich darauf, Wladimir und das Zodiak zu halten. So bemerke ich nicht, daß Wind und Wellen ein Ruder ergriffen haben, das nun langsam wegtreibt. Wenn SOLVEIG es nicht aus dem Wasser gefischt hätte, dann wäre aus dem Zodiak wohl ein Kanu geworden.

Ich frage mich, was Rollo hier eigentlich sucht. Für Wladimir ist die Sache klar: Überall wo es Muscheln gibt, ist er sofort bereit, sie Tag und Nacht zu untersuchen. Aber Rollo und Angelika? Ganz einfach – der Reiz des Abenteuers. Wo bisher kein Mensch war, ist es schon interessant, der erste zu sein. Das ist wie der Flug zum Mond – eine Wüste, wie diese Meerwüste. Dort keine Menschenseele und hier keine Menschenseele. Und in dieser Wüste lassen wir den monströsen Betoneisberg zurück und nehmen Kurs Richtung Krim.

Irgendwann einmal wird dieses schwimmende Eisendock versunken sein. Das einzige, wozu es heute außer als Ziel für Bomben noch nützt, ist, daß an seinen Wänden, die tief ins Wasser hinabreichen, Tausende Muscheln wachsen, die wir für unser heutiges Abendessen sammeln. Wenn Sie keine Muschelallergie haben, dann werden Sie im Schwarzen Meer nicht Hungers sterben.

**Sie.** Nach dieser Aktion sind die beiden vorübergehend Ausgesetzten einen weiteren Nachmittag damit beschäftigt, die Muschelschalen mit allerlei Werkzeugen von ihrem Bewuchs zu befreien. Im Cockpit höre ich nur noch ein einziges Geklopfe und Gekratze, und mir läuft gewaltig das Wasser im Mund zusammen.

Inzwischen steuert Rollo unser Schiff bei ruhiger See und strahlender Sonne zur Landzunge Tendrowskaja, vorbei an einem Schiffswrack, das sofort Saschas fotografische Aufmerksamkeit erregt.

Zehn Meilen weiter ankern wir an dem schönsten Sandstrand der bisherigen Reise. Noch niemals habe ich so viele kleine und kleinste Muscheln gesehen. Es ist völlig unmöglich, beim Laufen nicht auf Muscheln zu treten. Jeder Tritt knirscht, ich habe Hemmungen, mich hier überhaupt zu bewegen, denn mit jedem meiner Schritte zerstöre ich die kleinen Wunder der Natur. Sascha erzählt, daß er früher zusammen mit seinem Vater in Sibirien am Fluß Amur Muscheln als Fischköder gesammelt hat, so viele gab es. Niemals wären sie auf die Idee gekommen, sie als Delikatesse zu essen, so wie wir es heute abend wieder tun werden.

Die Strandlinie zieht sich ins Unendliche. Glasklares Wasser, kein Windhauch wirft eine Welle auf. Durch das vollständig durchsichtige Wasser entdecke ich ein paar ebenso durchsichtige Quallen, die sich von der leichten Strömung träge hin- und herschaukeln lassen. Später treffen wir Fischer und fragen sie, ob sie hier Delphine gesehen haben.

„O ja, vor vier Tagen, mindestens fünfzig!" berichten sie.

Für Alexei und sein Brema-Institut, das wir mit unserer GRD nach Kräften unterstützen, werden wir während unserer Schwarzmeerfahrt an allen Plätzen, die wir ansteuern, eine Stichprobenbefragung durchführen und alle Details, die man uns erzählt, in einer vorbereiteten Liste notieren. Vor allem natürlich, um welche Delphine es sich handelt.

Unsere Freunde haben sich ein Stück vom Strand entfernt.


**Er.** Mehrere Kilometer lang und schmal wie ein Laufband verläuft die Landzunge Tendrowskaja. Ein Leuchtturm am Ende und ein fast zerstörtes Wrack am Anfang und viele Kilometer Sand dazwischen. Blauer Himmel und fast keine Wellen, ideales Wetter für eine Zodiakreise. Anders können wir nicht zur Zunge kommen. Aus dem glänzenden, feinen Sand, wie wir ihn im Fernglas gesehen haben, werden mit einemmal Millionen kleiner Muscheln. Man muß kein Geologe sein, um zu verstehen, daß dieser Platz irgendwann einmal im tiefen Wasser war und jetzt oberhalb des Meeresspiegels liegt.

Für mich ist es kaum zu verstehen, daß diese vergessene Ecke Homer dennoch bekannt war. In der Mythologie ist diese Zunge sozusagen das Trainingslaufband für den legendären Achill. Während Angelika mit Fotoapparat und Videokamera zahllose Muscheln festhält, mache ich mit Wladimir Quatsch: eine kleine Olympiade im Langlauf. Die Muscheln knirschen unter unseren Füßen in diesem nicht seriösen Wettkampf, wir lachen beim Laufen, fühlen uns aber trotzdem wie griechische Helden. Und beide sind wir Sieger über Moskitos, die uns während des Laufens nicht stechen können.

Wenn uns jemand an diesem schönen Strand fotografieren würde, könnte er immer behaupten, es sei ein Foto von den Kanarischen Inseln. Sogar noch schöner.

Das Wetter verwöhnt uns, und wenn ich zu entscheiden hätte, würde ich den ganzen Tag hier verbringen. Aber vor uns liegt die Reise zur Krim, und Rollo beschließt, das ruhige Wetter auszunutzen und in der Nacht zu fahren.

Wenn ich Homer und dieser Geschichte mit Achill glaube, dann wäre das Training heute für ihn etwas schwieriger. Es wäre mehr ein Slalom als ein einfacher Schnellauf. Denn er muß inzwischen nicht nur Gott, sondern auch dem von seinen Kommandeuren vergessenen Militärschrott ausweichen. Die halbnackten Soldaten hocken überall verstreut, einige auch in ihren khakifarbenen Bötchen, um zu fischen. Ich finde ein Panzerauto mit zerrissenen Reifen und sogar einen richtigen modernen Panzer mit nicht zu verschließendem Luk — zu verrostet.

Mein Fernglas schwenkt auf eine aufgegebene Kaserne und kommt auf einem schwarz-weiß gestrichenen Leuchtturm zur Ruhe. Das ist das letzte Fleckchen Ukraine, morgen sehen wir die Krim.

# Krim(i)-Geschichten

**Sie.** Eine ruhige Nacht auf See. Bis vier Uhr bleibe ich auf, anschließend übernimmt Rollo. Wieder die totale Überwachung von der Grenzpolizei mit endlosen Funkgesprächen zwischen Sascha und den Beamten. Sie verlangen sogar, daß wir in der Bucht neu ankern, damit wir von der Kontrolle gesehen und beobachtet werden können.

Mittagessen im Cockpit, und von da an geht es bergab. Kolikartige Krämpfe im Magen, Schwindel, heiß-kalt im Kopf, Durchfall mit Erbrechen. Dazu kommt der miserable Ankerplatz, der zum Meer hin ungeschützt ist und SOLVEIG wie verrückt rollen läßt. Auch Sascha geht es schlecht, und Rollo hat von den Muschelmengen, die er wie wir gestern abend verspeiste, Probleme mit seinem Fuß – die Gicht läßt grüßen.

Das Wasser ist klar, aber kein Fisch zu sehen. Statt dessen viele Algen. Sascha und Wladimir schrubben das Deck, das Ergebnis sieht sehr gut aus.

**Er.** Wladimir ist Wissenschaftler, er muß also alles wissen, und während unserer langen Überfahrt gibt es genug Zeit zum Debattieren.

„Was denkst du, warum kommen Delphine zu den Schiffen?"
„Weißt du, Delphine haben ein Ultraschallsystem, und das regi-striert alle Geräusche im Meer. Und ich glaube, die Geräusche vom Motor locken sie an."
„Egal welcher Motor, Diesel oder Benzin?"
„Egal."
„Und warum", lasse ich nicht locker, „begleiten sie dann auch Segelschiffe?"
„Weil Segelschiffe auch Geräusche machen."
„Meinst du, sie begleiten auch U-Boote?"
„Rein theoretisch ja. Aber das ist eine gute Frage."
„Na gut, wenn es so läuft mit den Geräuschen, was ist mit uns, wir sind schon den dritten Tag auf See, und ich habe noch nicht einmal die Flosse eines Delphins gesehen?"
„Das ist auch eine gute Frage, theoretisch müßte es mehr Del-phine geben, da im Schwarzen Meer die Fischpopulation zuge-nommen hat. Und weißt du warum? Weil in der Ukraine die Wirtschaft untergegangen ist, und daraus folgt, daß weniger Schadstoffe ins Meer geflossen sind."
„Autsch!" schreie ich, weil Wladimir mit seinen Schuhen meinen nackten Fuß fast zerdrückt hat. „Du schreist wie ein Delphin", sagt er statt einer Entschuldigung.
„Dann kommen vielleicht andere!"
Und damit war das Thema für heute beendet. Aber wirklich −
wann kommen Delphine?

### 29.6.
Im Moskauer Fernsehen sagt man: „Für die Produktion kannst du dich nicht verspäten. Egal, wann du kommst, du kommst zu früh."
Und das Sewastopol-Fernsehen, das unsere Ankunft in Chernor-morsk aufnehmen will, hat die gleiche sozialistische Disziplin.
Sie haben alles phantastisch geplant:
Wir sollen einen Tag früher kommen, in der Nähe übernach-ten, und morgens, am 29.6. um 9.30 Uhr, würde unsere SOLVEIG vor den Augen der Zuschauer live in die schöne Chernomorsk-Bucht einlaufen.
Die Idee ist gut, und für diese Idee bringen wir ein großes Opfer,

denn die Übernachtung in der Nachbarbucht mit der ständigen Störung durch Wellen ist entsetzlich.

Kann sein, daß die Muschel-Monodiät auch ihren Beitrag dazu geleistet hat, denn am nächsten Morgen vor der Aufnahme sind wir alle ganz grün im Gesicht. Der einzige, der Muschelimmunität besitzt, ist Wladimir. Er steht an Deck, neben dem Kapitän, auf seinen kräftigen Fußballerbeinen, fit und gesund.

Da liegt die Bucht mit einem langen Strand voller Touristen, und uns ist nicht klar, wo das Fernsehen wartet. Die Grenzschutzpolizei navigiert uns über Funk, und endlich schwimmt SOLVEIG in geschütztem Wasser. Auf dem Pier befinden sich wirklich mehrere Leute, und das Bewußtsein, daß die Krimbewohner jetzt live unsere Ankunft verfolgen, macht unsere Gesichter sehr abenteuerlich. Ich versuche herauszufinden, wo sich der Kameramann befindet, aber dieser Paparazzo ist unsichtbar. Über Funk kommt der Befehl, an einer Stange unbekannter Herkunft festzumachen.

Ich übersetze diesen Vorschlag Rollo, einmal und dann ein zweites Mal, und denke schon, daß er mein Deutsch nicht versteht; ich probiere es ein drittes Mal, und darauf sagt Rollo kurz, daß er dies auf keinen Fall machen werde. Wirklich, wir sind in einer Bucht voller Wracks, und diese Stange im Wasser sieht aus wie der Mast eines dieser Wracks. Wenn sie plötzlich umfällt, beendet das unsere Reise.

Also ankern wir und fahren mit dem Zodiak zum Ufer, wo Freunde und Vertreter der Administration uns erwarten.

Meine erste Frage: „Wo ist das Fernsehen?"

Die Antwort ist kurz: „Noch nicht da!"

Wir sagen oft: „Kunst braucht Opfer." Das Opfer ist da, aber wo bleibt die Kunst?

Chernomorsk, unsere erste Stadt auf der Krim, gleicht Troja. Sie liegt an einer schönen Bucht, und in verschiedenen Zeiten haben verschiedene Völker hier gelebt: alte Griechen, Skyten, Bulgaren, Tataren, insgesamt 70 Nationen und natürlich Ukrainer und Russen. Die letzten beiden gehören zu einem Volk, aber die Geschichte hat aus ihnen später zwei Länder gemacht. Eines wurde stärker und entwickelte sich zum Zentrum – Moskau.

Aber irgendwann war die Hauptstadt von Rußland Kiew, die heutige Hauptstadt der Ukraine.

Das Wort Ukraine ist nicht so alt wie die Ukraine selbst. Dieses Wort entstand aus dem russischen „Okraina", was Peripherie bedeutet, am Rand des russischen Reiches. Also das Gegenwort zu Zentrum. Mit diesem Wissen kann man nachvollziehen, wie groß die Abhängigkeit von Moskau gewesen sein muß, daß das Wort „Peripherie" als offizieller Name für das Land genommen wurde.

Auf dem Territorium der Krim gab es so viele Kriege und Herrscher verschiedenster Völker, daß ich – als Mensch, der russische Geschichte gelernt hat – mich nur schwer an sie erinnere.

Aber nur einmal war die Krim ein großes Geschenk eines großen Politikers. Dieser Politiker war Nikita Chruschtschow. Er war von der Nationalität her Ukrainer. Als er in Moskau an die Macht kam, gab er die Verwaltung der Krim in die Hände der Administration von Kiew. Ohne Krieg.

Um ehrlich zu sein, darf kein Volk darauf bestehen, daß die Krim für immer ihnen gehörte. Russen und Ukrainer sind ebenso Gäste wie Tataren und Griechen. Ich träume von der Zeit, wo es keine Grenzen mehr gibt und die Leute dort leben können, wo sie leben möchten. Ich bin kein Nationalist, es ist nicht wichtig, wie ein Land heißt, es ist wichtig, daß das Volk glücklich lebt. Im Augenblick also heißt es Ukraine.

Und trotzdem, als ich auf die Krim komme, habe ich das Gefühl, meine Heimat zu betreten. Alle sprechen russisch, und sogar auf dem Markt wird die ukrainische Währung Griwna immer Rubel genannt.

Das Stadtmuseum ist heute eigentlich geschlossen, aber sie haben eigens für uns geöffnet, und wir werden mit einem offiziellen Bürgermeisterauto hingefahren. Die Anwesenheit offizieller Vertreter der Administration macht die Führung zu einer Art chinesischer Zeremonie. Eine Frau im strengen Kostüm folgt uns schweigend. Niemals korrigiert sie die Leiterin, die vermutlich sehr froh darüber ist, wie glatt unsere Führung über die Bühne geht.

Im letzten Saal des Museums befindet sich ein Verkaufsstand mit Souvenirs.

Die Erwartung, daß unsere Gruppe viel kaufen wird, ist groß. Die Menschen der ehemaligen Sowjetunion halten Deutsche für ein reiches Volk, das sein Geld leicht ausgibt.

„Sehen Sie bitte, welche Holzlöffel wir für Sie haben", sagt die Leiterin.

„Und sehen Sie, welch schöne Bilder unser Maler geschaffen hat!"

Wenn wir auch nur symbolisch auf der ganzen Reise die Souvenirs kaufen würden, die unsere Gastgeber anbieten, wäre SOLVEIG vom Kiel bis zum Mast voll mit lackierten Holzlöffeln und den Originalgemälden lokaler Meister.

Freie Zeit, um die Stadt kennenzulernen, bekommen wir nur am Abend, nachdem die zweite Führung zu den Ausgrabungen beendet ist.

Chernomorsk ist ein ganz normales, kleines Kurortstädtchen, mit einem gebogenen weißen Strand, schmalen Straßen und vielen Denkmälern von Lenin.

Auf der einzigen großen Straße der Stadt, die nicht gerade mit architektonischen Ideen glänzt – das aufregendste Gebäude, die Post, besteht aus zwei Etagen Betonblocks –, spaziert am Abend ganz fein angezogenes Volk: eine Madame im rosa Chiffonkleid mit einer künstlichen Rose auf der Brust und ihre Tochter im hauteng geschnittenen schwarzen Minirock. Ich fühle mich plötzlich wie in Paris, und trotzdem spüre ich gleichzeitig, daß ich in Rußland bin, weil die Leute in Rußland am Abend die teuersten und feinsten Klamotten aus ihren Schränken nehmen, egal wo sie gerade sind: wirklich in Paris oder in einer Kleinstadt, die auf kaum einer Landkarte zu finden ist.

Plisseeröcke mit durchsichtigem Oberteil, durch das man die Spitzenunterwäsche der Besitzerin sieht, mischen sich mit den schwarzen Anzügen der Männer, die ich jederzeit für Wallstreet-Makler halten könnte, wenn ich plötzlich vergesse, wo ich bin.

Die Atmosphäre im Kurort macht es mir leicht, unbekannte Leute anzusprechen. Die Dame in Rosa kommt aus Kiew.

„Der Strand ist gut und relativ sauber. Das Wetter ist in dieser Zeit immer gut. Aber hier ist es langweilig", sagt sie und verzieht ihre stark bemalten Lippen.

Und wirklich, die größte Attraktion dieser Straße ist der kleine Wagen mit Eis. Die junge Verkäuferin im kurzen schwarzen Rock hat nicht viel zu tun und spricht pausenlos mit ihrer Freundin, die so schöne lange blonde Haare hat, daß ich sie fotografieren möchte. Als ich sie darum bitte, lächelt sie gnädig und begleitet mich zum nahen Strand. Das ist mehr, als ich erwartet habe.

Sie ist in der letzten Klasse, und heute abend geht sie in die Diskothek, die dreimal pro Woche ihre Pforten öffnet für alle, die Lust haben zu tanzen oder sehen wollen, wie andere tanzen.

„Du gehst gerne in die Diskothek", provoziere ich meine Begleiterin, „weil du attraktiv bist."

„Aber bei uns gibt es viele attraktive Mädchen! Mit attraktiven Jungen ist es schwer."

Den restlichen Weg gehen wir schweigend, weil ich am Strand schon nach einem geeigneten Platz suche. Hier ist niemand mehr. Die untergehende Sonne vergoldet die Haare des Mädchens und malt ihre Figur als langen, schmalen Schatten auf den Sand.

„Setz dich."

Sie kreuzt die Beine mit ihren weißen Sandalen, und ich sehe durch das Objektiv, wie der Minirock noch höher rutscht.

„Was sind deine Träume?"

Ohne nachzudenken, sagt sie: „Ich möchte Fotomodell werden!"

„Du möchtest? Dann sei!", und ich drücke den Auslöser meiner Kamera.

Ein paar Striche vom Visagisten auf ihrem ungeschminkten Gesicht, und Claudia Schiffer ist arbeitslos.

Ich betrachte dieses Mädchen. Ihre Träume sind so weit weg von der Wirklichkeit. Wie schwer wird es für sie werden, jemals auch nur aus diesem provinziellen Städtchen herauszukommen: in eine größere Stadt, wo es professionelle Fotografen gibt, und dann weiter, bis Kiew ...

Aber die Geschichte über Aschenputtel ist kein Märchen. Sie passiert an jeder Ecke. Wichtig ist nur, im richtigen Augenblick an der richtigen Ecke zu stehen. Und dann kommt der Prinz mit dem Kristallschuh. Vielleicht hält sie mich auch für einen Prinzen, zwar ohne Schuhe, aber dafür mit einem Fotoapparat.

**Sie.** Frühmorgens Anker auf und weiter an der Küste Richtung Jefpatoria. Und die Behörden wollen wieder alle Papiere sehen! Wie in alten kommunistischen Zeiten wird jede, aber auch jede Bewegung des Bootes überwacht – von „Freiheit auf dem Wasser" können wir derzeit nur träumen.

„Dafür gibt's keine Seepiraterie", tröstet mich Sascha, der die meiste Arbeit damit hat.

Interessante Felsformationen ziehen an der SOLVEIG vorbei, und an der schönsten Stelle mit Grotten und Höhlen stehen Kräne. Mauern einer zukünftigen Fischfabrik werden hochgezogen.

Mir geht es inzwischen wieder gut, Stimmung an Bord hervorragend. Die Landschaft verändert sich: Steppe, unterbrochen von Radartürmen und Beobachtungsposten der Küstenwache. Apropos Küstenwache: Hilfsbereit sind sie ja, das muß man sagen. Als Sascha gestern abend über Kanal 16 bei ihnen nach der Wetterprognose fragte, riefen sie nach fünf Minuten zurück, um uns einen detaillierten Bericht zu übermitteln!

**Er.** Man kann sagen, daß die ganze Krim ein riesiger Kurort ist. Aber einige Orte spezialisieren sich; zum Beispiel ist Jefpatoria ein Kinderkurort. Er war nach Chernomorsk unser erster Hafen. In der Bucht war der abgesprochene Ankerplatz ganz klar: gegenüber der Kirche, die an der Promenade steht. Aber ein Mann in einem kleinen Boot nähert sich und ruft: „Fahren Sie dorthin" und zeigt in die Richtung einer Betonpier, an der zwei Kräne aufragen. Noch ein Hauptmann, denke ich und versuche zu debattieren. Das bringt jedoch keinen Erfolg, und wir müssen uns fügen.

Zu meiner Überraschung war es ein sehr guter Befehl.

Am Kai erwartet uns ein wunderbarer Liegeplatz im geschützten Zollhafen. Hier gibt es zwar keine Kirche, aber ein Häuschen mit Wache – auch nicht schlecht.

Der beginnende sonnige Tag verspricht viel, doch die Wirklichkeit beschert uns noch mehr. Wir haben das Schiff noch nicht richtig festgemacht, als am Pier schon die Bremsen quietschen, unsere Gastgeber aus dem Auto springen und uns begrüßen.

„Diese Formalitäten!" schimpft ein junger Mann im weißen Hemd, „wir wären schon längst hier!"

Er ist der Vertreter des Bürgermeisters, und man spürt sofort, daß er gerne alles perfekt macht. Diese zwei Minuten Unterschied zwischen unserer Ankunft und seinem Eintreffen stören seinen Perfektionismus. In seinem Kopf ist unser ganzer Aufenthalt schon bis ins kleinste Detail geplant: wann das Delphinarium besucht wird, Stadtrundfahrt, Besichtigung der Moschee, Abendessen und sogar die Übernachtung. Von dieser Planung wissen wir bis jetzt nichts, und naiv denken wir, daß wir hier auf eigene Faust etwas unternehmen können. Oleg, so heißt unser neuer „Chef" für zwei Tage, ist verantwortlich für die Tourismus-Kontakte der Administration.

In Olegs Begleitung befinden sich außerdem Journalisten von Zeitung und Fernsehen und eine Übersetzerin, die mich gerne von meiner täglichen Arbeit befreit, welche auf mir lastet.

Als ich ihn frage, warum SOLVEIGs Liegeplatz geändert wurde, sagt er nur: „Hier mit Gitter und Wachhaus ist es sicherer. Aber das Wachhaus ist zu weit entfernt von Ihrer Yacht. Ich habe noch einen Polizisten und für die Nacht bewaffnete Soldaten angefordert."

Ich stelle mir sofort vor, wie am Abend um unseren Liegeplatz eine Verteidigungslinie aufgebaut wird, mit Maschinengewehren, Granaten und anderem Zubehör des Militärlebens.


**Sie.** Noch aber ist früher Nachmittag, wir haben alle noch nichts gegessen und wissen auch nicht, was nun passieren wird. Außerdem meldet sich eine sogenannte Gesundheitskontrolle – was sie da genau kontrollieren will, ist mir allerdings nicht klar. Auf jeden Fall koche ich Kaffee am Fließband.

Gott sei Dank habe ich mich auf dem Markt in Odessa mit reichlich Keksen und Gebäck eingedeckt, so daß ich unsere netten Gäste bewirten kann. Rollo und Sascha geben ein Interview nach dem anderen, anschließend ist offenbar ein Programm für den Nachmittag vorgesehen.

*Ich stelle mir sofort vor, wie um unseren*
*Liegeplatz eine Verteidigungslinie aufgebaut wird ...*

Oleg, der Administrator der Stadt, ist etwa Mitte dreißig und voller Energie. Er zerreißt sich fast für uns. Später erfahren wir von ihm, daß er noch vor wenigen Jahren als Geschäftsmann sehr deutliche Erfahrungen mit der Mafia hat machen müssen, er wurde krankenhausreif geschlagen. Noch heute trägt er die Narben der Messerstiche. Diese Stadt ist voller Geschichten verschiedenster Art.

Da sind vor allem Kinder aus ganz Rußland und der Ukraine, die sich in den Sanatorien erholen, welche sich über eine Länge von mehr als vierzig Kilometern erstrecken, eines neben dem anderen. Imponierende Anlagen, Parks und Häuser, gebaut im alten Stil der Jahrhundertwende. Und dann finden wir orthodoxe Kirchen und Moscheen. Vom Minarett einer Moschee genießt man den Ausblick über Hafen und Stadt, wir können sogar SOLVEIG liegen sehen.

Und schließlich das Delphinarium, das man uns stolz zeigt.

„Wir wissen, daß ihr euch für Delphine interessiert!" begründet Oleg seine ungewöhnliche Einladung.

Dieses Delphinarium ist so mit das Schlimmste, was ich an derartigen Einrichtungen bisher gesehen habe. Nur mühsam bewahre ich nach außen meine Fassung. Denn unsere Gastgeber empfinden dies ganz anders als wir in Deutschland. Für sie ist es normal, daß sich Delphine durch die Eintrittsgelder der Shows ihr Futter selbst verdienen müssen oder daß sie für militärische Zwecke eingesetzt werden.

Aber was für ein Becken! Nur wenige Quadratmeter klein und das Wasser schwarz von den Fäkalien der Tiere. Seit einer Woche ist es nicht gewechselt worden! Das allerdings ist den Betreibern dieser Folterstätte peinlich, sie haben erst morgen mit unserem Besuch gerechnet! Über die Show will ich nicht zu viele Worte verlieren: hämmernde, stumpfsinnige, dröhnende Musik, die Trainer bemüht, dem stinkenden Wasser nicht zu nahe zu kommen.

Der Musettewalzer, zu dem sich beide Delphine nach den Taktschlägen des Trainers rhythmisch bewegen, erinnert an ihren eigenen Totentanz. Daneben auf den überfüllten Zuschauerrängen die leuchtenden Kinderaugen.

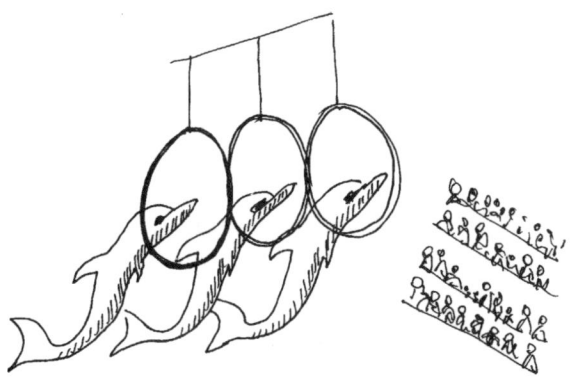

*Schock im Delphinarium*

117

Ich habe einen tiefen Schock, filme aber mit Saschas Hilfe. Die Besitzer wollten mich daran hindern und statt dessen lieber eine Kassette mitgeben, auf der alles „perfekt" zu sehen ist. Doch ich lasse mir mein Entsetzen nicht anmerken und kann so wenigstens das Gesehene dokumentieren.

Noch heute auf der Überfahrt spielten Bottlenose-Delphine um unser Boot, etwa zehn, und am selben Tag erlebe ich das schlimmste Gegenteil von Freiheit!

Wir müssen versuchen, etwas zu unternehmen, das ist wirklich das brutalste Delphinarium, das ich jemals gesehen habe. Wenn wir wenigstens die Betreiber überzeugen könnten, mit unserer Unterstützung das Wasser öfter zu wechseln! Aber wer kontrolliert?

Alexei kann hier keinen Einfluß nehmen. Seine Arbeit für den Delphinschutz betrifft ausschließlich die Populationen im Schwarzen Meer. Die Delphinarien gehören privaten Besitzern, die natürlich Geld verdienen wollen in einem bitterarmen Land ...

## 1.7.

Zum erstenmal haben wir zu unserem Schutz einen Wachposten. Dem Schiff geschieht auch wirklich nichts, doch an Schlaf ist nicht zu denken: Auf und ab – ab und auf – marschiert der Soldat über meinem Kopf, wie es sich für einen richtigen Krieger gehört.

Seit halb sechs sind wir schon unterwegs. Wladimir fährt zurück nach Odessa, und wir werden von Oleg zu einem ungewöhnlichen Platz entführt.

In der kommunistischen Ära ein noch streng abgesperrtes Militärgebiet, heute ein verlassener, riesiger Hafen, wo Delphine und Hobbyfischer im Team zusammen-„arbeiten". Denn hier tummeln sich zu bestimmten Zeiten viele Fische, ein Leckerbissen für Delphine! So kommen sie fast täglich zwischen fünf Uhr früh und ein Uhr mittag zum großen Fressen – für die Fischer ein sicheres Signal, auf Fischjagd zu gehen, im Wettstreit mit den Delphinen.

Aber heute warten wir auf unsere Freunde leider vergebens. Dafür knipst Sascha mit Rollos Kamera ein paar Unterwasserfotos, denn das Wasser ist wunderbar klar.

Ein Fischer schenkt uns einen etwa halben Meter langen Fisch, den er mit viel Geduld nach zwei Stunden erlegt hat. Ich selber mag diese Form der Harpunenjagd nicht, deshalb habe ich einen besonders schönen Fisch, den ich in einer Felsspalte entdeckte, niemandem verraten.

Mittags ziehen wir vier schließlich ab, direkt in das Restaurant, welches Oleg betreibt. Das heißt, offiziell gehört es seiner Frau, denn als Mitglied des Stadtrates darf er keinen privaten Geschäften nachgehen.

Sein BMW, den er meist mit Höchstgeschwindigkeit über die unebenen Straßen jagt, stammt übrigens von einem Autohaus aus Dresden.

Überflüssig zu erwähnen, daß der Fisch von Olegs Frau ausgezeichnet zubereitet wird, dazu probieren wir einen interessanten Cocktail: bulgarischen Rotwein mit Sprite gemischt. Als ich Wodka nach dem Essen ablehne mit der Begründung, für meine Arbeit noch einen klaren Kopf behalten zu wollen, meint Oleg trocken: „Wenn Wodka die Arbeit stört, muß man mit der Arbeit aufhören!"

Anschließend treffen wir einen Historiker aus dem Rathaus. Er will uns den Ort einer besonderen Religionsgemeinschaft zeigen.

Ich habe noch nie von ihnen gehört. Tatsache aber ist, daß über 40 000 Anhänger auf der ganzen Welt verstreut leben. Und davon immerhin 2400 auf der Krim.

Sie heißen Karäer und sprechen ihre eigene Sprache, die man, und jetzt staunen wir wirklich, früher auf der Universität in Berlin studieren konnte.

Es gab eine Gemeinde von Offizieren der weißen Bürgerkriegsarmee, die Karaimisch sprachen, auch in Litauen existierte eine Gruppe, und die Karäer wurden als einziges Volk nicht deportiert.

Basis ihrer Religion ist ausschließlich das Alte Testament, alle Texte werden in althebräischer Sprache gelesen. Sie ist eine Mischung aus jüdischem und islamischem Glauben. Zum Beten muß man den Hut aufsetzen und seine Schuhe ausziehen, weil dies so im Alten Testament vorgeschrieben ist. Das Wort „Kara" heißt übersetzt übrigens Bestrafung.

Früher hatten sie in Rußland das Tabakmonopol, und sie waren erfinderisch genug, diese Tatsache entsprechend in ihre Sitten zu integrieren. So hieß es bei den Karäern allgemein:

„Wer nach dem Essen nicht raucht, hat nicht genug Geld oder ist nicht klug im Kopf!"

Wäre das nicht ein Tip für die Werbung der heutigen Tabakindustrie?

Man zeigt uns den versteckten Platz der kleinen Gemeinde, der auf alten griechischen Fundamenten 1806 gebaut wurde. Leider haben die Kommunisten 1959 das meiste zerstört.

Jedes Jahr am Ende des Sommers feiern sie zusammen ein großes Fest, bei dem alles, was in der Erde wächst, dekorativ aufgehängt und an Arme verteilt wird.

Abends muß ich telefonieren, aber Handy-Verbindung gibt es natürlich nicht auf diesem entlegenen Fleck der Welt. Sascha, nicht faul, fragt einen der SOLVEIG-Schutz-Soldaten, ob sie uns mit ihrem Dienstauto mal eben in die Stadt bringen können. Und siehe da, eine Minute später holpern wir in der nicht mehr ganz jungen Blechkiste zum Telefonamt, das rund um die Uhr besetzt ist. Pause ist nur von 1.00 bis 4.00 nachts.

Das System funktioniert denkbar einfach: Man bezahlt im voraus eine Pauschale und erhält ein Stück Pappe in die Hand gedrückt, auf der die Nummer der Kabine aufgepinselt ist. Dort wählt man selbst und gibt anschließend am Schalter die Pappe zurück. Auf dem Bildschirm des Computers erscheint der Gesamtbetrag, der Rest wird ausbezahlt. Je später der Abend, desto mehr Leute telefonieren, denn tagsüber sind alle unterwegs und gehen ihrer Arbeit nach. So ist es ganz normal, seine Freunde oder Geschäftspartner nach 22 Uhr anzurufen.

*2.7.*

Abschiedsgeschenk der Stadt Jefpatoria für Rollo: zwölf Flaschen Krimskaja Mineralwasser, sein Lieblingsgetränk seit der Ankunft!

Eigentlich wollen wir um zehn Uhr starten, doch von dem Ausklarierungsbeamten keine Spur. Es ist zum Verrücktwerden: Innerhalb der Ukraine zu segeln bedeutet von jedem einzelnen Hafen eine vollständige behördliche Abfertigung. Und das beansprucht mehr Papiere und Beamte als eine Ausklarierung von Hamburg nach New York!

So beginnt das alte Ritual: Sascha marschiert mit sämtlichen Dokumenten, Zertifikaten, Pässen und Papieren von A nach B, von B nach C, er kommt zurück, berichtet von irgendwelchen Problemen. Oleg, der Stadtrat, springt sofort in sein Auto, um Sascha bei seiner undankbaren Mission zu helfen. Um 11 Uhr schließlich erscheint ein Beamter mit dem geheiligten Stempel auf unserem Schiff, und wir können endlich weiter. Die ausgefüllten Formulare füllen bald ein eigenes Buch!

Auf dem Meer die Belohnung: Etwa ein Dutzend Delphine, sogenannte „Common Dolphins", begleiten die SOLVEIG. Ich filme sie trotz erheblichem Seegang.

Wir nähern uns dem Militärhafen Sewastopol, und was wir dort erleben, schildert Sascha.


**Er.** Bis in den Eingang der Bucht ist es etwa eine halbe Meile. An Bord sind alle in höchster Spannung, das Meer ist nicht ruhig, und Rollo führt das Boot genau zwischen einer Befestigung aus dem 18. Jahrhundert und modernen Beton-Wellenbrechern. Natürlich ist in einem Militärhafen Fotografieren verboten, aber ich sehe, wie Angelika ihre Videokamera vorbereitet. Ich als einziges russischsprechendes Mitglied des Teams nehme über den Funkkanal Kontakt mit den Behörden auf.

„Hier ist SOLVEIG, hier ist SOLVEIG, wo sollen wir hinfahren?"

Aus dem Lautsprecher höre ich: „Fahren Sie in die Südbucht."

„Habe verstanden – bis zur nächsten Verbindung!"

Die nächste Verbindung gibt es im selben Augenblick.

„SOLVEIG, gehen Sie in die Artillerie-Bucht!"

Dann höre ich sofort eine Korrektur von einer anderen Stimme, vielleicht von Offizieren:

„Wer gab diesen dummen Befehl?" Die Stimme erstirbt für eine Minute, und dann: „Moment mal."

Inzwischen fahren wir an einem riesigen Denkmal für die Verteidiger von Sewastopol vorbei. Die Sturmwellen werden langsam weniger. Sewastopol hat wirklich die am besten geschützten Buchten an der Krim, aber in welche dürfen wir rein? Die Stimme im Radio ist wieder zum Leben erweckt:

„Fahren Sie in die Südbucht!"

„Ich habe verstanden!" antworte ich, und ich verstehe wirklich, wie schwer es für die Behörden sein muß, wichtige Entscheidungen zu treffen. Immerhin sind wir hier die erste ausländische Yacht, und es gibt für solche Fälle noch keine schriftlichen Regeln. Früher war es einfach und klar: Alles ist verboten und Schluß. Ende der Verbindung.

In unserem Fall machten sie wirklich einen Fehler, denn unser Boot kommt genau in die Bucht, die voll ist mit riesigen Militärschiffen, neben denen SOLVEIG wie ein Rettungsboot aussieht. Bis zur Pier bleiben nicht mehr als hundert Meter, aber Angelika, die verantwortlich ist fürs Festmachen, hört nicht auf zu filmen. Natürlich werden wir beobachtet, und als Beweis höre ich aus dem Lautsprecher:

„Machen Sie die Videokamera aus!"

„Na gut, im Zirkus ist es auch verboten", denke ich.

Und dann beginnt ein wirklicher Zirkus, den Rollo, glaube ich, nie vergessen wird.

Sofort nach der Ankunft kommt ein kleiner Grenzschutzoffizier in Armeeuniform an Bord und legt seinen mächtigen Hut auf den Tisch im Cockpit. Nach gründlicher Prüfung setzt er auf jedes unserer Papiere seinen Stempel. Danach erscheinen zwei Herren in blauen Hemden und sagen, daß alles, was passiert sei, einfach unglaublich sei, aber nicht etwa, weil wir auf der Militärbasis sind, sondern weil wir uns in der Ukraine aufhalten, ohne bestimmte Dokumente zu besitzen.

Wir versuchen, uns zu verteidigen, und erzählen, daß wir schon lange Zeit in der Ukraine sind und viele Häfen angelaufen haben. Aber die blauen Hemden bleiben ernst und teilen uns ihr erstaunliches Resümee unseres Gesprächs mit:

Wir sollen sofort, im gleichen Augenblick – vielleicht denken Sie, wegfahren? Nein, wir müssen sofort unsere Reise beenden und unser Schiff auf ukrainischem Territorium zurücklassen, weil wir auf dieses souveräne Territorium ja unberechtigterweise gekommen sind.

Toll! Das wäre ein unglaubliches Ende unserer Reise und dieses Buches. Aber lesen Sie weiter.

Auf russisch sagt man: „Hab nicht hundert Rubel, hab hundert Freunde." Und unsere Freunde, die an der Kaimauer warten, kommen uns zu Hilfe. Im Gespräch zwischen unseren Freunden und den Behörden, das einer Schlacht gleicht, höre ich zwischendurch einzelne Wortfetzen:

„Geld, Minister, wir werden protestieren ..." Unwahrscheinlich, aber die blauen Hemden werden milder. „Okay, sprechen Sie mit unserem Chef!"

„Und wo ist er?"

„Nach Hause gegangen."

Der Zoll arbeitet bis 18 Uhr – und wirklich, es war kurz nach sechs.

In den nächsten zwei Stunden produzieren wir einen Berg von Dokumenten auf Rollos Computer. Es scheint, als seien wir die Behörde und die Zollbeamten Privatpersonen, die keinen Computer, keinen Kopierer, nicht einmal leere Blätter besitzen, sondern nur einen Gummistempel, den man in Deutschland in jedem Kinderladen kaufen kann.

„Hast du genug Druckpatronen?" fragt Angelika Rollo, der zwischen den Behörden an Deck und seinem Computer hin- und herpendelt.

„Patronen? – Ja, Gott sei Dank habe ich welche für die ganze Reise gekauft."

„Für die ganze Reise?", werfe ich ein, „du wirst alle hier verbrauchen."

*„Please one more copy!"*

Nach zwei Stunden haben wir uns die Freiheit verdient. Besonders unsere Freunde sind fröhlich, und sie beeilen sich zu sagen, daß Sewastopol am Abend, und inzwischen war Abend, besonders schön ist.

„Aber ich möchte diese Stadt heute nicht sehen!"

Rollo sagt diese Worte nicht böse, aber bestimmt, und ich denke, daß er wirklich Grund dafür hat. Alexei, der Chef des Delphin-Laboratoriums, und Alvidas, der Direktor der Rettungsstation, versuchen, Rollo zu überreden, aber ohne Erfolg.

„Ja, ich bin nicht einfach", sagt Rollo, „aber so bin ich."

**Sie.** Rollo und ich hatten keine Ahnung, was auf unserem Boot wirklich passierte, denn unsere Freunde waren so mit den Beamten beschäftigt, daß sie keine Zeit fanden, noch irgend etwas zu übersetzen. So erfuhren wir erst viel später, daß man tatsächlich unser Schiff beschlagnahmen wollte! An Bord war ein einziges Kommen und Gehen von irgendwelchen Uniformträgern.

Mein Tagebuch:

Rollo ist mit den Nerven am Ende, ich versuche zu beschwichtigen, noch ist ja das letzte Wort nicht gesprochen. Schließlich sollen wir erst morgen den sogenannten Commander treffen.

Abends gehen wir an der Uferpromenade spazieren, und ich bin erstaunt über die Pracht, die uns empfängt: Wunderschöne Gebäude an der Wasserfront, diese Stadt ist wirklich ans Wasser gebaut! Eine breite Allee am Wasser, voller Leben, Musik und schönen Mädchen – auf der Suche nach mindestens einem Abenteuer! Das ist die andere Seite der erst seit kurzem offenen Stadt.

*3.7.*

Noch immer liegen wir am Einklarierungskai, und es ist schon Nachmittag. Alexei spricht mit den Offiziellen bereits wie ein Therapeut, bedankt sich pausenlos für die Erklärungen, die sie ihm geben. So nach dem Muster:

„Vielen Dank, daß Sie uns sagen, daß wir nicht die richtigen Papiere haben ..." Der Satz des Tages: „Please one more copy – bitte noch eine Kopie!"

Am Ende sind es rund zwanzig bis dreißig Dokumente, für jede Behörde, und drei Kopien für uns zum Behalten.

Die Situation und das Verhalten derjenigen, die hier zur Zeit offenbar das Sagen haben, ist so absurd, daß wir es nur noch als Farce bezeichnen können. Immerhin sind allein drei Freunde von uns damit beschäftigt zu klären, ob wir in Sewastopol bleiben dürfen.

Schließlich erhalten wir tatsächlich irgendeine Genehmigung, müssen aber den Hafen der Stadt sofort verlassen. Sascha nimmt es locker, sieht unseren „Hinauswurf" von der positiven Seite:

**Er.** Abgesehen davon, daß wir in Sewastopol am schönsten Kai angelegt haben, er heißt Graf Pier, dort zu bleiben wäre ungemütlich. Wir sind glücklich, daß uns die Behörden in die andere Bucht jagen. Unsere europäische Flagge am Heck fliegt zwischen den militärischen Gebäuden an der Promenade wie ein Schmetterling zwischen der russischen und ukrainischen Flagge und landet schließlich in einer kleinen schönen Bucht mit dem fürchterlichen Namen „Quarantäne".

Sie war ebenfalls voller Kriegsschiffe. Nur sind diese Schiffe ein bißchen kleiner, passend zur Bucht. Aber die militärische Besatzung ist in diesem Fall nicht so interessant, denn auf der anderen Seite stehen alte griechische Ruinen – Chersones.

Für mich, wie für jeden Russisch-Orthodoxen, muß diese Stadt im Prinzip heilig sein. Hier ist der Ursprung unserer Kirche. Vor tausend Jahren wurde der erste Christ getauft – Fürst Wladimir.

Er war so verliebt in die wunderschöne Tochter des byzantinischen Imperators, daß er sie sofort heiraten wollte. Aber dazwischen stand ein unüberwindbares Hindernis: der Unterschied im Glauben.

„Niemand kann Zarewin Anna heiraten, wenn er kein Christ ist!" lautete die Entscheidung des Vaters.

Da sagte Wladimir: „Ich wechsle meinen Glauben und mache aus meinem ganzen Volk Christen." Und so geschah es.

Wladimir kehrte nach Kiew zurück, um sein Versprechen einzulösen. Aber das Volk wollte seinen Glauben nicht aufgeben. Was würde der alte Gott dazu sagen? Da befahl Wladimir seiner Garde, das Volk mit Feuer und Schwert in den Dnjepr zu treiben. Und die Garde warf das ganze Volk ins Wasser. Dort standen sie und weinten. Dann stieg Wladimir auf einen Felsen, nahm sein Schwert wie ein großes Kreuz und sagte: „Ich taufe euch alle als Christen. Wer meinem Befehl nicht folgt – dessen Kopf fliegt von den Schultern."

Seit dieser Zeit sind alle in Rußland Christen.

Viel später sagte Peter der Große voller Stolz: „In meinen Adern fließt byzantinisches Blut!"

Aber um gerecht zu sein, muß man folgendes erwähnen. Seit der Zeit Wladimirs pflegten die Russen soviel Kontakt mit Byzanz, daß man sagen kann, nicht nur in den Adern Peters des Großen fließt byzantinisches Blut.

Priester aus Kiew lernten in Griechenland die Kunst der Ikonenmalerei und entwickelten sie auf russischem Boden weiter. Bis zum heutigen Tage bezaubern uns die alten Fresken. Ja, bezaubern – aber nicht hier in Chersones.

Der alte Dom, dessen Grundstein Zar Alexander II. legte, hat Risse von oben bis unten, und auf dem Kapitell wachsen grüne Büsche. Im gleichen Jahr, als Lenin begraben wurde, wollte die kommunistische Macht auch die Erinnerung an den Ursprung des christlichen Glaubens begraben, und siebzig Jahre lang blieb die Türe des Domes geschlossen.

In dieser Zeit unternahm man viele Versuche, die Kirche zu zerstören, aber die alten Mauern waren zu stark und haben bis heute überlebt.

Es ist nicht ungefährlich hineinzukommen. Und Sie können nicht eintreten, denn alles ist zu. Vor dem Eingang hängt ein riesiges Vorhängeschloß. Nur in einem kleinen Raum, in den man durch ein provisorisches Türchen gelangt, brennt unter der heiligen Marienikone noch ein Öllicht, und der Priester liest für die Ankommenden aus der Bibel über das ewige Leben.

Entscheiden Sie selbst: Ist Chersones eine heilige Stadt für die Russisch-Orthodoxen? Oder ist es ein normales staatliches Museum, das kein Geld für eine Reparatur hat?

Neben der Kirche finde ich zwischen Büschen Dutzende Steinblöcke mit dem gleichem, sorgfältig eingravierten, aber trotzdem lächerlichen Text: „Staatlicher Denkmalschutz. Beschädigungen werden gerichtlich verfolgt."

Die Blöcke sehen aus wie Grabsteine. Stimmt – nicht schützen, sondern begraben.

Am Ufer von Chersones aber, nicht weit von der Kathedrale, zwischen zwei massiven Steinsäulen, hängt eine einsame Glocke ohne Zunge, so heißt der Klöppel auf russisch. Es ist etwas traurig, eine Glocke zu sehen, die natürlich ihre Stimme hat, aber trotzdem schweigt. An den Säulen gibt es keine Tafel, Sie können ihre Geschichte nicht lesen, und vielleicht denken Sie schon, es gibt keine Geschichte. Aber warten Sie ein bißchen. Ich erzähle sie Ihnen.

„Diese Glocke wurde gegossen ... aus den Kanonen der türkischen Artillerie ... Gewicht ... im Monat August 1778 in Taganrog."

Diese von der Zeit verwitterte Inschrift kann man noch an dem Mantel der Glocke entziffern. Dazu ein Bildchen vom heiligen Wundermacher Nicolai. Auf der anderen Seite der Glocke steht ein unbekannter Heiliger, gemalt auf einem Mond, mit hocherhobenen Händen. Das bedeutet, daß für die Kirche die Glocken zu Ehren des heiligen Nicolai gegossen wurden. Und dieser Heilige, wie bekannt ist, schützt die Seeleute.

Aber wie kamen sie nach Sewastopol?

In dieser Zeit hat Taganrog als Hafen im Asowschen Meer seine Bedeutung verloren, und Sewastopol wurde der Hauptplatz für russische Kriegsschiffe. Und darum gab Zar Alexander I. den Befehl, diese Glocken nach Sewastopol zu bringen.

In jenen Tagen des Krimkriegs, als Franzosen und Engländer 1854 Sewastopol besetzten und alles, was explodieren konnte, in die Luft gejagt wurde, nahm man alles mit, was man als Militärtrophäen bezeichnen konnte.

Darunter waren auch dreizehn große Glocken. Und bereits in der Zeit von Napoleon gab es ein Gesetz in Frankreich, daß die Artillerie sämtliche Glocken der besetzten Städte bekommen sollte, um daraus neue Kanonen zu machen. Aber die Zeit der Bronzekanonen war schon vorbei, und die Artilleristen wußten nicht, was sie mit den Glocken anstellen sollten, und gaben sie dem Militäramt zurück. Das weitere Schicksal dieser russischen Glocken aus Sewastopol ist unbekannt.

Doch 1913 fand man in der Kirche Notre-Dame in Paris zwischen anderen Glocken russische Glocken hängen. Davon erfuhr ein französischer Konsul in Sewastopol, der anbot, sie zurückzugeben. Das war kurz vor dem Ersten Weltkrieg, und Frankreich war daran interessiert, die Freundschaft mit Rußland zu vertiefen.

Und am 23. November 1913 kamen die gefangenen Glocken zurück nach Rußland und wurden im Glockenturm des Chersones-Klosters aufgehängt.

Einige Zeit zuvor war bei Chersones im Nebel ein Schiff namens PETER untergegangen. Ab dieser Zeit gab es den Befehl, bei Nebel immer eine Glocke in dieser Kirche läuten zu lassen.

Später schloß die sowjetische Regierung das Kloster und nahm alle Glocken ab. Nur eine blieb, für schlechtes Wetter.

Das Schicksal dieser Glocke vom Heiligen Nicolai verwundert wirklich: Fünf Jahre vor der Gründung Sewastopol aus türkischen Kanonen gegossen, war sie mehr als ein halbes Jahrhundert in französischer Gefangenschaft, kam dann in die Heimat, war Zeuge des Ersten Weltkrieges, der russischen Revolution, des Bürgerkrieges, der Verteidigung von Sewastopol im Zweiten Weltkrieg und hängt bis jetzt hoch oben über dem alten Ufer von Chersones.

Wenn ein Kind einen Stein an die Glocke wirft, antwortet sie mit ihrer gebrochenen Stimme, die irgendwann über Paris flog.


**Sie.** Unser Liegeplatz beim kleinen Yachtclub direkt neben den Ruinen der alten griechischen Stadt ist kaum steigerungsfähig! Es kommt mir vor, als hätten wir mal eben im antiken Delos für ein paar Tage festgemacht.

Nachmittags führt uns ein Archäologe durch die Ausgrabungen, und den Abend genießen wir bei Mondschein allein zwischen den Steinen mitten in Griechenland. Welch ein Gegensatz zu all den Aufregungen der vergangenen achtundvierzig Stunden!

Am nächsten Tag lädt uns der Vorstand des kleinen Yachtclubs ein, solange hierzubleiben, wie wir wollen. Wir könnten das Boot auch den ganzen Winter über hierlassen, meint er. Das ist die andere Seite der Ukraine: großzügige Gastfreundschaft, wo immer wir hinkommen. Er legt uns sogar ein Stromkabel und weigert sich, am Ende unseres Aufenthaltes Geld für den Liegeplatz anzunehmen.

Später entdecken wir wunderschöne alte Mosaikböden. Es ist kaum zu glauben, daß jeder hier einfach spazierengehen, picknicken oder inmitten der Ruinen übernachten kann. Diese archäologische Kostbarkeit ist für jeden frei zugänglich. Am Eingang zahlt man seinen Eintritt und kann dann bleiben, solange man will.

Nur einen Steinwurf von unserem Boot entfernt, lebt die zweiundneunzig Jahre alte Dame Jelena Feodorowna – schon jetzt eine Legende. Seit vierzig Jahren haust sie zwischen den Ruinen!

1918 hat sie in Sankt Petersburg aus unmittelbarster Nähe die Oktoberrevolution verfolgt.

Sascha trifft sie am zweiten Tag unseres Aufenthaltes. Diese Begegnung wird er wohl nie vergessen.

**Er.** Wenn eine Bombe explodiert, muß man die Splitter nicht im Zentrum der Explosion suchen, und so ist es mit den Menschen.

Die an der Oktoberrevolution in Sankt Petersburg Beteiligten wurden nach Sibirien, in den Kaukasus, nach Weißrußland, Moldawien, Kasachstan, Usbekistan ... verstreut.

Wir treffen Jelena Feodorowna Haglind auf der Krim. Vielleicht ist das wirklich Schicksal. Anders kann ich unsere Begegnung nicht erklären. Ihr kleines Haus ist nur ein paar Schritte vom Pier entfernt, an dem unsere Yacht festgemacht hat.

Unser Zusammentreffen kommt durch einen Zufall zustande. Ich sehe zwei Matrosen, die in beiden Händen Eimer mit Wasser tragen. Zuerst denke ich, daß die modernen russischen Schiffe, die dort stationiert sind, ihre Wassertanks mit Eimern auffüllen müssen. Aber diesen skurrilen Gedanken verwerfe ich, als ich bemerke, daß ihr Weg sie zu einer alten Hütte führt.

Das Haus ist auf seltsame Weise in die sogenannten griechischen Ruinen integriert. Warum sogenannten? Weil sie neuer aussehen als die moderne Architektur. In diesem Fall kann man sagen, daß Jelena Feodorowna in sozialistischen Ruinen lebt. Es wäre nicht so bitter, wenn Jelena nicht Teilnehmerin an der großen sozialistischen Revolution 1917 gewesen wäre, die von der Regierung als Beginn einer neuen Epoche proklamiert wurde.

Mit ihren zweiundneunzig Jahren kann sie selbst kein Wasser mehr holen. Und darum bringen ihr die Matrosen der russischen U-Boot-Abwehr jeden Tag frisches Wasser.

Als ich mit der Bitte komme, sie zu sprechen, sortiert sie in ihrem Garten gerade Aprikosen, die ein junges Mädchen pflückt.

„Das ist mein Schutzengel!" Jelena nimmt die Hände des Mädchens.

Unser Gespräch ist chaotisch, sie erzählt von den Heldentagen der Revolution, springt dann mit ihren Gedanken in die Kindheit, und wieder zurück in den Bürgerkrieg.

Ich habe das Gefühl, in einem Geschichtslexikon zu blättern mit den persönlichen Bemerkungen der Teilnehmerin. Einige kleine Details überraschen mich. Sie zitiert französische Gedichte, und als ich frage, wo sie Französisch gelernt hat, sagt sie einfach: „Bei Jakov Swerdlow."

Swerdlow? Diesen Namen kennt jeder! Er war die rechte Hand von Lenin, und die Stadt, in der die Zarenfamilie erschossen wurde – Jekaterinburg –, hieß später Swerdlow. Er unterschrieb den Befehl, Nikolaus II. zu erschießen. Und mit ihm zusammen seine Frau, sechs Töchter und sein zehnjähriger Sohn Zarewitsch.

Erst in der Perestroika-Zeit wurde sein Denkmal gegenüber des Bolschoitheaters zerstört. Und die Büste zwischen den Plattformen der Metrostation Swerdlow-Platz verschwand zusammen mit seinem Namen.

Auf meine Frage, warum die Stadt ihr keine bessere Wohnung gebe, antwortet sie, daß sie niemals in diesen „Ameisenhäusern" leben könnte und außerdem den Ort nie verlassen möchte, an dem sie viele Jahre mit ihrem Mann gelebt hat.

„Hier ist das Gelände des Museums", lächelt sie, „und ich gehöre zum Inventar."

Als Jelena hört, daß ich mit einer deutschen Yacht unterwegs bin, ist sie sehr interessiert. Ich habe das Gefühl, daß sie in ihrem Alter auf der einen Seite nicht das Gespür für Menschen verloren hat und daß sie auf der anderen Seite erzählen will aus ihrem Lexikonleben – ein Teil von ihr, der zurückbleiben wird, wenn sie eines Tages gehen wird. Ich verspreche, sie mit meinen Freunden bekannt zu machen.

Am verabredeten Tag komme ich etwas früher und finde sie in einer schwierigen Lage. Sie hat die abgetrennten Köpfe zweier Rinder geschenkt bekommen und Probleme, alles in ihrem kleinen Kühlschrank unterzubringen. Deshalb wartet sie auf ihren Nachbarn, der eine Axt hat. Immer kommt jemand, um ihr zu helfen.

Später, als ich dann mit Angelika bei ihr eintreffe, sitzt sie schon im schattigen Garten, in ihrem schwarzen Abendkleid mit weißem Spitzenkragen, das vielleicht in den Jahren der jungen, sowjetischen Republik Mode war.

Sie beginnt, mit Angelika französisch zu sprechen, so daß sie meine Hilfe nicht braucht zum Übersetzen. Im Verlauf unseres Gesprächs erinnert sie sich plötzlich, daß sie irgendwann in ihrer Jugend viele deutsche Gedichte gelernt hat und über die deutsche Romantik sogar einen Artikel schreiben wollte, doch zwischen den Kriegen und ihrer revolutionären Tätigkeit ergab sich die Möglichkeit dazu dann nicht.

Mit richtiger Betonung rezitiert sie aus dem Kopf ein Heine-Gedicht:

> *„Schöne, helle, goldene Sterne,*
> *Grüßt die Liebste in der Ferne,*
> *Sagt, daß ich noch immer sei*
> *Herzekrank und bleich und treu."*

Und dann ganz unvermittelt:
„Nehmen Sie bitte Aprikosen!"
Ich benutze die winzige Unterbrechung – denn sie spricht pausenlos –, um zu fragen, was inzwischen mit den Rinderköpfen passiert ist, und mit unverhohlener Enttäuschung sagt sie, daß der Helfer nach dem Zerhacken die besten Stücke für sich behielt.

„Nur Haut und Ohren hat er mir gelassen, und fast alles Fleisch hat er für seine Arbeit genommen!"

Jelena Feodorowna spricht ganz spontan, ohne Zusammenhang, aber die meisten Themen beziehen sich auf ihre Jugendzeit, als sie politisch tätig war. Trotzdem gibt sie nicht alles preis. Als sie über den Mord an Sergei Kirow, dem ersten Sekretär der kommunistischen Partei Leningrads und Stalins erstem Opfer erzählt, stoppt sie plötzlich und sagt: „Irgendwann berichte ich die ganze Geschichte!"

Was meint sie mit irgendwann, denke ich.

„Warten Sie!"

Abrupt steht sie auf, nimmt einen Stock und steigt langsam über die Stufen zu ihrer Wohnung. Aber ohne mich kann sie ihr Vorhaben nicht umsetzen, und so ruft sie nach mir.

Im einzigen Raum, der gleichzeitig Wohnzimmer, Schlafzimmer und Bibliothek ist, bittet sie mich, sechs Bücher im alten braunen Einband mit goldenen Ornamentzeichnungen vom Regal herunterzunehmen. „Heinrich Heines Sämtliche Werke – herausgegeben von Professor Dr. Ernst Elster."

„Ja, das wird ein Geschenk für Angelika!" Ihre Augen blitzen glücklich, als sie durch das einzige Fenster mit eisernem Gitter nach draußen blickt, wo Angelika uns erwartet.

Sie begleitet uns bis zum Gatter, wo ihr lieber, alter Hund uns Platz macht, und wir verabschieden uns herzlich:

„Bis zum nächstenmal, Jelena Feodorowna, wir müssen uns wiedersehen!"

Die Abschiedsworte treffen mit der Begrüßung der Matrosen zusammen:

„Nehmen Sie das frische Wasser!"


**Sie.** Vorsichtig, um nicht zuviel Lärm zu machen, schließen Sascha und ich das Holzgatter. Während unseres Besuches hat sie unentwegt gesprochen, ohne Pause. Natürlich konnte ich das meiste nicht verstehen.

So betrachtete ich ihre Umgebung ein wenig näher: Über dem antiken Gemäuer lag ein einfaches Holzbrett, das als Dach dienen sollte. In den beiden Zimmern, bestehend aus Küche und Schlafraum, war mit Hilfe von Pappschachteln und Plastiktüten ihre gesamte Habe aufeinandergestapelt.

Dazwischen türmte sich Gerümpel aller Art, Erinnerungsstücke aus ihrem Leben.

Sie besitzt nicht einmal eine Toilette, so eine Art Plumpsklo hinter einem Holzverschlag im Garten ist alles, was sie hat. Doch die selbstverständliche Unterstützung ihrer Nachbarn bis hin zu den Matrosen hilft ihr offenbar bis heute, mit bescheidensten Mitteln zu überleben.

Von den beiden jungen Matrosen, die das Wasser gebracht haben, kaufen wir am selben Abend zwei komplette Originaluniformen der ukrainischen Marine mit Rangabzeichen. Selbst das Reinigungsetikett ist eingenäht!

Als Sascha dann tatsächlich die Jacken und Hosen aus einer großen Plastiktüte auspackt, stottert Rollo nur noch: „Das ist das Land der unbegrenzten Unmöglichkeiten!" und verzieht sich in seine Koje, denn am nächsten Tag wollen wir früh weiter.

So entgeht ihm der nächtliche Gast, der die SOLVEIG noch aufsucht. Es ist der Wächter des kleinen Yachtclubs. Zum erstenmal in seinem Leben sieht er eine ausländische Yacht.

**Er.** Natürlich denkt er, daß Rollo Millionär ist. Ich enttäusche ihn nicht, als er am Abend ins Cockpit kommt, um mit mir zu sprechen.

Angelika gibt mir von unten eine Flasche Whisky, die in zwei Gläser fließt, und das Gespräch kommt in Gang.

„Macht es nichts, daß ich auf die Yacht gekommen bin?"

„Es ist in Ordnung", antworte ich.

Er nippt an dem Whisky. Man sieht, daß er nicht gekommen ist, um zu trinken.

„Nun sag", fängt er plötzlich an, „wie alt bin ich?"

Das überrascht mich ein bißchen:

„Woher soll ich das wissen? Sagen Sie es mir selbst, erinnern Sie sich noch?"

Ich sehe, daß er in der kurzen Pause eine überraschende Information für mich vorbereitet:

133

„Ich bin ... sechzig!“

„Ach wirklich?“

Ich versuche, so zu tun, als habe mich diese Information überrascht.

„Und jetzt fragen Sie mich“, spricht er weiter, „wie ich das geschafft habe?“

Um ehrlich zu sein, interessiert mich das nicht besonders, und diese Themen kommen von Männern selten. Trotzdem ist er ein Gast, und sein braunes faltendurchzogenes Gesicht ist so ehrlich, daß ich ihn nicht fragen kann, warum er so jung aussieht.

Mit ganz ernstem Gesicht sagt er:

„Ich trinke Urin. Der beste Urin ist der von halb drei bis vier Uhr nachts.“

Ich stelle mein Glas mit Whisky auf den Klapptisch und bin nicht besonders froh, daß ich eine so lebendige Phantasie habe. Vor mir entsteht ein Bild, wie mein neuer Freund jede Nacht um halb drei aufsteht und eine neue Portion seines Lebenselixiers in eine große Karaffe produziert, sie verschließt und dann in den Kühlschrank zwischen Butter und salzige Gurken stellt.

„Jetzt ein anderes Thema“, unterbricht er meine Gedanken. „Ich war in Moskau. Das war vor fünfundzwanzig Jahren. Dort habe ich eine Deutsche getroffen. Im Restaurant. Ich habe sie eingeladen. Und auf deutsch kann ich sagen ‚Guten Tag‘ und ‚Hände hoch‘, und wir tanzten.

Danach begleitete ich sie an ihren Tisch und fragte: ‚Darf ich Sie noch mal einladen?‘ Und sie: ‚Bitte nicht.‘ Und genau so hat sie gesprochen – bitte nicht! Nun sag mir, Sascha, was habe ich Schlechtes mit ihr gemacht?“

Er sieht mich mit seinen blauen, ehrlichen Augen an und erwartet eine Antwort. Kann sein, daß ihn diese Frage schon seit fünfundzwanzig Jahren nicht in Ruhe läßt. Und jetzt, als er die Yacht sieht, die aus Deutschland kommt mit einer jungen deutschen Frau an Bord, ist diese alte Frage aus den Tiefen der Erinnerung wieder aufgetaucht.

Aber ich bin kein Weiser, ich selbst frage mich, was ich mit den Menschen falsch gemacht habe, die irgendwann meine Freunde waren und es jetzt nicht mehr sind.

*Eine fremde Seele ist wie ein dunkler Wald.*

*Russisches Sprichwort*

# Geheimes Balaklawa

**Sie.** Wahrscheinlich werden mich am Ende der Reise Worte wie „Ein- und Ausklarieren" noch im Schlaf verfolgen!

Diesmal chauffiert Alvidas die Borderguard persönlich im Auto zum Boot, und gegen neun Uhr starten wir Richtung Laspi. Entlang an spektakulären Küstenformationen steuern wir zunächst in einen Hafen, den es offiziell nie gegeben hat, nicht einmal eine russische Karte existiert bis jetzt. Er war streng geheim: Es ist Balaklawa, früher Stützpunkt und Versteck der russischen U-Boot-Flotte, heute gehört er zur Ukraine.

Eine tiefe, völlig geschützte Bucht. Es gibt sogar schon Pläne für eine Marina, das Restaurant ist bereits gebaut, und in den kommenden Jahren sollen Schwimmpontons angebracht werden. Stolz erzählen uns zwei junge ukrainische Unternehmer beim gemeinsamen Mittagessen von ihren Ideen. Das größte Problem ist nicht einmal so sehr die Finanzierung, sondern Schwierigkeiten mit den Behörden, deren Beamte sich im fliegenden Wechsel die Tür in die Hand geben. Fehlende Kontinuität bei der Administration droht jede unternehmerische Initiative bereits im Keim zu ersticken.

Nachmittags fahren wir weiter nach Laspi. Dort wollen wir morgen Rollos Geburtstag feiern. Leider ist die Bucht, vor dem kleinen Hafen, zum Meer hin völlig offen, so daß bei entsprechender Windrichtung die Dünung um den Wellenbrecher, der nur nach einer Seite schützt, herumläuft. Hoffentlich bleibt der Wind schwach!

## 7.7.

Rollos großer Geburtstag – zweimal seine Glückszahl, die Sieben – und das am 7.7.! Er selbst will diesen Tag ganz in Ruhe und ausschließlich auf dem Boot genießen. Letzteres gelingt auch bis zum Abend weitgehend. Aber mit der Ruhe ist das so eine Sache. Hier Rollos Tagesablauf:

8.30: Frühstück zu dritt mit Kerzen und Geschenken. Große Freude über original ukrainische Zinnsoldaten und Saschas Buch über die unendlichen Urbewegungen des Wassers. Rollo liest aus Homers Odyssee den 10. Gesang.

9.30: Alvidas erscheint zum zweiten Frühstück, bespricht den Tagesablauf. Erste kleine Zweifel ob der erhofften Ruhe kommen auf.

9.45: Klaus, engagierter Delphinschützer und Freund aus Deutschland, besucht uns, bringt Post und Geschenke von daheim.

9.50: Alexei und Sergei gratulieren.

10.30: Drei Mitarbeiter einer TV-Station wollen ein Interview aufnehmen, haben aber ihre Kamera vergessen. Zwei Stunden bleiben sie an Bord, sprechen mit Rollo über sein Leben und wollen am Spätnachmittag mit Kamera wiederkommen.

13.30: Improvisiertes Mittagessen an Bord zu acht, nachdem Rollo erfolgreich jede Einladung zu einem Essen an Land abgewehrt hat. Ich improvisiere vor allem Vorspeisen, russische Eier, Tomaten, Gurken, die unvermeidlichen Spaghetti – Rollos Lieblingsgericht –, dazu Krimskaya-Wasser für den Käpten, Krimchampagner und Wodka für die Gäste.

Später erscheinen TV-Leute einer anderen Station, diese sogar mit Kamera, Rollo erzählt zum zweitenmal seine Biographie.

Beim anschließenden Geburtstagstee im Cockpit nähern sich eiligen Schrittes die Journalisten von heute vormittag, stolz ihre Kamera tragend, und Rollo berichtet zum drittenmal. Natürlich immer in deutsch. Sascha übersetzt und übersetzt und übersetzt ..., inzwischen kennt er Rollos Geschichte so genau, daß er mühelos auch ohne ihn die Interviews geben kann.

Abends sind wir beim Direktor des Laspi-Lagers der Jungen Pioniere eingeladen. Über siebenhundert Kids erholen sich hier drei Wochen lang. Und praktisch täglich findet in einem der Open-Air-Theater oder bei dem Schwimmbecken ein Ereignis statt mit dröhnender Musikuntermalung. Unüberhörbar auch das morgendliche Wecken über Lautsprecher, offenbar ein übriggebliebenes Relikt aus alten Zeiten. Auch Punkt 12 Uhr und um 18 Uhr tönen marschähnliche Rhythmen über die weite Bucht, und eine kräftige Stimme verkündet irgend etwas Wichtiges.

Als Klaus, Alvidas, seine Frau Olga, Sergei, Alexei, Sascha, Rollo und ich beim Pionierchef aufkreuzen, ist jener schon gar nicht mehr bei sich, säuft bereits Kognak aus einem großen Wasserglas, später mischt er das ganze noch mit Champagner, und lallt zwei lange Stunden über schöne Mädchen und seine „Aktivitäten" mit ihnen. Natürlich bezieht er auch Olga und mich in seine diesbezüglichen Pläne ein, und der arme Sascha weiß bald nicht mehr, was er übersetzen soll, um die Peinlichkeiten nicht zu grotesk werden zu lassen. Auf der anderen Seite darf er dem Gastgeber gegenüber, der reichlich Kaviar und Champagner für uns hat auftischen lassen, nicht unhöflich sein. Jener besitzt noch gerade mal vier Zähne, die in verschiedene Richtungen gewachsen sind und jeden Augenblick herauszufallen drohen, dafür aber jede Menge Macht. Alvidas drückt sich sehr vorsichtig aus, aber man braucht nicht viel Phantasie, um zu erahnen, wer hier in Laspi das Sagen hat!

*8.7.*

Mit zwei Booten fahren wir die Küste ab, um Delphine zu suchen. Mit dabei auch Reporter eines Fernsehsenders aus Kiew. Leider ist unsere Fahrt erfolglos, offenbar haben die „Bottlenose"-Delphine unsere Flaschenpost nicht erhalten.

Wie vermutet, ist vor allem notorischer Geldmangel der Hauptgrund dafür, daß die Laspi-Crew nicht regelmäßige Kontrollfahrten durchführen kann. Treibstoff ist zwar preiswert, aber die Mittel dennoch zu knapp. Mit dem gesammelten Geld unserer Delphinfreunde aus Deutschland werden sie zumindest dieses Jahr immerhin einen Sommer lang hinausfahren und ein neues Schlauchboot kaufen. Doch ich fürchte, solange der zahnlose

Chaot in Laspi bleibt, sieht es mit der Fortsetzung unserer ehrgeizigen Pläne einer Delphin-Klinik nicht gut aus.

Nach der Rückkehr Fernsehinterview mit einem hübschen Mädchen aus Kiew. Leider sind ihre Fragen ziemlich dumm, was mich erstaunt, denn die meisten Mädchen wirken intelligent und lesen in jeder freien Minute! Am Spätnachmittag dann Sender Nummer zwei, aber mit weitaus höherem Niveau. Sie leisten ganze Arbeit und zeichnen gleich drei verschiedene Sendungen auf: mit Rollo, mit Sascha für ein Männermagazin und mit mir für ein Frauenmagazin. Und Sascha übersetzt, übersetzt ...

In einem kleinen Laden will ich Brot kaufen, doch es gibt nur Süßigkeiten und Getränke. Das Pionierlager versorgt sich selbst! Wir sind von morgens bis abends in einer Weise aktiv, daß ich keine Möglichkeit finde, nach Sewastopol zu fahren, um Lebensmittel zu besorgen.

Sascha improvisiert mal wieder, knüpft Kontakte zu den Köchinnen der jungen Pioniere – wenn das der Zahnlose wüßte –, und wir erhalten Brot und Eier für die Bordküche.

Abends wird der Wind kräftiger. Erheblicher Schwell läuft in die Bucht, läßt das Boot wie wild tanzen. Wir bringen zusätzliche Leinen zur anderen Seite des kleinen Hafens aus.

*9.7.*

Mit Alvidas fahren wir nach Simferopol. Im Kofferraum transportieren wir einen toten Delphin, der in der Nähe von Laspi vor einigen Tagen gefunden wurde.

Vom Brema-Institut und dem Einsatz der fünf Wissenschaftler samt ihren drei Assistenten bin ich beeindruckt: Mit bescheidensten Mitteln leisten sie professionelle Arbeit. Praktisch alles, was wir in ihren Räumen vorfinden, haben sie selbst herbeigeschafft: Alvidas stiftete einen Computer; Monitor, Kühlschrank, Kühltruhe, Tische und Stühle stammen aus dem Privatbesitz der acht Mitarbeiter. Sie benötigen dringend modernes Laborequipment, um weiter forschen zu können.

Mit den Borderguards, der Grenzüberwachung, arbeitet Brema eng zusammen. Sie melden dem Institut, wenn sie gestrandete Delphine sehen. In den Jahren 1989–1996 wurden auf diese

Weise 817 tote Delphine registriert. Auch Schulkinder, Fischer und Urlauber hat Alexei mit in die Arbeit eingebunden, an der immerhin fünf Länder beteiligt sind: Belgien, Deutschland, Bulgarien, Georgien und die Ukraine.

Anschließend begrüßt uns auf einer Pressekonferenz der nicht unsympathische Minister für Tourismus, hält eine lange Rede, die er gesenkten Blickes vorträgt, um jede Zahl in seinem Manuskript auch richtig abzulesen. So weiß ich jetzt, daß es in der Ukraine 3150 Objekte gibt, die von touristischem Interesse sein sollen, dazu kommen sechsundzwanzig staatliche Museen, sechs Naturreservate und jede Menge Höhlen, fünfzig davon für Touristen zugänglich. Nicht schlecht, oder?

Ein Freund von Alexei, der für unsere Reise so ziemlich alles vorbereitet hat, was die behördliche Seite betrifft, überreicht mir zum Schluß mit vollendetem Handkuß einen zauberhaften Blumenstrauß, aus dessen Mitte drei Orchideen als Symbol für die drei Weltumsegelungen herausragen.

Nach dem Besuch des Naturkundemuseums mit Vertretern der Administration treffen wir am Nachmittag in Bachtschissarai ein, der alten Tatarenstadt. Mein Magen knurrt gewaltig, denn bisher hat er nur hochprozentig Flüssiges erhalten.

Ein neuer Bürgermeister, ein neuer Empfang, reichlich Erzählungen und Gott sei Dank jetzt auch ebenso reichliches Essen. Beim ersten Trinkspruch des Bürgermeisters – wir sitzen in einem fensterlosen Kellergewölbe – geht prompt das Licht aus, was aber niemanden besonders verwundert oder gar stört.

Alvidas zückt sofort sein Feuerzeug, und Sekunden später erleuchten zwei Kerzen die reich gedeckte Tafel. Wie üblich bei diesen Zusammenkünften ist Sascha ausschließlich damit beschäftigt, alle Details von Rollos Reisen den nimmer fragemüden Gastgebern zu dolmetschen. Dabei schiebt er gleichzeitig mit seiner eigens auf dieser Reise entwickelten Spezialtechnik immer wieder einen Happen in den Mund, kaut und schluckt, ohne dabei seinen Redefluß nur eine Sekunde zu unterbrechen.

In Bachtschissarai erfahren wir dieses und jenes über die Gepflogenheiten im Harem, und Rollo strahlt, als er hört, daß die stolzen Fürsten neben ihren vier Ehefrauen so viele Freundinnen ihr eigen nennen durften, wie ihr Auge gerade noch erblicken konnte. Bereits zwölfjährige Mädchen gehörten zum weiblichen Hofstaat, am großen Altersunterschied nahm zumindest der Haremsbesitzer keinerlei Anstoß. Jede Frau besaß ihr eigenes Zimmer, und in dem großzügig angelegten Innenhof konnten sich die Gespielinnen von ihrer „Arbeit" immer wieder erholen.

Am Spätnachmittag besuchen wir das Höhlenkloster Mariä Himmelfahrt, das sofort Saschas Begeisterung findet.

**Er.** Das Kloster sieht aus wie mit einem Messer in den Fels hineingeschnitten. Es strahlt gotische Ruhe aus. Ich richte mein Objektiv auf die goldene Kuppel beim Eingangstor und drücke den Auslöser meiner Nikon.

„Daraus wird sowieso kein Bild, das ist Gottes Wille!" höre ich plötzlich eine Stimme über meinem Kopf. „Ohne Genehmigung vom Priester ist Fotografieren verboten. Hier haben schon Leute fotografiert. Das Ergebnis war ein schwarzer Film."

Ein Mönch mit langem Bart beobachtet uns von oben.

Aber vielleicht ist es Gott wichtig, daß die Menschen über unseren Besuch auf der Krim nicht nur mit Hilfe unserer Worte etwas erfahren, sondern es mit ihren Augen selbst sehen.

Das Foto ist sehr gut geworden.

*„Daraus wird sowieso kein Bild, das ist Gottes Wille!"*

**Sie.** Auf der Rückfahrt nach Laspi stoppen uns immer wieder Polizeikontrollen, aber mit dem Sonderausweis von Alvidas, der ihm offenbar eine Art Immunität garantiert, genie-

140

ßen wir einen Sonderstatus. In Deutschland hätte Alvidas mit seinem individuellen Rennfahrerstil längst seinen Führerschein eingebüßt ...

**Er.** Es ist Nacht. Auf dem großen Feld sind nur Pferde und ich. Ein Feuer, das die Füße wärmt, aber um die Schultern ist es kalt. Leuchtende Sterne und sanfter Wind. Und ein Eindruck, daß diese Ruhe aus diesem Feld fließt. Über die ganze Welt. Ich weiß nicht warum, aber ich höre laute Musik – und das ist ein Marsch –, und es ist noch unerklärlicher, woher in diesem Feld der Marsch erklingt ...

Als ich meine Augen vorsichtig öffne, sehe ich durchs Bullauge, woher die unglaubliche Musik kommt: Pionierlager! Pionierlager Laspi mit lauter, schrecklicher Musik! So war es immer, auch als ich Pionier war. Das ist Tradition. Viele Traditionen sind verschwunden, aber diese schreckliche ist geblieben. Von der alten Tradition verschwand als erstes der Schwur der jungen Pioniere, der ganz festlich im Lager zelebriert wurde. Das bleibt ewig in Erinnerung.

Ich sehe mich auf dem großen Schulfest stehen, mit frischgebügeltem rotem Halstuch, das über dem angewinkelten Arm liegt. Jemand vom Komsomol (junge Kommunisten) kommt zu mir, nimmt mein Halstuch, legt es auf meine Schultern, kreuzt die Enden an meinem Hals einmal und, um es zu fixieren, ein zweites Mal. Wir sind zu zehnt. Alle sieben Jahre alt. Wir sprechen im Chor, wiederholen synchron den Text des Schwures:

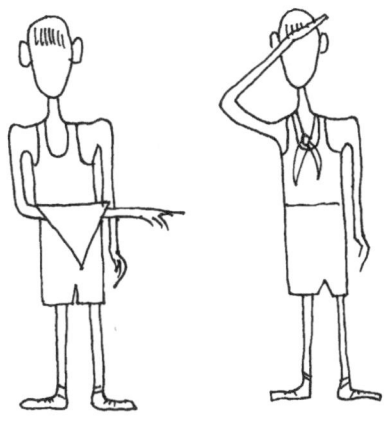

*Ich sehe mich auf dem großen Schulfest stehen.*

141

„Wir sind junge Pioniere der Sowjetunion, wir schwören feierlich, unsere sowjetische Heimat heiß zu lieben und im Kampf für die kommunistische Partei der Sowjetunion treu ergeben zu sein."

Und dann eine laute Stimme des Schulpionierleiters auf dem ganzen Schulhof: „Zum Kampf für die kommunistische Partei sei bereit!"

Und der riesige Chor von tausend jungen Stimmen wie aus einem Mund: „Immer bereit!"

In der lärmenden Antwort zwischen tausend Stimmen kann ich kaum meine eigene Stimme hören, als ich das zum erstenmal sage: „Immer bereit!"

Ab diesem Morgen war ich auf ewig mit der kommunistischen Partei verbunden.

Abends.

Die Nachbarschaft zum Pionierlager ruft Erinnerungen an Geschichten über die ersten Pioniere wach, die Heldenpioniere genannt wurden. Ich erinnere mich jetzt nur an einen: Pawlik Marosov. Schon zu Lenins Zeiten gab es Perestroika. Er hat diesen Begriff zum erstenmal benutzt. (Gorbatschow hat dieses Wort nur übernommen. Er wurde von der Presse als Führer der Lenin-Schule bezeichnet.)

Lenin hatte bemerkt, daß das sozialistische System uneffektiv war. Er war ein guter Ökonom und hat die sogenannte Neue Ökonomische Politik (NEP) mit privatem Kapital begonnen. Nach einem Jahr dieser Politik bekam man in Rußland plötzlich alles: Lebensmittel, Kleider, Luxusartikel. Und das in einem riesigen Land, in dem es nach der Revolution nichts zu essen gab.

Stalin hat eine andere Politik betrieben. Seine Vision waren Kolchosen mit der Hauptidee, Mittel aus dem Privatbesitz zu nehmen: Pferde, Kühe, Werkzeuge, und alles gemeinsam zu benutzen.

Doch da waren arme und reiche Bauern. Bauern, die Tag und Nacht gearbeitet haben, und weniger fleißige. Und mit einemmal sollen alle gleich sein. Aber es gab Familien mit vielen Kindern, die alle gearbeitet haben, wie eine Gemeinde, und es gab Familien, deren größte Tradition einfach Wodka war. Und mit einemmal müssen alle gleich sein.

Der Vater von Pawlik Marosov war reich. Er wollte seine Pferde nicht abgeben. Und was tat sein zehnjähriges Kind? Es hat ein Beil genommen und in einer dunklen Nacht seinen Vater getötet.

Können Sie sich vorstellen, daß, wenn Sie mit der heutigen Regierung nicht einverstanden sind, Ihr zehnjähriges Kind eine Kalaschnikow auf Sie richtet, um mit Ihnen zu sprechen? Vielleicht käme es in psychiatrische Behandlung. Damals aber machten die Politiker aus dem Sohn einen Helden.

**Sie.** Der starke Schwell in der Bucht von Laspi läßt uns nicht schlafen. Wir haben überlange Leinen zum Kai ausgebracht, trotzdem ruckt das Boot so hart ein, daß nachts ein Festmacher reißt! Mit dem Boot hier zu liegen ist alles andere als ein Vergnügen. Außerdem hat Rollo Sorge, daß aus dem Regen ein ausgewachsener Sturm wird. Und dann befänden wir uns mit dem fast zwanzig Tonnen schweren Boot in einer Falle!

Noch dazu sind vom gegenüberliegenden Kai mehrere Leinen zu den einheimischen Booten gespannt, so daß wir im Augenblick nicht einmal hinausfahren können.

Zwei Stunden später und Gott sei Dank auf See – mit an Bord außer Rollo, Sascha und mir: Kapitän Sergei, Klaus von der GRD und Sergei vom Institut. Windstärke sechs bis sieben, scheint aber eher abzunehmen. Wir sind mit Fischern verabredet, die uns ihre Arbeit demonstrieren wollen. Vor allem wollen wir wissen, ob Delphine sich in Netzen verfangen haben. Bis jetzt gibt es nicht einmal Funkkontakt mit ihnen, das heißt, wir sind auf gut Glück unterwegs.

*„Ich sehe Balaklawa!"*

143

Mitternacht: Manchmal frage ich mich selbst, woher ich die Kraft nehme, nach Tagen, die grundsätzlich über achtzehn Stunden dauern, noch etwas aufzuschreiben. Jede Sekunde ist ausgefüllt mit Arbeit.

Unsere Aktion endet nach fünf Stunden erfolglosem Geschaukel, Hagelschauern und einer unheimlichen Windhose schließlich im geschützten Hafen von Balaklawa. Wir haben uns schlichtweg geweigert, bei diesem Wetter wieder nach Laspi zu fahren, sehr zum Leidwesen von Alvidas, der unsere Entscheidung nicht begreifen kann. Er wohnt ja nicht auf seinem Boot!

Wie richtig das war, spüren wir bereits am frühen Abend. Seitdem bläst es gewaltig von den Hügeln herunter. Dieser Hafen ist eine regelrechte Oase für unsere gestreßten Knochen und Nerven. Auch Sascha ist froh, endlich auf geschütztem Wasser zu liegen, doch das Einklarierungsritual erlebt er ganz anders als wir:

**Er.** Ein ruhiger, sehr ruhiger Morgen. Keine Musik weckt wie sonst jeden Tag um 8 Uhr das Pionierlager und alle, die sich in der Umgebung aufhalten, wie zum Beispiel wir. Es gibt keine Geräusche von Autos, und Balaklawa spiegelt sich in der Bucht wie Venedig.

Natürlich ist da ein kleiner Unterschied: Wenn Sie mit Ihrer Yacht nach Venedig segeln, erscheint kein Mann bei Ihnen auf dem Boot und fragt, warum Sie gekommen sind, was Sie hier wollen. Doofe Fragen.

Anders in Balaklawa. Sie sind Tourist, Sie laufen in den geschütztesten Hafen der Welt ein, und der erste, der Ihr Schiff betritt, wird nicht der Gastgeber sein, der Sie eingeladen hat, nicht jemand aus dem Touristikbüro und bestimmt kein Bürgermeister. Statt dessen wird ein relativ junger Mann vor Ihnen stehen, nicht unbedingt sportlich, aber unbedingt gut rasiert, im grauen Anzug, mit weißem Hemd und natürlich mit Krawatte. Früher hatten diese Krawatten-Leute Dienst in einer Organisation mit ganz kurzem Namen: KGB. Jetzt nach Perestroika haben sie den Namen geändert, doch den Inhalt nicht.

Er schaut Sie mit seinen klaren Augen nicht nur an, sondern in Sie hinein. Er stellt ganz einfache Fragen, fast Kinderfragen, aber er ist bei weitem kein Kind, und seien Sie sich bewußt, daß alle Ihre Worte am gleichen Tag aufgeschrieben und in eine Mappe gelegt werden. Wundern Sie sich nicht, wenn auf dieser Mappe Ihr Name steht.

Um ehrlich zu sein, weiß ich nicht, welchen Namen dieser Mann in unserem Fall geschrieben hat: Rollo Gebhard oder meinen.

Natürlich ist jetzt nicht 1937. In jenem Jahr gab es eine andere Methode in ihrem Arbeitsstil. Sie kamen nachts, wenn sich die Menschen ungeschützt fühlten. Menschen in Unterwäsche sind meist recht hilflos. Doch worin lag ihre Schuld?

In der Art der Anklage gab es wenig Auswahl, sie war praktisch standardisiert, um den Verstand nicht bemühen zu müssen. Die größere Zahl der Verhafteten wurde zu ihrer Überraschung als ausländische Spione beschuldigt, obwohl sie niemals im Ausland gewesen waren. Diese Kategorie vergrößerte sich nach dem Zweiten Weltkrieg.

Alle, die jemals auf feindliches Territorium geraten waren und es geschafft hatten, dort wieder auszubrechen, wurden automatisch als ausländische Agenten festgenommen. Das gleiche passierte mit abgestürzten Piloten, denen es gelang, durch die Front zurückzukommen. Viele von ihnen hatten die Auszeichnung „Held der Sowjetunion", aber das schützte sie nicht vor dem Gulag in Sibirien.

Eine andere Art von Schuldigen waren die sogenannten Diversanten, der zweitgrößte Teil im Netz des KGB. Wenn sie nach offizieller Meinung mit Handlungen oder Erfindungen gegen die bestehende Wirtschaftsordnung verstießen, wurden sie mit Gefängnis oder dem Tod bestraft.

Eine Gruppe Ingenieure hatte die Idee, einfach die Wagenzahl eines Zuges zu erhöhen. Sie wurden angeklagt und nach Sibirien geschickt, und man beschuldigte sie, die Eisenbahnlinien der Sowjetunion zerstören zu wollen, weil viele Waggons die Gleise stärker beanspruchen als eine kleinere Zahl. Logisch! Später bekam eine andere Gruppe von Ingenieuren für die gleiche Idee den Stalinpreis. Wer selbst an dem Fleischwolf drehte, dachte zunächst, er sei vor einem solchen Schicksal sicher. Aber auch jene hatten sich getäuscht. In dieser Zeit kamen anonyme Briefe in Mode: aus Neid, aus Haß, egal aus welchem Grund. So konnte man jederzeit damit rechnen, daß in der Nachbarwohnung ein paar Zimmer frei werden. Das war für solche Leute eine Methode, ihren Wohnraum zu vergrößern.

Doch wie konnte das einfache Volk gegen diese Menschenfressermaschine kämpfen, wenn selbst die Hauptperson der Stalin-Regierung, Genosse Kalinin, keinen Einfluß hatte, als seine Ehefrau verhaftet wurde!

Das sozialistische System war ein Planungssystem. Das ist bekannt. Aber wenige wissen, daß auch der KGB Vorgaben hatte, die erfüllt werden mußten. Deshalb existierte sogar ein Verhaftungsplan, bei dem die Anzahl der Opfer vorher bestimmt wurde.

So bekam zum Beispiel eine Abteilung des KGB die Aufgabe, in einem Monat fünfhundert ausländische Spione festzunehmen, und sie haben in einem Monat genau fünfhundert gefunden.

Doch Spione einzeln zu internieren war viel Arbeit. Einmal verhaftete der KGB auf einen Schlag sämtliche Mitglieder in der Parteiversammlung. Die besten Leute aus der ganzen UdSSR, die alle nach Moskau gekommen waren!

Auch die kleinen roten Ausweise der kommunistischen Partei, sogenannte Parteitickets, waren keine Versicherung. Im Gegenteil! Die Reihen der Partei mußten „rein" werden. Wir sagten dazu Säuberung, und diese Säuberungen wurden regelmäßig in der Partei durchgeführt.

Das Tragische an dieser Situation war, daß die Leute nicht verstanden, worin ihr Fehler bestand. Im Krieg ist klar, wo der Gegner ist, und vor der Erschießung können sie sagen: „Es lebe Rußland!", aber hier, was sollten sie sagen, wenn sie ihr ganzes Leben versucht hatten, gute Kommunisten zu sein, und plötzlich zu Gegnern der Sowjetunion gemacht wurden.

Solche Anklagen waren routinemäßig vorbereitet. Genosse Bucharin hatte eine ganz junge Frau. Bevor er zur Parteiversammlung in den Kreml ging, gab er ihr heimlich einen Text, den sie auswendig lernte; das Papier, auf dem er geschrieben war, vernichtete sie sofort. Als er mit den anderen tausend Genossen in der Versammlung zusammentraf, wurden alle erschossen.

Er hatte seiner Frau den Text gegeben für irgendeine zukünftige Regierung der UdSSR, die ehrlich sein würde. Als sie 82 Jahre alt wurde, kam die Zeit von Gorbatschow, und ihm hat sie den Text aus ihrer Erinnerung mitgeteilt.

Nun, inzwischen hat ein anderes Kapitel in der Geschichte des KGB begonnen. Es wird noch geschrieben. Sehen wir, was kommen wird.

Der Mann im grauen Anzug ist schon auf den Pier gesprungen, und jetzt können wir von Bord gehen, denn auf uns warten Leute aus dem Yachtclub, dem Museum und der Stadtadministration. Endlich!

**Sie.** Über die Geschichte von Balaklawa könnte man einen Fortsetzungsroman schreiben, der sich spannender lesen würde als mancher Krimi. Daß wir hier mit unserem Schiff aus dem ehemals feindlichen Westen an diesem hochsensiblen Platz liegen dürfen, haben wir noch nicht ganz begriffen.

Damit aber nicht genug. Sascha will noch mehr: zusammen mit Rollo und mir den geheimen U-Boot-Tunnel durchdringen! Und als ehemaliger Offizier der Armee weiß er auch ziemlich genau, wie er den riskanten Plan verwirklichen könnte.

„Tunnel Nirgendwohin" lautet die Überschrift seiner Geschichte und unseres gemeinsamen Abenteuers.

**Er.** Der Begriff Tunnel hat eine lange Geschichte. Aber ich beginne erst beim Anfang unseres Jahrhunderts. Noch vor der Revolution war Lenin viele Male in Paris und London, wo er die modernen unterirdischen Kommunikationswege kennenlernte. Als er an die Macht kam, begann er, eine Stadt unter der Stadt Moskau zu bauen. Ein Teil dieser Stadt, vielleicht der wichtigste, war die Metro. Der Bau war Prestigesache, so wie heute die Rake-

147

tenindustrie. Später sollten jene Metrospezialisten alle wichtigen, unterirdischen Objekte in der Sowjetunion projektieren.

Solche Arbeiten gab es gleich neben Sewastopol. Was dort gemacht wurde, wußte niemand außer den Arbeitern selbst, die spezielle Geheimdokumente unterschreiben mußten, daß sie über ihre Tätigkeit vollständiges Stillschweigen bewahren würden. Nicht einmal ihre Familie durfte etwas darüber erfahren. Wegen dieser Dokumente sollten sie in der Zukunft in ihrem Urlaub nicht einmal sozialistische Länder besuchen dürfen. Aber 1918 dachte darüber sowieso niemand nach.

So kamen in den zwanziger Jahren junge Leute auf die Krim, und in der speziellen Zone mit dem schönen Namen Balaklawa begruben sie ihr Leben.

Die Aufgabe dieser Leute war, um es einfach zu sagen: ein Tunnel. Dann ein weiterer, und noch einer, dann ein Kreuztunnel, bis aus dem ganzen Berg, der eine Barriere bildete zwischen der Bucht und dem Meer, ein einziges Tunnellabyrinth entstand. Abgesehen davon, daß die Arbeit der Metrobauer aus Moskau sehr gut war, wird niemals ein Zug durch diesen Tunnel fahren.

Nachdem das Labyrinth fertig war und die Arbeiter die verbotene Zone verlassen mußten, flog die erste Schwalbe ins Balaklawanest. Sie war fast hundert Meter lang und selbstverständlich schwarz. Sie hatte zwar keinen weißen Bauch, aber dafür erstklassige Torpedos: ein U-Boot. Und dann kamen Dutzende schwarze Schwestern hinzu.

Aus dem bereits Gesagten wird klar, daß es auf unserer Reise fast unmöglich ist, für Balaklawa eine Genehmigung zu bekommen, obwohl die Russen mit ihren U-Booten den Platz bereits verlassen haben. Doch wie sieht dieses Monsternest heute aus?

Jene geheimnisvolle Bucht wollen wir unbedingt sehen. Gerade das aber ist ganz und gar nicht so einfach. Wir befinden uns mit dem Boot irgendwo in der Nähe der Bucht, aber wir können nichts erkennen.

Die Natur hat selbst dafür gesorgt, daß die Berge den Eingang völlig verstecken. Nur dank des Funkgeräts können wir ihn finden.

Als ich um Genehmigung für die Einfahrt in den ungesehenen

Hafen frage, müssen wir warten, bis irgendein Ungesehener uns die Erlaubnis gibt. Während wir neben steil abfallenden Felsen Runden drehen, haben wir bereits die volle Aufmerksamkeit der Wache, die uns beobachtet und mit der Kommandantur Kontakt aufnimmt. Offenbar ist schon jemand in Verbindung mit Sewastopol.

Das Meer ist nicht ruhig und die Wartezeit unangenehm. Doch endlich kommt die Erlaubnis, und wir beginnen, uns Richtung Bucht zu bewegen, die eine S-Form hat. Eine so sichere Bucht finden Sie nirgends im Schwarzen Meer. Dazu ist Balaklawa sehr tief. Auch hier war die Natur sehr großzügig, als ob sie speziell an U-Boote gedacht hätte.

In Balaklawa erwarten uns, wie in den anderen Städten, der Bürgermeister und Leute aus der Touristik und dem Museum. Das Unterhaltungsprogramm ist schon vorbereitet. Die Gespräche gehen bis Homer, doch kein Wort über den Tunnel. Er existiert überhaupt nicht. Trotzdem sehen wir die Betonsäulen gegenüber unseres Liegeplatzes am Eingang zum verbotenen Nest. Uns trennen nur 200 Meter, und genau an diesem Platz liegen Militärschiffe der beiden ehemaligen Brüder Ukraine und Rußland.

Alle meine Versuche, mit unseren Gastgebern über das Thema Tunnel zu sprechen, verlaufen erfolglos. Im Museum bekommen wir jegliche Informationen über alles, außer über dieses Thema: Balaklawa, als Festung der Genuesen, große Wandgemälde, Fotos vom Besuch der Zarenfamilie, auf denen die Offiziersfrauen angezogen waren wie Amazonen, zerbrochene Teller von dem gesunkenen englischen Kriegsschiff SCHWARZER PRINZ, das noch immer am Grund vor dem Eingang in die Bucht nach Balaklawa liegt, sowie Einzelstücke wie eine Pfeife aus der türkischen Besatzungszeit – doch nicht eine Schraube von dem Monster, das den Menschen schon ein halbes Jahrhundert Angst macht.

Aber wie sagte schon Genosse Stalin – alles entscheidet das Volk. Und was tut das Volk? Das Volk fischt. Ich habe bemerkt, daß Fischer jeden Morgen irgendwohin fahren. Natürlich gibt es im Boot keinen Funk, und deshalb fragen sie nach keiner Genehmigung.

Meine Erfahrung als ehemaliger Offizier der sowjetischen Armee sagt mir, daß Militärleute ungern Genehmigungen erteilen. Es ist einfacher, nein zu sagen, als Verantwortung zu tragen.

Der Fischer ist mittleren Alters und hat sonnengebräunte Schultern. Mit seiner Arbeit verdient er nicht so viel, als daß er mein gutes Angebot ablehnen würde. Fünf Mark für die Überquerung der „Grenze" zwischen uns und dem Tunnel.

„Wann?" fragt er und sieht mich an.

„Wie wann? – Jetzt!"

Ich will die sich bietende Gelegenheit nicht aufgeben, die sich verändern kann wie das Aprilwetter.

Ich bin nicht schlecht überrascht, daß Rollo und Angelika für ein solches Abenteuer sofort bereit sind. Normalerweise müssen Deutsche vorausplanen. Aber vielleicht hat das Leben in extremen Situationen die beiden verändert. Taschenlampe, Jacke, Kopfbedeckung und feste Schuhe – alles wird in einer Minute gepackt.

Die Sonne ist schon hinter dem Berg verschwunden, als wir uns im kleinen Holzboot vom Ufer abstoßen. Ohne ein Wort zu sagen, startet der Fischer den Motor, und sein junger Freund setzt sich an den Bug. Ich weiß nicht warum, aber ich warte die ganze Zeit darauf, daß aus einem irgendwo versteckten Lautsprecher eine schreckliche, metallische Stimme kommt: „Weißes Boot, weißes Boot, fahren Sie sofort zurück!"

Aber aus unbekanntem Grund schweigt diese Stimme, und wir können uns weiterbewegen. Schweigend nähern wir uns einem Betonpier mit verrosteten Eisenringen.

Als wir das Ufer erreichen, legt der Fischer sofort den Rückwärtsgang ein und verschwindet wortlos in der Dämmerung. Wir bleiben mit unserem jungen Führer allein.

„Warten Sie hier auf mich!" Geräuschlos klettert er in seinen weichen Nikeschuhen eine alte eiserne Leiter hinauf, die im Zickzack nach oben führt. Ein paar Minuten später kommt er zurück und sagt:

„Dort kommen wir nicht rein. Vielleicht versuchen wir es hier", und zeigt mit seinen Augen auf einen Betonsteg, der irgendwann einmal ein hängendes Trottoir besessen hat.

150

Aber jetzt ist alles zerstört, natürlich mit Absicht; zwischen den Betonpfeilern mindestens eineinhalb Meter Abstand und darunter Wasser. Eine falsche Bewegung, und einer von uns fällt.

„Wir sind keine Alpinisten!" bemerke ich, blicke auf Angelika und Rollo, die nicht weit entfernt den Anfang unserer Unternehmung abwarten.

In diesem Moment wird mir klar, daß dieser junge Fischer hier selbst zum erstenmal ist. Na gut, versuchen wir, die Einfahrt alleine zu finden. Wären wir ein U-Boot, könnten wir einfach hineinschwimmen. Der Eingang in den Tunnel ist wie mit einem mächtigen Zirkel in das Felsmassiv hineingeschnitten und für uns offen, denn wir stehen bereits auf einer drehbaren Betonplattform.

Ich nehme eine Taschenlampe und gehe durch ein kleines Tor im Felsen. „Wartet noch etwas, ich komme gleich!" rufe ich.

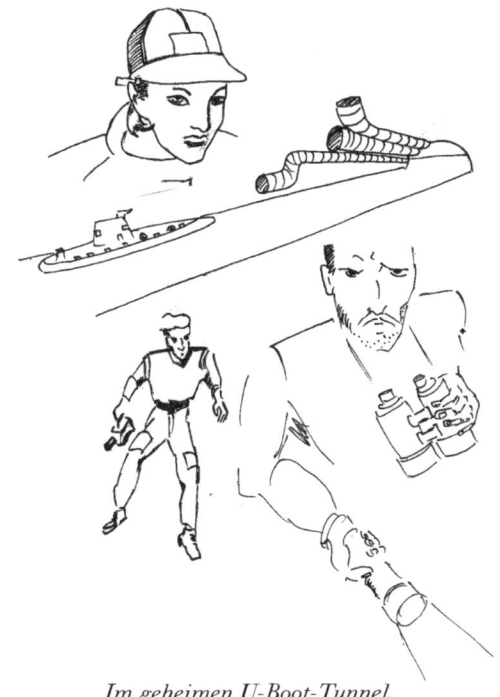

*Im geheimen U-Boot-Tunnel.*

Alle unterirdischen Festungen sind normalerweise miteinander verbunden. Das ist ein militärisches Gesetz. Etwa fünfzig Meter hinter dem Eingang kommt die erste Kreuzung. Ich halte meine Taschenlampe in die Dunkelheit des kommenden Tunnels, doch ihre Kraft reicht nicht aus, sein Ende zu erreichen. Rein theoretisch müßte dieser Weg zum Zentrum des Labyrinths führen.

Ich mache kehrt, um Angelika und Rollo zu holen, aber schon sehe ich zwei schwarze Figuren, die sich auf mich zu bewegen. Natürlich, sie warten nur zwei Minuten, hören keine Schüsse, und schon denken sie, alles ist okay! Es scheint, daß sie keine Geduld haben. Auf der anderen Seite wäre es von ihnen auch dumm, am Eingang stehenzubleiben und die Aufmerksamkeit der Wache auf sich zu lenken. Der Fischer bleibt zurück, und das ist gut so.

Drei Lichtflächen der Taschenlampen laufen vor uns, kreuzen sich, gehen neugierig nach unten und nach oben. Der Tunnel ist absolut gerade und mit eisernen Schienen versehen. Hier und da liegt verbeultes Metall, und an den hohen gebogenen Wanddecken verlaufen unendliche Kabellinien. Schalter, die wir immer wieder finden, sind natürlich ohne Elektrizität.

Viele Jahre haben die Wände nur laute Befehle und Geräusche von Militärstiefeln im Gleichschritt gehört. „Steh gerade! Ruhe! Abzählen! Eins, zwei, eins, zwei...!" Dann war Grabesruhe, und heute unsere zaghaften Schritte.

Eine massive, eiserne Tür mit zwei verrosteten Hebeln stoppt unsere Bewegung.

„Das wird sehr lustig", denke ich, „wenn wir diese Tür nicht öffnen können!"

Der untere Hebel ist relativ einfach zu bewegen, aber an den oberen muß ich mich mit mei-

*... und vor uns öffnet sich ein weiterer Tunnel.*

nem ganzen Gewicht hängen, bevor er sich mit einer Art Möwengeschrei dreht. Vor uns öffnet sich ein weiterer Tunnel.

Links oder rechts? Eine innere Stimme sagt: „Links." Ich weiß nicht, warum ich meiner Intuition glaube, aber in meiner Kindheit habe ich oft im sibirischen Wald meinen Weg nach Hause suchen müssen und ihn immer gefunden.

Diese unheimliche Atmosphäre des Rohres mit Kabelsträngen an beiden Seiten verbietet uns zu sprechen. Es hat kein Ende. Die Türen, die wir treffen, sind verschlossen, deshalb tasten wir weiter.

Hier wurde alles sehr gut vorgedacht und vorbereitet. Mein Kommandeur Major Fuchsmann fragte die neuen Offiziere, die in unsere Abteilung kamen, immer: „Wird es Krieg mit dem Westen geben oder nicht?" Normalerweise sagten die Offiziere: „Ich denke nicht!" Dann kam Major Fuchsmann ganz nah zu dem Neuen und sagte mit kalter Stimme in sein Ohr: „Wie kann es keinen Krieg geben, wenn beide Seiten ihn vorbereiten?" Solch eine eiserne Logik überzeugte.

„Diese Tür ist nicht verriegelt!"

Der Raum dahinter ist schmal und der ganze Boden voller Metallteile und geometrischer Löcher. Am Ende dieses engen Raumes bewegt sich etwas. Das hat uns gerade noch gefehlt! Wir stoppen, wie auf Befehl. Dieses Etwas war nicht schrecklich, sondern einfach nur unerklärlich. Was kann hier Lebendiges sein, in diesem Berg, der außer Matrosen niemanden gesehen hat. Unsere Taschenlampen leuchten in die Richtung, aber trotzdem wird das Objekt nicht heller. Es erstrahlt vielmehr wie ein Nordlicht.

Wir fühlen eine leichte Luftbewegung. Bis jetzt ist nichts Schlimmes passiert. Langsam tasten wir uns weiter. Mit jedem Schritt wird das Objekt größer und größer, bis wir direkt hindurchschreiten. Es ist eine Arkade, die uns so große Angst gemacht hat, obwohl sie nur durch unseren Lichtschein im Wasser gespiegelt wird, das wir nicht gesehen haben.

Vor uns liegt links und rechts eine riesige Halle mit gelb gestrichenen Kränen, um U-Boote aus dem Wasser zu ziehen. Daneben gluckert schwarzes Wasser, und das alles sieht aus wie die Kulis-

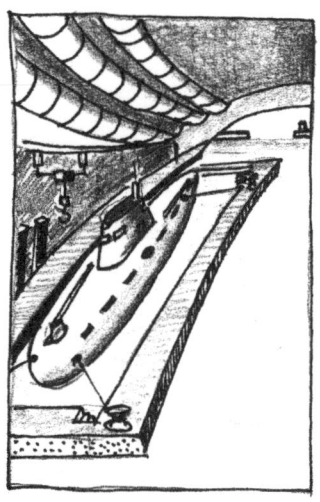

*Die Konstruktion der Pontons könnte fast hundert Meter lange U-Boote verschlucken.*

sen für einen neuen Spielberg-Film über den Dritten Weltkrieg.

Die Konstruktion der Pontons, die mit dem Hauptkanal verbunden sind, könnte fast hundert Meter lange U-Boote verschlukken. Dieser Ponton war so gebaut, daß man alles Wasser auspumpen konnte, um in einem Trockendock die notwendigen Reparaturarbeiten durchführen zu können.

Gleichzeitig war der Kanal unter dem Berg natürlich ein guter Schutzplatz vor Luftangriffen. Man konnte alle U-Boote, die in der Bucht stationiert waren, unter dem Berg zusammenpakken wie in einer Sardinenbüchse.

In diesem Fall würde sogar eine Atombombe ihr Ziel verfehlen.

Balaklawa liegt genau gegenüber vom Bosporus, und die frisch reparierten U-Boote verließen ihr Nest mit dem Ziel Mittelmeer. Und von dort weiter in die ganze Welt: Florida, Kuba, Englischer Kanal. Die Raketen von Bord eines solchen U-Bootes könnten nach erfolgtem Befehl aus Moskau ihr Ziel innerhalb von Sekunden erreichen. Normalerweise blieben sie ein halbes Jahr unter Wasser. Die traurige Seite dieser Patrouillenreisen war der Befehl, kein SOS-Signal zu benutzen. Bis jetzt liegt das U-Boot KOMSOMOLEZ irgendwo am Grunde des Ozeans.

Obwohl das Wasser schwarz aussieht, kann man im Licht der Taschenlampe durchsichtige Quallen erkennen, die einzigen Besitzer des Kanals.

Die zurückgelassenen Maschinen neben dem Pier erscheinen noch ganz in Ordnung und erwecken den Anschein, als ob das Personal gerade zur Kaffeepause gegangen ist und jeden Augenblick zurückkommen wird. Die Geräusche im Wasser verstärken diese Vorstellung. Ja, jetzt kommen sie, und die Maschinen werden sich weiter drehen.

154

Man kennt sogar den Namen des Kommandeurs. „Lebediv, verantwortlich für den Feueralarm", so steht es auf dem Kran geschrieben. Und daneben an der Wand finden wir noch wichtigere Informationen.

„Jeder muß auf seinem Platz alles machen, was er kann." Unterschrift: „Wladimir Lenin".

Wenn der frühere Parteichef gewußt hätte, wie oft er überall zitiert wird, hätte er sich schon im Leben als Gott gefühlt.

Vorsichtig betreten wir einen kleinen Gang im betonierten Fels, um zu sehen, wohin die eisernen Schienen führen. Noch fünfzig Meter Dunkelheit, und wir erreichen einen Raum mit niedriger Decke und beschrifteten Wänden. „Bei der Arbeit mit Torpedos müssen folgende Regeln befolgt werden ...", und daneben ein weiteres Leninzitat.

Solche beschrifteten Räume habe ich schon in Ägypten unter den Pyramiden gesehen. Wenn ich nicht wüßte, daß Lenin im Mausoleum begraben liegt, hätte man glauben können, dieses sei sein „Einschlafzimmer".

Meine Freunde möchten natürlich wissen, was auf den Wänden geschrieben steht, weil diese russischen Hyroglyphen für sie viel schwieriger sind als die Beschriftung im ägyptischen Giseh. Nach meiner Übersetzung kommt keine Reaktion von ihnen, wir fühlen uns wirklich wie in einem Traum. Erst später werden wir drei begreifen, was wir hier erleben.

Das Licht meiner Taschenlampe fällt auf einen Menschen, der vor mir aus dem Torpedoraum läuft. Angelika hat wirklich keine Angst. Aber ich. Und das ist eine ganz normale Angst, denn eine geöffnete Luke im Boden kann unsere Unternehmung ganz schnell beenden. Eine Treppe führt nach oben.

„Warte mal!" Angelika stoppt. „Erst ich!"

Ich richte das Licht auf die Stufen und merke, daß sie aus Marmor sind. Ist das der Weg zum obersten Kabinett des Kommandeurs? Der erste Schritt, und ich kann schon über meine dummen Gedanken lachen. Der „Marmor" ist einfacher Beton, der mit glänzenden Splittern aus zerbrochenem Glas bedeckt ist.

Oben erwartet mich eine ganze Büroetage. Nach der geöffneten Eisentür folgen links und rechts ganz normale Türen.

Leider wird das Licht der Taschenlampe schwächer und schwächer. Ich muß Energie sparen. Deshalb drehe ich sie aus, wenn ich eine längere, nicht gefährliche Strecke sehe. In totaler Finsternis höre ich knisternd meine Schritte auf dem zerbrochenen Glas, und noch etwas. Jemand neben mir atmet. Ich merke es und halte an. In dieser unglaublichen Stille, die auf meinen Ohren lastet, konzentriere ich mich, um zu hören – bis ich endlich begreife, daß ich es selbst bin.

Jedes neue Bürozimmer beleuchte ich mit kurzen Blitzen wie beim Fotografieren, und das Bild entwickelt sich im Kopf, bleibt sichtbar, auch wenn es dunkel ist.

Doch von Schritt zu Schritt enttäuschen mich die Büros. Es ist absolut leer. Nicht ein Tisch, nicht ein Stuhl, nicht ein kleiner Fetzen Papier. Nur an der Decke Lampenschirme, aus denen die Birnen herausgedreht wurden, und auf dem Fußboden krumme Nägel, an denen vielleicht Bilder von Lenin hingen.

Hinter mir knirscht der Fußboden. Das kann nur Angelika sein. Gut. Meine Taschenlampe ist fast tot. Schweigend gehen wir zusammen bis zum Ende des Korridors. Geheimnisvolle Leere, aber nicht mehr. Gute Arbeit – Genosse KGB!

Jetzt nach unten zu kommen wird bitter werden, wenn Rollo inzwischen schon ein russisches U-Boot gefunden hat. Aber unten ist es absolut dunkel, denn als erfahrener Agent spart Rollo Energie. Doch dann kommt aus der Dunkelheit, wie ein Code, ein Lichtstrahl. Wir sind zusammen. Alles klar.

„Komm", sagt er, „hier ist noch ein Tor."

Die Stimme des Hebels setzt wieder unseren Ohren zu, aber die neue Halle fasziniert uns. Die Geräte mit unbekannter Bedeutung sind in perfektem Zustand. Sie haben die Form eines Zylinders und sind auf einer Betonplatte fest montiert. Das waren entweder Öfen oder Raketen oder etwas dazwischen. Doch Öfen müßten eine Öffnung haben für die Kohlen, und Raketen brauchen mindestens rote Knöpfe zum Starten – beides fehlt.

Mit meinem schwachen Licht kann ich alleine schon gar nichts mehr suchen. Und um ehrlich zu sein, will ich hier auch nicht zu lange bleiben. Ich glaube, meinen Freunden geht es genauso. Im Prinzip wissen wir nicht, was wir suchen. Das Schlimmste wäre,

Knöpfe zum Aktivieren zu finden. Aber Gott sei Dank fehlen auch die.

Ein schmaler Weg führt uns weiter. Wir wissen nicht wohin. Es wäre vielleicht richtig zu zählen, wie viele Abzweigungen nach links und wie viele nach rechts führen, um den richtigen Weg zurück zu finden. Gute Ideen kommen immer zu spät. Aber die generelle Vorstellung, daß hier unten alles miteinander verbunden sein muß, beruhigt mich.

Eine Kette von Hallen und Lagern schließt sich an. Dazwischen finden wir Räume mit besonderer Bedeutung – Soldatentoiletten. In der Armee herrscht die Meinung vor, daß Soldaten kein Schamgefühl haben, und dieser Raum ist wie ein Zeuge dieser Ansicht.

Sechzehn metallene Platten sind im Boden angebracht, auf denen Plätze für zwei Füße vorgesehen sind mit jeweils einem Loch dazwischen, aber keine Türen zum Absperren. Vor wem auch? Vor deinem Genossen?

Das Licht der zweiten Taschenlampe wird schwächer, und meines ist bereits tot. Ich versuche, etwas Lustiges zu sagen, aber ich schaffe es nicht. Das letzte, was jetzt passieren könnte, wäre, daß unser Führer, der draußen seit zweieinhalb Stunden wartet, glaubt, daß wir nicht freiwillig so lange in dieser U-Boot-Station bleiben.

Der nächste Raum hat eine Überraschung vorbereitet. Sein Fußboden ist naß, was wir nur am Klang unserer Schritte bemerken. Aber das ist nicht das Schlimmste. Verschiedene schmale Tunnel führen aus diesem Raum. Und was sagt meine innere Stimme jetzt? Sie schweigt. Danke schön. Zurück? Zu spät. Erst jetzt verstehe ich, daß es eine wirklich dumme Idee war, durch dieses Labyrinth zu gehen.

„Alles ist unter der Erde verbunden." Kann sein, diese Idee ist richtig. Aber wie verbunden? Ich fühle mich verantwortlich, wenn heute etwas passiert, und ärgere mich über mich selbst. Über meine Kraftlosigkeit. Wir stehen in vollständiger Dunkelheit, hören nur unseren Atem. Was denken meine Freunde jetzt über mich? Ich habe kein Feuer, ich habe kein Messer, und ich bin Offizier der sowjetischen Armee.

„Das wird ein guter Artikel für deine Zeitschrift *Wunder und Abenteuer!*" höre ich Rollos Stimme.

Diese ironische, aber freundliche Bemerkung gibt mir ein bißchen Kraft. „Abenteuer haben wir schon!" versuche ich lustig zu antworten, „wird aber ein Wunder werden, wie wir aus dieser Sch... herauskommen."

Und wir lachen, wenn man dieses Geräusch überhaupt so nennen kann. Dann absolute Ruhe. Und in dieser Ruhe, die das ganze System des Labyrinths ausfüllt, kommt etwas Kleines, kaum Fühlbares.

„Ich höre das Meer!" sagt Angelika.

Rollo und ich schweigen. Wir hören absolut nichts.

„Ja, ich höre das Meer!" wiederholt Angelika jetzt fester.

Sie nimmt die Taschenlampe und bewegt sich in die Richtung des Geräusches, das nur sie fühlt. Wir folgen ihr, und nach einer Weile merken wir, daß wirklich irgendwo etwas atmet wie ein großes Tier.

Der Weg biegt ab, und an seinen Wänden erscheint das erste, fast unsichtbare Licht. Das Atmen wird lauter und lauter und endet in einem Rauschen.

Noch ein paar Schritte, und wir erreichen den Ausgang des Haupttunnels, der nicht weit vom offenen Meer entfernt liegt. Wir atmen tief durch, blicken uns an. Wir haben uns lange nicht gesehen!

Sogar mein Kommandeur Major Fuchsmann würde nach einer solchen Heldentat zu mir sagen: „Gut gemacht, Leutnant Andrey!" Und ich hätte geantwortet: „Ich diene der Sowjetunion!"

Aber trotzdem, wo sind wir? Am Anfang unserer Unternehmung war in der Bucht völlige Stille. Und hier ist Sturm. Das bedeutet, wir sind durch den ganzen Berg gegangen, und ich habe noch gesagt: „Wir sind keine Alpinisten!" Also zurück. Von hier ist es zum Eingang natürlich weit, aber wenn wir immer am Hauptkanal bleiben, muß er uns wieder in die Bucht führen, wo uns hoffentlich jemand erwartet.

Trotzdem, keiner von uns will so schnell umkehren.

Diese riesige Metallplattform, die den Ausgang versperrt, so daß das kleinste Kanu nicht hereinkommen kann, und die kleinen

Treppen, die zum zweiten Teil des Eisenvorhangs führen, der noch im Felsen versteckt liegt, sind für uns stumme Zeugen des kalten Krieges. Wer hat hier wohl als letzter das Schloß verriegelt und dann vielleicht den Schlüssel ins Meer geworfen, dorthin, wo jetzt in der Tiefe das Wrack vom SCHWARZEN PRINZ liegt?

Als wir unsere Bucht schließlich wieder erreichen, ist es auch draußen vollständig dunkel geworden. Wir sind allein, niemand ist zu sehen. Mit dem letzten Schimmer von Rollos Taschenlampe drehe ich große Kreise, um den Fischer gegenüber auf uns aufmerksam zu machen. Es ist schwer, etwas zu erkennen, aber nach einer Weile nähert sich tatsächlich ein Boot. So lautlos, wie er uns verlassen hat, taucht unser Fischer wieder auf, und schweigend fahren wir zu unserem Schiff zurück.

# Spurensuche

**Sie.** Draußen auf See hat sich der Sturm so weit aufgebaut, daß kein Schiff mehr auslaufen darf. Nach dem nächtlichen Tunnelabenteuer sind unsere diesbezüglichen Wünsche auch nicht sehr ausgeprägt.

Statt dessen fahren wir mit dem Sammeltaxi nach Sewastopol, ganze 50 Kopeken kostet das pro Person, also nur Pfennige. Endstation ist der längste, größte und vielseitigste Markt, den ich bis jetzt gesehen habe: Nägel, Büstenhalter, Blutdruckmesser, Gummihalter für Computer, Stöckelschuhe, alte Uhren, Plastiktüten mit westlicher Werbung, leere Gläser – alles wird verkauft, zu Geld gemacht. Am Tresen eines Kiosk stehen, nebeneinander aufgereiht, gefüllte Bierflaschen mit dekorativen, farbenfrohen Etiketten, alle liebevoll zusammengeschnürt, damit sie nicht gestohlen werden. Auch ein altes französisches Opernglas aus dem 19. Jahrhundert bietet eine Frau an.

„Unser Land ist ein einziger riesiger Kiosk, alle versuchen, Geld zu machen!" bemerkt Sascha resigniert. „Manche sagen auch Sanduhrland, das von einem Extrem zum anderen rieselt. Erst haben sie den Zaren gehaßt, jetzt lieben sie ihn, das gleiche geschah mit der Kirche. So geht es hin und her, eben wie mit der Sanduhr."

Wir setzen uns auf ein morsches Holzbrett.

„Soll ich dir eine Geschichte erzählen, auf welche Weise Leute bei uns Geld verdienen?" fragt er provozierend und fährt fort: „Nennen wir sie ‚Russischer Patient'":

**Er.** Patient Salogubov Iwan Mitrofanowitsch ist am dreiundzwanzigsten Juni 1997 um 18.34 Uhr in Moskau, Klinik Nr. 12, gestorben. Aber offiziell wird er noch drei Tage leben. Drei Tage werden Verwandte anrufen, nach seinem Befinden fragen, und die Krankenschwester wird einige Geschichten erzählen. Am vierten Tag dann die schreckliche Wahrheit.

Wenn du jetzt denkst, daß man in Moskau die Nerven der Verwandten beruhigen will, dann hast du zu gut gedacht. Nun, wer interessiert sich schon für die Nerven der Verwandten, wenn der Patient selbst bereits in der anderen Welt ist? Und wirklich, wer? Wer aber möchte das Leben von Salogubov verlängern? Ich muß sagen, sehr viele Leute. Als erstes der Stationsarzt. Zweitens die Wache in der Leichenhalle. Und drittens ... Glaube mir, es gibt nicht nur drittens, es gibt sogar zehntens. Abgesehen davon, daß Iwan Mitrofanowitsch in der Leichenhalle liegt, ist er in den letzten drei Tagen seines Pseudolebens sehr aktiv gewesen.

Was macht er zuerst? Er verkauft seine Moskauer Wohnung. Bei drei Zimmern bringt das Geschäft für den Besitzer nicht gerade wenig Geld – hunderttausend in grünen Devisen (so nennt man in Rußland Dollarnoten). Zweitens schreibt er eine Vollmacht, um in der Bank von seinem Konto Geld abzuheben: das gesamte, gesparte Vermögen, welches er in seinem Leben verdient hat. Toll! Aber es geht noch weiter – für alle Fälle bestätigt Iwan Mitrofanowitsch schriftlich, daß seine Organe im Todesfall entnommen werden dürfen. Wie human. Im Prinzip kann er jetzt sterben. Und so geschieht es. Und das ist kein schwarzer Humor.

Man muß nicht Sherlock Holmes sein, um zu vermuten, daß alles, was Iwan Mitrofanowitsch getan hat, gut geplant war. Und natürlich hat er es nicht selbst geplant, sondern mit großer Hilfe von sehr erfahrenen Leuten. Und jeder, der in diesem Team ist, erhält seine Provision. Die Wache der Leichenhalle bekommt vielleicht nur eine Flasche Wodka, um glücklich zu sein. Der Stationsarzt etwas Geld, nicht viel – er wird schließlich bezahlt, er ist angestellt. Das meiste kassiert der Boss, der alle Fäden in der Hand hat.

Man kann sagen, er besitzt Know-how über das Jenseits. Derjenige, der an diesem Räderwerk dreht, hat seine Advokaten, die mit dem Stempel in der Hand bereitstehen, um die Unterschrift zu bestätigen. Gewöhnlich passiert so etwas natürlich mit einsamen Menschen. Denn dann gibt es wirklich niemanden, der sich dafür interessiert, warum nach dem Begräbnis unbekannte Leute in die alte Wohnung gekommen sind.

**Sie.** Sascha nimmt die Kameratasche und steht auf:

„Jetzt weißt du, wie man in Rußland Geld verdient! Komm, du wolltest doch Fotos von den angebundenen Bierflaschen an dem Verkaufsstand."

Es fällt mir schwer zu glauben, was ich gerade gehört habe. Sascha liebt seine Heimat über alles. Deshalb kann ich mir nicht vorstellen, daß alles phantasiert ist.

Wir werden Rollo erst am Abend wiedersehen, der inzwischen mit Alvidas unsere Pläne für morgen bespricht. So bleibt noch etwas Zeit. Mich interessiert das wunderschöne Theater in Sewastopol, ein repräsentativer Bau im Stil der Jahrhundertwende. Es liegt gleich neben der breiten Uferpromenade und nur wenige Meter von einer Diskothek entfernt. Aber dieses Theater mußte nicht schließen, wie so viele andere im Land. Ganz im Gegenteil.

Der Zufall oder unser Glück will es, daß gerade Proben sind und wir den Direktor antreffen. Er ist eine starke Persönlichkeit, durch jede einzelne Ader fließt Künstlerblut! Er ist so ein August Everding von Sewastopol. Vor Jahren als Intendant auch in Deutschland tätig, doch dann zog es ihn wieder zurück in die Heimat.

„Worüber wollen wir uns unterhalten?" fragt er lächelnd.

„Hat die Kunst in einer Stadt, in der zwei Militärflotten stationiert sind, noch eine Chance?" wollen wir wissen, nicht ahnend, daß wir aus dem Stegreif einen Kurzvortrag über die Kulturstadt Sewastopol erhalten werden.

„Vor rund zweihundert Jahren standen hier gerade mal fünf Häuser der Tataren", beginnt er und fährt fort. „Als General Suworow mit der russischen Flotte diese einmalige Bucht erblickte und hier festmachte, wurde auf natürliche Weise auch die russische Kultur eingepflanzt.

Außerdem wurden die Marineoffiziere meistens in Sankt Petersburg ausgebildet und erzogen, so standen sie kulturell auf einem ziemlich hohen Niveau. Ein Niveau, das sie in diese Stadt gebracht und verbreitet haben. Natürlich darf man nicht vergessen, daß später viele Völker hier bauten und etwas entwickelten. Zur Zeit der Revolution gab es fünfzehn Theater: jüdische, deutsche, russische und ukrainische Theater. 1917 war Sewastopol ein richtiges internationales Kulturzentrum."

„Und was ist jetzt?"

„Heute hat das Lunatscharski Theater ein festes, modernes, qualifiziertes Kollektiv, das imstande ist, jede Art von künstlerischer Herausforderung zu bewältigen – ich wiederhole – jede Art!" sagt er stolz und nippt an seinem Weinglas. „Wir haben dreiunddreißig verschiedene Vorstellungen im Repertoire mit den unterschiedlichsten Stilrichtungen: russische Klassik, russisches modernes Schauspiel, ausländische Klassik, ausländisches modernes Schauspiel, und obwohl wir ein ernsthaftes Theater für Erwachsene sind, bieten wir auch neun verschiedene Kindervorstellungen, keine Märchen, sondern Stücke für Kinder."

„Sie bekommen also genug staatliche Unterstützung?" wundere ich mich und bitte Sascha, meine Frage zu übersetzen.

Michail Kondratenko schüttelt den Kopf. „Nein, natürlich nicht. Aber verstehen Sie mich richtig. In der Kunst sind Leute tätig, die nicht reich werden wollen. Sie sind dazu berufen. Freilich ist es unangenehm, wenn man nicht bezahlt wird, aber Arbeit – das bedeutet Leben. Wenn Geld da wäre, und es gäbe keine Arbeit – das ist traurig. Fragen Sie alle Schauspieler, die hier auftreten, es sind einhundertsechzig, ich bin sicher, daß Sie keine andere Antwort erhalten werden. Manche sind gegangen und dann zurückgekommen. Sie sagten, hier sei es doch besser. Denn es gibt ein gewisses System des Seelenlebens und des Verstandes. Genugtuung verschafft nur, was ich arbeite, nicht was ich verdiene. Vielleicht klingt das ein wenig seltsam, aber es ist wirklich wahr. Natürlich möchte ich, daß für diese Genugtuung der Seele und der Gedanken die Schauspieler viel mehr Geld bekommen, als es der Fall ist."

Ich glaube ihm jedes Wort. Michail Kondratenko hat selbst so gehandelt. Seit dreiunddreißig Jahren arbeitet er hier, zuerst als Schauspieler, später wurde er künstlerischer Leiter und Generaldirektor des Theaters. Als es nicht genug Geld gab, jobbte er nebenbei, um seine Familie durchzubringen. Und trotz seiner Chefposition steht er nach wie vor als Schauspieler auf der Bühne. In ein paar Tagen ist Premiere von *Onkel Wanja*.

„Liebe Freunde", verabschiedet er uns, „ich bin glücklich über dieses flüchtige Treffen. Auf das innigste froh, weil alle Menschen, die zu uns ins Theater kommen, sehen, daß hier Leben ist und nicht Stagnation oder Verfall!"

Es tut gut, so viel Positives zu hören. Persönlichkeiten wie er sind leider überall auf der Welt dünn gesät.


**12.7.**

Mit Sergei fahren wir zur Auferstehungskirche von Foros. Offenbar wird gerade eine große Hochzeit gefeiert. Dutzende Luxuslimousinen parken vor dem Gotteshaus, und auf den meisten kleben noch die original deutschen Nationalitätenkennzeichen! Man hat nicht einmal versucht, die ursprüngliche Identität der Autos zu verheimlichen! Selbst Namen bayerischer Autohändler, von denen die Fahrzeuge stammen, entdeckt mein staunendes Auge. Wenn diese Nobelkarossen sprechen könnten!

In der kleinen Kirche, die 1892 im byzantinischen Stil erbaut wurde und auf einem 400 m hohen Felsen steht, spielte sich in jüngster Zeit ein Drama ab, das bis heute nicht aufgeklärt ist. Hauptfigur ist ein junger Priester, Vater Peter, dessen Lebenswerk es war, die Kirche zu renovieren.

Sein selbstloser Einsatz war beispielhaft, von den verschiedensten Seiten wurde er unterstützt, als Vorbild bewundert und verehrt. In Amerika wählte man ihn zum Mann des Jahres.

Er war gerade mal dreißig Jahre jung, als er eines Tages im Altarraum von vier Killern mit einundzwanzig Messerstichen brutal niedergemetzelt wurde. Sie raubten ihm die wenigen

Griwna, die er in der Tasche hatte, und verschwanden. Tatsächlich wurden die Banditen von der Polizei gefaßt und eingesperrt. Doch kurz darauf entließ man drei von ihnen wieder in die Freiheit, nur einer kam vor Gericht – offiziell angeklagt lediglich wegen Raub.

Zufällig begegnet uns noch am gleichen Tag in einer Gemäldeausstellung die Mutter von jenem Priester. Sie sieht uns vor dem Portrait ihres Sohnes stehen und spricht uns an. Und sie erzählt, daß es damals Kreise gab, denen es überhaupt nicht gefiel, was ihr Sohn machte.

„Das war ein politischer Mord!" sagt sie. „Man hat den Raub vorgetäuscht, um von dem eigentlichen Motiv abzulenken. Zwei der Banditen waren Profikiller, sie haben nichts dem Zufall überlassen."

Sie zeigt Zeitungsausschnitte und gibt uns ein Foto von ihrem Sohn. Es ist die Kopie aus einer Fernsehsendung vom 22.4.1995.

„Schreiben Sie darüber, die Menschen sollen erfahren, was hier wirklich passiert!" Ihre Stimme erstirbt. Schnell dreht sie sich um und geht eiligen Schrittes hinaus.

*13.7.*

Wir sind unterwegs auf See, um Fischerboote zu treffen. Nach zwei Stunden Fahrt pfeifen die Bordinstrumente. Wir müssen stoppen! Kein Kühlwasser fließt mehr.

Alvidas und Rollo schwitzen im Motorraum, nehmen die verdammte Pumpe auseinander, versuchen immer wieder erfolglos, die Maschine zu starten.

Inzwischen lassen Sascha und Sergei das Zodiak zu Wasser, und mit Hilfe des Außenborders und einer langen Leine probieren sie das Unmögliche: SOLVEIG abzuschleppen. Ohne Segel sind wir Wind und Strömung ausgeliefert und drohen auf die Felsen getrieben zu werden.

Langsam, ganz langsam kommen die achtzehn Tonnen in Bewegung, dank völliger Windstille. Doch das Zodiak hat keinen Kiel, und so fällt es schwer, einen bestimmten Kurs zu steuern. Außerdem könnte sich die Abschleppleine in dem Propeller des Außenborders verfangen. Dabei vollführt Sascha etliche akrobatische Kunststücke auf ungewohnter, schwimmender Bühne, um den Tampen freizuhalten.

„Laß mal den Motor an!" unterbricht Rollo unsere sportlichen Übungen. Seit über zwei Stunden drehen, schrauben, hämmern Alvidas und der Käpten bereits.

Ich starte wie geheißen, Rollo stürzt nach draußen.

„Ja – es kommt – das Wasser fließt!" ruft er erleichtert.

Alvidas wird als Held des Tages gefeiert, denn seinem Improvisationstalent haben wir diesen unerwarteten Erfolg – noch dazu an einem Dreizehnten (!) – zu verdanken.

Mittags. Wir stoßen auf zwei Fischerboote am Ende ihrer Arbeit. Das Ergebnis ist niederschmetternd: kaum Fische, dafür drei tote Delphine – ertrunken im Netz. Ganz „normaler" Beifang, erzählt man uns. Die Statistik von Brema kann ein weiteres Mal ergänzt werden. Zumindest arbeiten die Fischer mit dem Institut zusammen, im Gegensatz zu ihren französischen Kollegen, welche die Delphine, die sich in den Netzen verfangen, brutal aufschneiden, um sie dann unbeobachtet im Meer zu versenken.

„Vor einem Jahr hat die ukrainische Küstenwache wieder einmal einen großen türkischen Fischdampfer aufgebracht, der illegal vor der Küste fischte. 192 Delphine lagen als Beifang an Bord! Als sich die Türken weigerten, die ukrainischen Gewässer zu verlassen, wurde ihr Schiff von der Polizei kurzerhand versenkt!" berichtet Alvidas. „Die Crew hat überlebt."

Nachmittags arbeitet Rollo im Motorraum. Ich ziehe alleine los mit Film- und Fotokamera, um Balaklawa von oben aufzunehmen, und genieße die Einsamkeit. Jeden, aber auch jeden Tag etwa sechs bis acht Gäste an Bord zu empfangen kostet mit der Zeit Kraft. Dabei vergehen drei Viertel des Tages mit Bewirten, Spülen und Abtrocknen.

*14.7.*

Jalta ist unser nächstes Ziel. Wir fahren an der Datscha von Gorbatschow vorbei, müssen aber mindestens zwei Meilen Abstand einhalten. Durch das Fernglas können wir dennoch etwas erkennen: Seine Residenz ist wirklich vom Feinsten, ganz dicht an hohen Felsen gebaut mit direktem Blick aufs Meer.

10 Uhr. Unglaublich: Seit den drei Stunden, die wir an der Küste unterwegs sind, hat sich die Wassertemperatur von 11 Grad bei Balaklawa auf 22 Grad gesteigert. Sascha scheint etwas seekrank zu sein, jedenfalls ist er meist in seiner Kajüte, und gelegentlich hört man verdächtiges Husten.

Übrigens kommt der Name Jalta aus dem Griechischen. Als die Griechen vor der Küste der Krim trieben und sich mit einem Mal der dichte Schleier lichtete, riefen sie begeistert: „Jalita – Gerettet!" Auch das vorgelagerte Gebirge hat seinen alten Namen „Jalita" behalten.

10.30 Uhr. Ein einzelner Delphin kommt zum Boot, begleitet SOLVEIG ein Stück. Offenbar hat er seine Gruppe verloren, was mich nicht wundert bei den vielen Netzen, die hier seit zwölf Tagen liegen, ohne eingeholt zu werden. Heute werden die Fischer nur vier schaffen. Es ist schwer für mich, so direkt mit dem Ertrinken der Delphine konfrontiert zu werden.

12 Uhr. Am Kai im Hafen von Jalta. Über Funk hören wir, daß der Grenzschutz kein Auto hat, um zu uns an Bord zu kommen. Also werden wir wohl länger warten müssen.

Alvidas läuft zu Fuß los Richtung Hafengebäude. Dort steht an der Wand, sogar in zwei Sprachen – englisch und ukrainisch –, „Willkommen" geschrieben. Sonst allerdings keinerlei Hinweise, wo sich Zoll, Polizei, Einwanderung und Gesundheitsbehörde verstecken. Selbst für Einheimische ein kompliziertes Unternehmen, herauszufinden, was wo untergebracht ist.

„Deine Zunge führt dich nach Moskau" lautet ein russisches Sprichwort, und Fragen ist wirklich eine Hauptbeschäftigung unserer Freunde, die sich um die behördliche Seite unserer Reise kümmern. Im Vergleich zum deutschen Schilderwald sind wir hier in der Wüste gelandet. Auch auf touristische Sehenswürdigkeiten wie den Woronzov-Palast deutet keine einzige Tafel. Sergei hatte mindestens zehnmal gefragt, bis er am Ziel war.

Doch zurück zu Jalta: Gerade höre ich, daß auch der Grenzschutz uns noch nicht abfertigen kann, da sie kein Benzin haben, beziehungsweise kein Geld, um zu tanken.

14 Uhr. Alvidas kippt sein sechstes Glas Hochprozentiges herunter, ihm läuft die Zeit davon, denn er muß dringend zurück nach Laspi.

„Um in diesem Land zu überleben, mußt du Wodka trinken", bemerkt er lakonisch.

Ich selbst beschließe, so lange Mittag zu essen, bis die Behörde eintreffen wird. Kommentar von Sascha: „Da wirst du aber dick werden ..."

15 Uhr. Nach meinem dritten Glas Massandra-Wein erscheint die erste Abordnung. Und was wollen sie von uns? – Eine neue Crewliste!

Rollo aktiviert seinen Laptop (was täten wir ohne Computer?), während Sascha zum x-ten Mal Rollos Story mit bildhafter Untermalung des Weltumsegelungsprospektes zum besten gibt. Als Pressesprecher der SOLVEIG VII könnte Sascha inzwischen ohne Probleme seine Brötchen verdienen. Ich selbst habe mich in die Achterkabine verkrochen und höre alles von unten.

Am Ende der Einklarierung verabschieden sich die Beamten mit formvollendetem Handkuß von der Ehefrau des Skippers.

Später unternehme ich mit Sascha, genauso wie die russischen Touristen, die hier Urlaub machen, einen Spaziergang auf der langen, attraktiven Uferpromenade.

„Bei uns war früher immer die wichtigste Frage: ‚Wo fahren wir im Sommer hin? Nach Jalta oder Sotschi?'" fängt Sascha an zu erzählen und fährt fort:


**Er.** Das waren die beiden größten Kurorte am Schwarzen Meer der ehemaligen Sowjetunion. Der russische Zar hatte seinen Palast auf der Krim. Im Kaukasus, wo Sotschi liegt, gab es oft Unruhen, und die Offiziere der Zarenarmee fühlten sich bestraft, wenn sie an eine solche Stelle versetzt wurden.

Die Parteidatschen unserer Tage wurden auch meistens auf der Krim gebaut: Breschnew in Alupka nicht weit vom Schwalbennest und Gorbatschow in Faros – und Chruschtschow natürlich, der die Krim 1954 aus Begeisterung von der russischen Föderation an die Ukraine gegeben hat.

168

Die einfachen Leute hat diese historische Sache nicht berührt, sie haben die Krim als Urlaubsziel gewählt, weil sie nach vielem Wodka am Abend hier keine Kopfschmerzen bekommen haben. So kam es, daß auch ich mich in meiner Studentenzeit oft auf der Krim aufhielt. Das war eine Auszeichnung für gute Studenten in unserem Chabarowsk-Institut, wenn sie ein Praktikum weit entfernt von der Alma mater bekamen.

Sieben Tage durch die ganze Sowjetunion bis Moskau und dann noch zwei Tage von Moskau bis Simferopol. Das Praktikum für zukünftige Ingenieure in dem Elektrowerk von Simferopol war etwas ungewöhnlich.

Ich arbeitete dort als Träger, aber jedes Wochenende konnte ich mit dem Trolleybus nach Jalta fahren und das warme Salzwasser genießen, von dem ich in Sibirien nur gehört hatte.

Diese eine Nacht zwischen Sonnabend und Sonntag habe ich meistens am Strand verbracht, wo nach 1 Uhr kein Polizist mehr aufpaßte. Zwei Liegestühle ergaben ein Bett, das ich unter einem Sonnenschirm aufstellte. Nicht wegen der Sonne natürlich. In der Nacht wird es auf der Krim kalt. Und erst bei den wärmenden Strahlen der aufgehenden Sonne konnte man den Schlaf genießen.

Doch dann begann ein Alptraum. Elefanten polterten neben meinem Kopf mit  schrecklichen lauten Schreien. Dinosaurier sprangen auf mich wie Hasen. Ich schreckte hoch und wachte auf. Die Elefanten waren sportliche Touristen, die auf der Holzplattform, wo ich schlief, joggten und Gymnastik machten, und die Dinosaurier waren kleine Kinder aus großen Familien, die gekommen waren, um ihren Platz in der Nähe des Wassers zu belegen. Ich stellte sogar fest, wenn morgens jemand neben meinem Bett Gymnastikübungen machte mit tiefem Ein- und Ausatmen, dann war der Alptraum voll mit erotischen Szenen.

Vielleicht erschreckte auch ich die ersten Touristen, die mich sahen. Kannst du dir das vorstellen, wenn alle in der Badehose zum Strand laufen und jemand mit warmer Jacke und zwei Hosen – eine über der anderen – genau in die entgegengesetzte Richtung marschiert?

Zu dieser Tageszeit konnte man an der Promenade bei den kleinen weißen Wagen schon Lebensmittel kaufen. Damals gab es natürlich kein Mars oder Coca-Cola, aber ich war glücklich mit einem Brötchen und einer Flasche Limonade.

Die Verkäuferinnen haben wie ich ein Praktikum gemacht und kamen aus größeren ukrainischen Städten. Eine habe ich bei meinem Frühstück kennengelernt. Unter der noch nicht ganz heißen Sonne haben wir über alles mögliche gesprochen.

Ich war der einzige Käufer, und ich kann nicht vergessen, wie sie mich plötzlich fragte: „Hast du schon einmal jemanden geliebt?"

Ich erinnere mich nicht genau, was ich geantwortet habe, vielleicht „Ja".

Weil ich schon neunzehn und sie drei Jahre jünger war. Genau, ich habe gesagt: „Ja." Und nach einem inneren Kampf mit sich selbst sagte sie: „Und ich noch nicht!", und ganz plötzlich begann sie bitterlich zu weinen.

Bis jetzt kann ich diese junge Verkäuferin in ihrem weißen Kleid mit weißer Schürze, die ich mit ihren Problemen allein gelassen habe, nicht vergessen.


**Sie.** Sascha ist nachdenklich geworden. Längst begrabene Erinnerungen tauchen mit einemmal wieder auf, so, als habe er mit dem Mädchen noch gestern gesprochen.

Auf der SOLVEIG erwartet uns Rollo, und nach einem gemütlichen Tee an Bord mit frischgebackenen Plätzchen, die wir mitgebracht haben, steuern wir in den kleinen, aber feinen Bootshafen von Artek, nur fünf Meilen von Jalta entfernt. Hier liegen wir halbwegs geschützt, denn Jalta ist für ein kleines Boot zum längeren Verweilen ungeeignet.

Der Abend wird lang und immer länger. Wir sind eingeladen beim Hafenkapitän, einem ehemaligen russischen Marineoffizier, zu Champagner und Schokolade, und er weiß viele, viele Geschichten zu erzählen. Am liebsten trinkt er auf die Frauen.

„Frauen sind Segel, und wenn sie nicht mit Wind gefüllt sind, dann ist es nur Stoff. Meine lieben Männer, trinken wir darauf, daß in einem Segel immer der Wind spielen wird."

Klingt schön, lassen wir den Wind spielen ...

170

## 15.7.

Unbarmherzig und ohne Rücksicht auf meinen dicken Kopf steht um neun Uhr (ich dachte immer, nur wir Deutsche sind so pünktlich ...) die Touristikabordnung der Stadt Jalta am Kai, und per Kleinbus entführen sie uns nach Massandra zur Weinkellerei.

So recht fit fühlt sich keiner von uns dreien. Rollo hat die Nacht wegen Zahnschmerzen kaum geschlafen und will daher nichts, aber auch gar nichts mehr sehen oder gezeigt bekommen – von wem auch immer.

Außerdem hat Alexei angerufen und an Probleme ganz anderer Art erinnert. Bis jetzt habe ich sie erfolgreich verdrängt. Anfang August müssen wir unsere Reise für einen Monat unterbrechen. Rollo ist für Vorträge auf dem Segelschiff LILI MARLEEN in der Türkei engagiert worden, anschließend begleiten wir gemeinsam die HANSEATIC auf der legendären Nord-West-Passage. Wo soll da ein Problem sein? fragt man sich vielleicht. Doch unser Boot so lange allein zu lassen bereitet uns einen Teil der Kopfschmerzen, und außerdem muß mein Ticket nach Deutschland storniert werden. Es ist schon bezahlt und liegt in einem Reisebüro in Odessa. Nun hat sich herausgestellt, daß es keinen Direktflug gibt, sondern man bis Moldawien einen Bus nehmen muß! An der moldawischen Grenze seien die Formalitäten und Unsicherheiten aber so groß, daß in der Ukraine nur Witze darüber bekannt sind. Nach einer Stunde Nachdenken beschließen wir, lieber mit dem eigenen Boot nach Istanbul zu fahren, um von dort zu fliegen.

In den Kellergewölben der Weinkellerei kosten wir die guten Tropfen, bevor wir mit unseren Gastgebern den geschichtsträchtigen Platz der legendären Jalta-Konferenz in Liwadija aufsuchen. In diesem weißen Traumpalast, in dem die Zarenfamilie ihre glücklichste Zeit verbrachte und Nikolaus II. nach seiner Abdankung leben wollte, entschieden die Sieger des Zweiten Weltkrieges über die Zukunft Europas.

Später offizielle Begrüßung durch den Bürgermeister im Rathaus von Jalta, und danach spazieren wir zum malerisch gelegenen Haus von Tschechow. Das kleine Anwesen liegt inmitten eines Parks mit hohen Bäumen, vielen Büschen und seltenen Pflanzen.

171

Sein Haus wirkt auf mich so, als lebe er dort noch immer, selbst Mantel und Hut hängen wie selbstverständlich an der Garderobe.

Rollo läßt sich zum Boot bringen, während Sascha und ich in Jalta filmen und die Bordvorräte ergänzen. Sascha spricht eine fast blinde Frau an, die mit ihrer Freundin an einem kleinen Kiosk steht. Sie ist klein gewachsen, trägt eine Brille mit zentimeterdicken Gläsern. Ihre größte Sorge ist, daß wir für das russische Fernsehen arbeiten und die Tochter sie sehen könnte:

„Stellen Sie sich vor, meine Tochter sieht mich hier als Bettlerin stehen mit der ausgestreckten Hand!"

„Seien Sie unbesorgt", beruhigt Sascha, „wir machen Aufnahmen für das deutsche Fernsehen. Wir wollen wissen, wie Sie leben und atmen."

„Wir atmen, was wir bekommen können, am Siegestag zum Beispiel haben die Leute etwas bekommen, jeder zwanzig Griwna (ca. 20 DM, d. Verf.). Verspottet haben sie die Leute mit dem Geld! Zwei, drei Monatslöhne hätten sie verdient! Die ‚Helden des Krieges‘ bekamen solch erbärmliche Päckchen. Sie haben Hunger. Unsereins", und sie blickt auf ihre etwa siebzigjährige Freundin, „unsereins ist schon daran gewöhnt. Ganz streng – Tee trinken und ins Bett."

Sie wendet sich wieder zu uns: „Als ausgehungerte Leute plötzlich gegessen haben, gab es Herzinfarkte und Schlaganfälle. Sie sind es nicht mehr gewöhnt, sich satt zu essen. Man sagt, es ist schädlich. Lange haben sie nichts gegessen, und dann Suppe und Brei, vielleicht sogar Würstchen, und davon wurde ihnen schlecht. Sogar im Radio hieß es, daß die Notärzte am Siegestag kaum nachkamen, die Kriegsveteranen in die Krankenhäuser zu fliegen. Nach dem Hunger hatten sie ein bißchen gegessen, und es ist ihnen übel geworden."

„Und heute? Können Sie von Ihrer Rente leben?" fragen wir. Mittlerweile sitzen wir an einem runden Plastiktisch neben dem Kiosk, eine junge Bedienung bringt heißen Tee in Pappbechern.

„Ich esse auch ganz wenig. Nur ein paar Häppchen. Meine Rente ist klein, siebenunddreißig Griwna. Ich bin blind, damit komme ich nicht aus. Ich habe Hunger. Und was mache ich? Ich gehe in die Kirche. Wofür? Dort ist Barmherzigkeit. Ich singe im

Chor vom Blindenverein, manchmal bekommt man dort kleine Fischchen zu essen. Heute ist ein Glückstag. Ich habe eben im Chor gesungen, und wir haben ein Päckchen bekommen – Milch, Pastete, Buchweizen, Tee, Nudeln – alles für zehn Griwna – wir haben ja kein Geld, deshalb mußten wir es nicht bezahlen. Gott sei Dank! So leben wir."

„War es früher anders?" Sascha hat seine Kamera von der Schulter genommen und nippt am Tee.

„Früher", wiederholt sie lächelnd, „bei der Sowjetmacht haben wir wundervoll gelebt. Ja, man bekam alles für einen Rubel. Brot kostete sechzehn Kopeken, Kefir fünfzehn. Von der abgegebenen Pfandflasche konnte man einen Laib Brot kaufen. Alles war billig, Fischchen kosteten nur zwanzig Kopeken. Und dann kam Gorbatschow mit der Perestroika. Ich habe ihn selbst gesehen in Sewastopol, und immer habe ich gesagt, holt ihn weg von hier, er wird diese Perestroika machen. Nun, Sie sehen selbst, was aus mir geworden ist."

Es ist Spätnachmittag geworden. Langsam brechen wir auf.

„Bleiben Sie gesund", verabschieden wir uns, „hoffen wir, daß die Zukunft besser werden wird!"

Mit einer Fähre fahren wir zurück zum Boot. Das letzte Stück laufen wir zu Fuß, denn das Schiff hält nur in Gursuf. Ein Kleinod, das schon Anton Tschechow für sich entdeckte. Auf einem vorspringenden Felsen, direkt am Meer, baute er sich ein Häuschen und zog sich hierher zurück, wenn er ungestört arbeiten wollte. *Die drei Schwestern* sollen zum größten Teil in Gursuf geschrieben worden sein. Der Ort selbst liegt an einem steilen Abhang, an dem sich ein- bis zweistöckige buntbemalte Holzhäuser drängen. Enge Gassen und Treppen verbinden sie miteinander. Übrigens war Gursuf im 6. Jahrhundert eine byzantinische Festung, die mehrmals zerstört und wieder aufgebaut wurde.

Kaum haben wir unser Ziel, die SOLVEIG, erreicht, erscheint eine Journalistin, die eine Stunde lang Rollo nach allen Regeln der Kunst interviewt, mit Saschas Übersetzung, versteht sich.

Zuvor war Rollo zwei Stunden lang mit einer „Abordnung" von Aluschta beschäftigt gewesen, die gemeinsam mit ihm den morgigen Tag planen.

Langsam, aber sicher sehne ich mich nach ein bißchen mehr Freiheit über unsere eigene Zeit! Auch das Energiebündel Sascha ist kaputt und landet heute erstaunlich früh (24 Uhr) in seiner Koje.

*16.7.*

Inzwischen hat sich Rollo informiert wegen unserer Alternative Türkei. Der Rod-Heikel-Führer ist da eine unerschöpfliche Quelle. Da steht aber auch, daß die Istanbuler Marina-Preise gesalzen sind – bis zu 60 DM pro Tag – und es äußerst kompliziert sei, sein Boot allein zurückzulassen. Ohne Agentenhilfe schier unmöglich. So ändern wir erneut unsere Pläne und beschließen, trotz der Flug- und Transportschwierigkeiten, das Boot nun in Balaklawa zu lassen und von Simferopol aus zu fliegen.

Die Aluschta-Abordnung will bei unseren Problemen mit einem Reiseprofi helfen, und diesem gelingt es auch, unserem Reisebüro in Odessa klar zu machen, daß ich das Bus-Flug-Ticket nicht nehmen kann. Auf welchen Wegen oder besser Umwegen wir allerdings das vorausbezahlte Geld zurückerhalten werden, steht vorerst noch in den Sternen, denn über Banken läuft praktisch gar nichts. Geschäfte müssen persönlich und in bar abgewickelt werden.

Wir unternehmen einen Ausflug nach Aluschta, in das ehemalige Jagdrevier der Parteifunktionäre. Früher war es natürlich Sperrgebiet, heute steht es offiziell unter Naturschutz. Wir betreten Breschnews ehemaliges Sommerhaus und sprechen mit der Hausdame, die sich nunmehr seit über 25 Jahren um alles kümmert. Sie kennt natürlich die gesamte Politprominenz, die in ihrer Freizeit hier ein- und ausging. Doch mit Auskünften hält sie sich zurück.

Dafür scheint Sascha die Vorlieben jenes Funktionärs zu kennen. Breschnew liebte nämlich Orden.

**Er.** Goldene Orden wurden in der UdSSR nicht immer geschätzt. Außer dem goldenen Stern für den Helden der Sowjetunion waren alle anderen Orden aus Silber: Der Orden des roten Sternes war aus Silber, ebenso der Orden der roten Fahne, und sogar die

174

Medaille für den Sieg über den Faschismus mit dem Stalinprofil war aus Silber.

Aber danach begann die goldene Zeit. Und zwar mit dem Stern für den Helden der sozialistischen Arbeit. Dieses Abzeichen haben wirklich ganz einfache Arbeiter bekommen. Zum Beispiel sechzehnjährige Mädchen aus Georgien, die mehr Tee als andere gepflückt haben. Parteifunktionäre haben diesen goldenen Stern automatisch für ihre runden Jubiläen erhalten: sechzig, siebzig, achtzig.

Breschnew war keine Ausnahme. Am Ende des Krieges war er nicht einmal General und hatte keine goldenen Abzeichen. Doch im ersten Friedensjahr half er schnell nach und ließ sich zwei goldene Sterne für den Helden der sozialistischen Arbeit verleihen. Warum zwei? Weil zwei goldene Sterne die Berechtigung geben, in seiner Heimatstadt als Denkmal in Beton gesetzt zu werden. Als das Denkmal fertig war, begann Breschnew, zu neuen Horizonten aufzubrechen. Er war der einzige Mann, der sich in Friedenszeiten entgegen den Vorschriften fünfmal die Orden als Held der Sowjetunion verleihen ließ.

Natürlich muß man dafür einen Grund finden. Oder statt dessen gigantische Mengen von Kohle fördern oder den Lebensstandard des Volkes auf eine höhere Ebene bringen. Letzteres lag Breschnew näher. Zum Beispiel im Ideologiebereich der sogenannte hochentwickelte Sozialismus. Die Erklärung war ganz einfach. Das Land hatte zu lange im einfachen Sozialismus gelebt und erwartete den Kommunismus, der noch von Chruschtschow versprochen worden war.

Dieses Versprechen war 1960 gegeben worden, und zwar wörtlich: „Nach zwanzig Jahren werden wir im Kommunismus leben!"

Damit die Menschen die hereinbrechende neue Zeit auch fühlen konnten, in der alles umsonst sein und es kein Geld mehr geben sollte, bekamen sie in Kantinen und Cafés Brot wirklich ohne Bezahlung. Zu dieser Zeit wußte noch keiner, daß das Brot aus Kanada importiert und mit Gold bezahlt wurde. Das Leben wurde von Jahr zu Jahr teurer, und die Auswahl an importierten Waren reichte nur für den Bedarf der Parteibosse. Abgesehen davon, erklärte die offizielle Ideologie feierlich, daß wir im hochentwickelten Sozialismus lebten.

Genau in dieser Zeit mußte ich an unserem Theaterinstitut den wissenschaftlichen Kommunismus als Pflichtfach studieren. Unter den Studenten gab es einen Witz: „Was ist der hochentwickelte Sozialismus? Das ist eine Phase vor dem Kommunismus, in der das Geld noch nicht abgeschafft ist, aber es schon nichts mehr zu kaufen gibt."

Oder ein anderer, den Studenten immer in Form einer Prüfung zum besten gaben: „Was sind die Augenbrauen von Breschnew? Das ist Stalins Schnurrbart, aber auf höherer Ebene."

Für diese hohe Stufe des Sozialismus bekam Breschnew seine fünf Sterne, die er in einer Reihe an seiner breiten Brust trug. Aber der sechste Stern, das war schon klar, paßte nicht mehr in diese Reihe. Man mußte eine zweite beginnen.

Doch Breschnew war noch viel cleverer, und er begann, neue goldene Abzeichen von verschiedenen sozialistischen Bruderländern zu sammeln. Er war Held der DDR, von Polen, der Tschechoslowakei und vieler anderer europäischer Länder. Dann kam die Warteschlange für die Orden der afrikanischen Staaten. Logischerweise hoffte er auch auf den Friedensnobelpreis. Aber weil das nicht passierte, fand er einen Ersatz, und er bekam von irgendeinem Friedenskomitee, dessen Vorsitzender ein Inder und mit der UdSSR befreundet war, die goldene Medaille.

Diese Zeit des Goldrausches der Breschnew-Orden gab der Volkskunst der Witze Auftrieb. Wie finden Sie diesen?

Breschnew-Rede auf der Parteitribüne: „Gibt's Gerüchte, daß ich nach den goldenen Abzeichen verschiedener Länder süchtig bin? Das ist nicht wahr. Vor kurzer Zeit habe ich das höchste Abzeichen der Republik Mosambik abgelehnt — ein goldener Nasenring."

Diese Witze zu erzählen war natürlich gefährlich. Unsichtbare Ohren gab es überall. Eingebaute Mikrofone in Hotels, Kellner in Restaurants oder Priester in Kirchen. Die Leute des KGB waren überall, und nicht unbedingt freiwillig.

Auch darüber gab es einen Witz: „Was ist typisch für Amerikaner? In einer Gruppe sitzen Leute zusammen und sprechen über den Bankrott verschiedener Firmen. Einer ist von der Börse. Was ist typisch für Franzosen? Sie machen Gruppensex, und einer hat

36  Rollos Geburtstag: Große Freude über
    ukrainische Zinnsoldaten und Saschas
    Buch.

37  Die abwechslungsreiche Küstenlandschaft
    faszinierte SOLVEIGS Crew.

38  Und Sascha übersetzt, übersetzt ...

37

38

39

39  Das Kloster sah aus wie mit dem Messer in den Fels hineingeschnitten.

40  Kurs Abenteuer ...

41  Vergangenheit und Zukunft neben der SOLVEIG: zwei schrottreife Fischdampfer und gegenüber das neue Gebäude der zukünftigen Marina von Igor.

42  Der U-Boothafen von Balaklawa. So geheim, daß er nicht einmal in der russischen Seekarte eingetragen war.

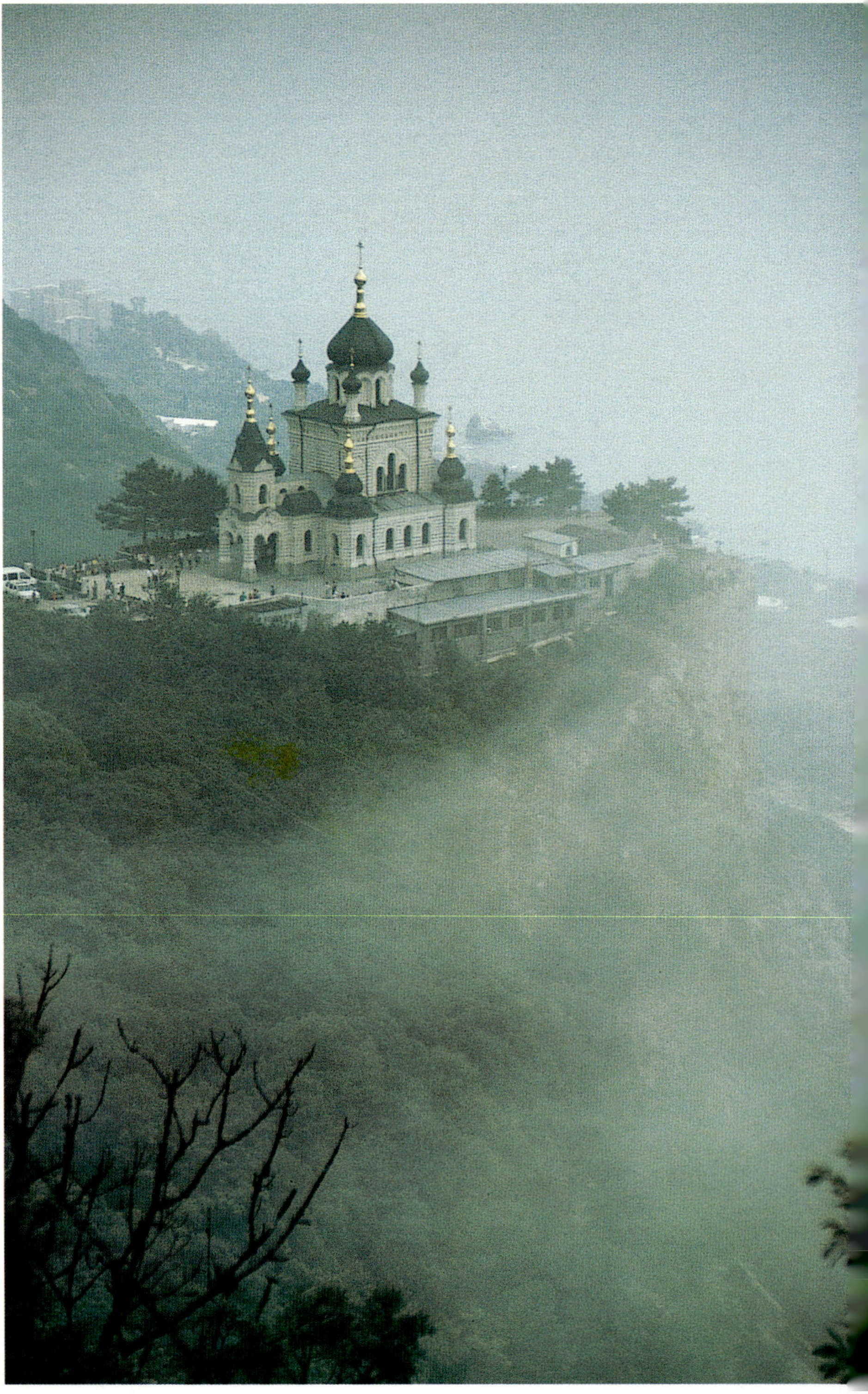

43 Auferstehungskirche von Foros. Hier wurde Vater Peter brutal niedergemetzelt.

44/45 Sudak. Der Rundgang durch die mehrere Kilometer umfassende Genueser-
Festung fiel nach dem reichhaltigen Mahl
mit Bürgermeister und Vizebürgermeisterin etwas kürzer aus.

46 Im geschützten Balaklawa lassen wir
SOLVEIG mehrere Wochen allein zurück.

45

46

48

49

47 Novi Swet, einer der landschaftlichen Höhepunkte unserer Krimreise.

48 Vor Balaklawa. Die Natur hat selbst dafür gesorgt, daß Hügel die Einfahrt zur Bucht verstecken.

49 Bierflaschen auf dem Markt sind mit farbenfrohen Etiketten beklebt und sorgfältig zusammengeschnürt, damit sie nicht gestohlen werden.

50 Edle Tropfen lagern in der Weinkellerei von Massandra.

Syphilis. Was ist typisch für Russen? Sie erzählen Witze, und einer ist vom KGB."

Mag sein, daß dieser Witz nicht besonders lustig ist, aber das russische Volk lachte trotzdem und bezeichnete dies auch nicht als schwarzen Humor.

Ob wir wußten, daß wir bestraft werden? Ja. Auch durch die Witze: „Ein ausländischer Journalist fragt Breschnew: ‚Stimmt es, daß Sie Witze über sich selbst sammeln?' ‚Ja, ich habe gerade das dritte Straflager fertiggestellt!' "

Als Breschnews Brust nicht mehr alles tragen konnte, was er angehäuft hatte, aber seine Wünsche noch immer nicht befriedigt waren, erhielten wir aus Presse und Fernsehen plötzlich die überraschende Nachricht, daß Breschnew das goldene Schwert verdient hatte.

Diese Waffe kann man am Gürtel tragen. Um sie zu bekommen, muß man in der Militärhierarchie den Rang eines Marschalls erreicht haben, der noch über dem General steht. Zu Breschnews Pech war immer noch nicht Krieg, aber das störte ihn nicht.

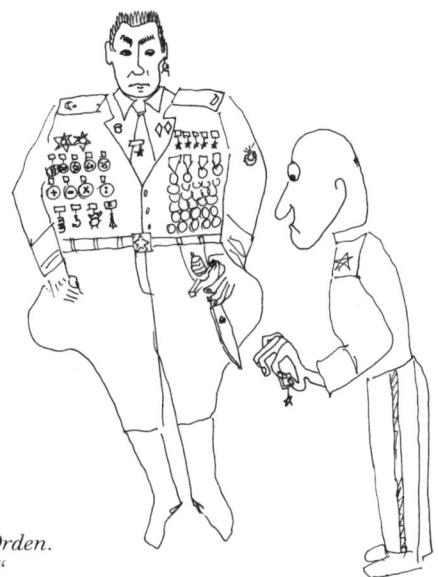

*Breschnew und die Orden.*
*„Aber wohin damit?"*

Schon als er solche Militärabzeichen hatte, verstanden nicht alle, warum, da er in der Armee eine ganz andere Aufgabe hatte, nämlich die politische Bildung der Soldaten. Doch dann erschien ein Buch, und wir alle waren verpflichtet, es zu lesen. Gott sei Dank war es nicht dick.

Trotzdem erfuhren wir zu unserer großen Überraschung, daß die wichtigste Schlacht nicht in Stalingrad stattgefunden hatte, sondern zufällig gerade dort, wo Breschnew als Politkommissar tätig war, am Schwarzen Meer. Kann sein, daß einige fragten, warum bisher kein Historiker über die wichtigste Schlacht geschrieben hat, aber wer hörte diese Frage bei den lauten Jubelfanfaren?

Es wäre unlogisch gewesen, wenn ein solches Buch keinen Preis erhalten hätte. Und natürlich war die höchste Auszeichnung, die es in der UdSSR gab, der Leninpreis. Auch das war eine goldene Medaille mit Leninprofil.

Alle wußten, daß für Breschnew selbst kleine Vorträge von einer speziellen Abteilung der Kommunistischen Partei geschrieben wurden. Es gab sogar einen eigenen Witz darüber: „Breschnew bestellt für die Parteiversammlung ein Referat, das zwanzig Minuten dauern soll. Er bekommt das Manuskript, geht auf die Tribüne und spricht zwanzig Minuten, dreißig Minuten, eine Stunde.

Nach dem Vortrag fragt er den Verantwortlichen: ,Das Referat war gut, aber warum haben Sie es so lang gemacht?' Der Mann antwortet: ,Aber wir haben Ihnen drei Kopien gegeben!' "

Niemand in der UdSSR hatte so viele Abzeichen. Breschnew war kein Literat, erhielt aber den höchsten Literaturpreis, er war kein Stratege, bekam aber eine goldene Waffe. Das einzige, was ihm noch fehlte, war der höchste Militärrang, so wie einst Stalin – Generalissimus. Und wissen Sie auch, warum er nicht Generalissimus wurde? Er konnte es nicht aussprechen.

**Sie.** Ich betrachte die Haushälterin des ehemaligen Ordenjägers und Parteiführers der Sowjetunion. Ihr Äußeres erinnert noch immer an alte Zeiten. Die blond gebleichten Haare hat sie zu einem Knoten zusammengebunden, und ihr rosa Kleid mit gestärktem Hemdkragen sitzt mit einem festgezogenen Gürtel so ordentlich um die etwas füllig gewordene Taille, daß ich das Gefühl habe, nichts auf der Welt wird jemals ihren heilen Glauben an vergangene Tage erschüttern.

Für sie ist die neue Zeit ein tiefer Bruch in ihrem Leben – damals war ihr Posten sicher einer der begehrtesten Jobs, den man bekommen konnte, und nun? Heute wischt sie Staub vom Schreibtisch ihrer einstigen Vorbilder und findet es sicher ungeheuerlich, daß Sascha und ich am alten Billiardtisch Breschnews die Kugeln ganz pietätlos hin und her rollen lassen.

Die kleinen Sünden bestraft – ja, wer eigentlich? – der Geist Breschnews vielleicht? – postwendend: Als wir am Spätnachmittag zur SOLVEIG zurückkehren, rutsche ich beim Sprung auf das Heck aus und ziehe mir eine ärgerliche und auch schmerzhafte Platzwunde am Schienbein zu.

Bis ich in die Koje falle, wird es mal wieder weit nach Mitternacht. An unserem Liegeplatz im Club erklingt noch Musik, der ganze Platz ist voller Lebenslust und Lachen. Täglich staune ich neu, wieviel Positives, wieviel Freude von den Menschen ausgeht.

## 17.7.

„Es ist leichter, hier eine Rakete zu kaufen, als ein Flugticket", sagt Sascha. Ich versuche eine Chronologie.

Heute morgen wollen wir mit unserem Boot nach Aluschta fahren, um in einem Reisebüro zu einem verabredeten Zeitpunkt unsere Ersatztickets zu holen. Nach einer halben Stunde werden wir von der Borderguard gestoppt. Grund: Sie wollen eine neue Crewliste! Zurück nach Artek, Crewliste ausdrucken und um 12 Uhr erneuter Start.

Inzwischen hat der Seegang erheblich zugenommen, und als wir zwei Stunden später in Aluschta eintreffen, gibt es keine Möglichkeit mehr, SOLVEIG irgendwo festzumachen. Der Holzkai ist überspült von dicken Brechern, völlig ausgeschlossen, hier anzulegen.

Mit einem halsbrecherischen Manöver, bei dem wir nicht nur einen Fender einbüßen, sondern auch SOLVEIG einige „Wunden" abbekommt, setzt Rollo Sascha und mich an Land.

Als wir nach einem Dauerlauf verschwitzt und abgehetzt in dem Büro eintreffen, sind weder die Tickets da, noch hat man irgendeine Idee, was sie, wenn sie denn eintreffen, kosten werden. Da wir bar bezahlen müssen, ist es notwendig, vorher den entsprechenden Betrag in ukrainische Griwna zu wechseln.

Natürlich wollen wir nicht mehr als unbedingt erforderlich eintauschen.

In dem zwei mal zwei Meter großen Raum, in dem gerade mal ein kleiner Schreibtisch, ein Telefon und ein nicht mehr ganz frisches Plakat mit dem Pariser Eiffelturm Platz haben, heißt es für uns erst einmal warten, warten, warten.

Normalerweise glaube ich, von der Natur mit reichlich Geduld ausgestattet worden zu sein, aber zu diesem Zeitpunkt fühle ich, daß aus einem kleinen Problem ein ernstes werden könnte, denn mit dem Verstreichen weiterer Minuten nehmen auch Wind und Seegang ständig zu, und die Wahrscheinlichkeit wird immer größer, daß Rollo uns nicht mehr aufpicken kann, ohne erhebliche Schäden am Boot zu riskieren.

Als ich dem Agenten vorschlage, die ganze Aktion auf den nächsten Tag zu verschieben, erfahre ich zu meinem Erstaunen, daß es in diesem Büro für ihn kein Morgen geben wird. Warum? Ganz einfach.

Morgen werden hier andere Leute arbeiten, die nichts, aber auch gar nichts mit dem einen Reisebüro zu tun haben. Jeden Tag, manchmal auch jeden halben, wechseln alle Schreibtische und Telefone ihre Benutzer, Raum ist kostbar und Geld bei fast allen Firmen knapp.

Sascha, der auch seinen Rückflug nach Moskau organisieren muß, wird schließlich selbst aktiv, nimmt den Agenten bei der Hand und verschwindet mit ihm in ein anderes Zimmer gleicher Größe, in dem ein etwa zwanzigjähriges, langhaariges Mädchen im flotten Minirock hockt, welches nach längerem Hin und Her endlich den Telefonhörer ergreift.

Langsam und sorgfältig wählt sie irgendwelche Nummern, hängt den Hörer wieder ein, blättert dann wahllos in Papieren und versucht schließlich erneut ihr Glück, die Tarife zu erfragen. Da meistens belegt ist, vergeht eine ganze Stunde, ohne daß wir am Ende die Preise kennen. Sascha hat keine andere Wahl, er muß das Ticket vor seinem Abflug direkt am Flughafen besorgen.

Als wir um zweieinhalbtausend Mark leichter, aber ohne Flugscheine schließlich am Kai wieder eintreffen, empfängt uns wilde Brandung, Brecher überschütten die morsche Holzpier – völlig ausgeschlossen, an Bord zu springen.

„Ich kann euch nicht holen!" schreit Rollo. „Versucht, ein Boot zu finden, von dem ihr auf See überspringen könnt!"

Schöne Aussichten! Wir laufen zur Rettungsstation, die etwa fünfhundert Meter entfernt liegt. „Könnt ihr uns zu dem schwarzen Schiff dort draußen bringen?" fragt Sascha einen der drahtigen Schwimmer im schwarzen Tauchanzug, der gerade dabei ist, Boote an Land zu ziehen, um sie vor dem Sturm zu sichern. Nur ein kleines Wassermotorrad tanzt noch in der aufgewühlten See.

Verwundert mustert er uns von oben bis unten, denn mit unseren langen Hosen und Blazern wirken wir nicht gerade professionell ausgerüstet für eine Spritztour auf dem wackeligen Motorrad.

Ich vermute, daß Sascha ihm inzwischen unsere mißliche Situation geschildert hat, denn für kurze Zeit verschwindet der Taucher, um mit einer Plastiktüte zurückzukommen, in die wir Geld und Pässe verpacken und zu einem festen Päckchen verschnüren. Sascha gibt mir die Tüte.

„Ich fahre zuerst, und wenn alles gutgeht und ich es schaffe, auf die SOLVEIG zu klettern, kommst du mit den Dokumenten nach!"

„Okay!"

Eine bessere Idee fällt mir nicht ein, außerdem habe ich das Gefühl, in dem pfeifenden Wind überhaupt keinen klaren Gedanken mehr fassen zu können.

Der Taucher wartet bereits mit seinem schwimmenden Untersatz, und ehe ich mich versehe, düsen die beiden mit erheblichem Getöse ab Richtung SOLVEIG, die als schwarzer Fleck ziemlich weit draußen hin und her tanzt. Es sieht wild aus, wie das Motorrad immer wieder hinter den Brechern vollständig verschwindet, für Sekunden nicht zu erkennen ist.

Nach unendlich langer Zeit sehe ich eine Gestalt am Heck unseres Schiffes, fast im gleichen Augenblick taucht das Motorrad vor mir in der Brandung auf.

„Na gut, das ist mein Törn!" murmle ich und verstaue die Plastiktüte unter dem T-Shirt.

Auf so einem Ding über das Wasser zu brausen war bisher unter meiner Würde. Ehrlich gesagt, haben mich diese Höllenmaschinen immer genervt, am liebsten hätte ich sie jedesmal eigenhändig versenkt, wenn sie an einem unserer romantischen Ankerplätze zum hundertsten Male mit riesigem Geknatter unser Boot umkreisten.

Der Ritt über die Wellen war nicht von schlechten Eltern, offenbar wollte mein Fahrer zeigen, was sein motorisierter Drahtesel so alles draufhat. Vor jeder Welle flogen wir in ungeahnte Höhen, um danach mit voller Wucht auf die Wasseroberfläche zu knallen. Sich auf diese Weise auf dem Wasser vorwärtszubewegen wird für mich bestimmt nie besonders erstrebenswert sein.

Krampfhaft halte ich den inhaltsschweren Plastikbeutel in der einen Hand, während ich mit der anderen versuche, den Bauch meines dynamischen Fahrers zu umkrallen.

*„Haaalt!"*

Sascha steht am Heck der SOLVEIG, bewaffnet mit einem Boots-
haken, und nach zwei vergeblichen Anläufen meines Fahrers kann
ich endlich die Tüte mit Pässen und Geld ans Ende der Stange
hängen.

Offenbar ist jene Tüte das Wichtigste für den Kapitän. Denn
als ich selbst ins Wasser springe, bleibe ich erst einmal dort. Rollo
gibt Gas und fährt weiter.

Mein Kavalier braust zurück, ich klettere auf seinen Rücksitz,
erneute Anfahrt Richtung SOLVEIG, die unbeirrt von uns weg steuert. Doch jetzt – endlich – stoppt Rollo, und mit einem „Spasiva
– Dankeschön" springe ich mit meinen nassen Klamotten zum
zweitenmal in die aufgewühlte See.

Wie Blei hängen die Stoffetzen am Körper, nur mit viel Kraft kann
ich Arme und Beine bewegen. Endlich – die rettende Badeleiter!

Im Schiff sieht es aus wie nach einem Überfall: aufgesprunge-
ne Schapps und herausgezogene Schubladen, dessen ausgeleerter
Inhalt nun im Seegang hin- und herrollt. Zerbrochenes Glas, um-
gekippte Flaschen, auch der kleine runde Abfalleimer in der Pantry hat sich selbständig gemacht und seine Essensreste samt leeren Konservendosen gerecht auf dem Boden verteilt.

Sascha ist sehr blaß und wird noch blasser, als Rollo aus dem
Seehandbuch vorliest, daß unser nächstes Ziel – Sudak – keinen
geschützten Hafen zu bieten hat.

Das darf doch nicht wahr sein! Langsam habe ich das Gefühl,
daß es an der Krimküste nur einen geschützten Platz für Schiffe
gibt – und das ist die ehemalige U-Boot-Basis in Balaklawa! Im
Augenblick gäbe ich viel darum, wenigstens für eine Minute dieses ständige Schlingern und Schaukeln abzustellen, einfach mit
einen Schalter, so, wie man Licht an- und ausknipst!

„Vielleicht liegen wir in dieser Bucht halbwegs vor den Wellen
geschützt!" unterbricht Rollo meine Träume und fährt mit seinem Finger auf der ausgebreiteten Seekarte am Küstenverlauf
entlang, bis er an einer winzigen gewellten Linie innehält.

Novi Swet, steht da geschrieben. Wir werden sehen. Im Grunde ist diese Bucht unsere einzige Hoffnung, wenn wir nicht wie
der „Fliegende Holländer" Nacht und Tag auf dem Meer weiterfahren wollen.

Nach einer sehr ruppigen Überfahrt, gewürzt mit ständigen Funkkontakten zur allgegenwärtigen Küstenwache, die Saschas Seekrankheit nicht unbedingt verbessern, fällt um 18 Uhr in jener Bucht in der Nähe von Sudak endlich SOLVEIGs Anker. Fischerboote haben hier bereits Schutz vor dem Sturm gesucht. Für uns alle gibt es nur noch einen Gedanken: essen und schlafen!

Nach zehn Minuten kreist ein kleines offenes Schiff in der Bucht.

„Hol schnell die Filmkamera!" ruft Rollo aufgeregt, während er das Fernglas fest an seine Augen drückt. „Sieh nur, die phantastischen Trachten, das ist bestimmt eine Hochzeit!"

Etwas unwillig unterbreche ich meine Essensvorbereitungen und klettere über den Niedergang ins Cockpit. Erst einmal sehe ich gar nichts, außer einem dunklen Fleck, der immer größer wird.

„Komisch, die fahren direkt auf uns zu!" wundert sich Rollo.

Sascha, der seit unserer Ankunft mit seiner Fotokamera aus jeder nur erdenklichen Perspektive die romantische Bucht mit ihren imposanten Felsen fotografiert und gar nicht mehr seekrank ist, zwinkert mit einem Auge, sagt aber nichts.

Inzwischen hat sich die „Hochzeitsgesellschaft" bis auf wenige Meter der SOLVEIG genähert.

In dem kleinen blauen Motorboot entdecke ich jetzt drei hübsche junge Mädchen, jedes in einer anderen, farbenprächtigen Tracht, und weitere gutgekleidete Damen sowie ein schlanker, jungenhaft wirkender Mann mit Bürstenhaarschnitt, der am Bug steht und uns etwas zuruft.

„Das ist der Bürgermeister von Novi Swet, und sie haben zu Ehren deines Besuches diese jungen Mädchen in ihrer Originaltracht mitgebracht", übersetzt Sascha und grinst verschmitzt. „Dürfen sie an Bord kommen?"

„Aber woher wußten sie?" stottert Rollo verwirrt.

„Das Überwachungsnetz der Borderguard ist lückenlos!" bemerkt er trocken.

Zur Begrüßung bekommt der Käpten von der schönsten Jungfrau einen großen, runden Hefekuchen überreicht, der in ein handgewebtes weißes Leinentuch mit rotschwarzen Ornamentzeichnungen eingewickelt ist.

Tatsächlich, so erfahren wir später vom Bürgermeister, sind wir auch hier die erste ausländische Yacht, und ich spüre, wie stark ihn dieses Ereignis berührt. Auch Rollos Müdigkeit ist mit einemmal verflogen, kein Wunder, beim Anblick von soviel charmanter Weiblichkeit. Die jungen Mädchen mit ihren Trachten vertreten symbolisch die drei wichtigsten Volksgruppen auf der Krim: Ukrainer, Russen und Tataren. Wenn das keine Toleranz ist!

Übrigens gehört die weibliche Begleitung des Bürgermeisters zu dem Nachbarort Sudak, wo wir ursprünglich hätten anlegen sollen. Als man dort von der Änderung unserer Pläne erfuhr – „die Überwachung der Borderguard ist lückenlos ..." – , stieg die Abordnung der Stadt kurzfristig mit ein in das Boot von Novi Swet, gemäß der Devise: „Wenn ihr es nicht schafft, zu uns zu kommen, dann kommen wir eben zu euch!"

Nach diesem Motto verfährt heute abend auch der Bürgermeister, der uns eigentlich in sein Haus zum Abendessen einladen wollte. Rollo lehnt ab, da er unter gar keinen Umständen SOLVEIG bei diesem Wetter und in der Dunkelheit allein lassen will. Und so erscheinen Wladimir und seine Frau zwei Stunden später wieder auf der SOLVEIG, vollbepackt mit Wein, Bier und gegrilltem Fleisch.

Leider wird seiner sympathischen Gefährtin durch das ständige Rollen vom Schiff so übel, daß beide kurzfristig unser Beisammensein abbrechen müssen, um eiligst zum rettenden Ufer zurückzufahren. Schließlich bleiben wir drei allein zurück, und unter den hämmernden Technoklängen zweier Diskotheken, die ihre Lautsprecher offenbar einem Härtetest unterziehen wollen, stürzen wir uns mit Heißhunger auf die mitgebrachten Köstlichkeiten des Bürgermeisters.

Sascha ist nach dem Essen völlig geschafft, träumt von Stabilisatoren und überlegt ständig neue technische Varianten, wie man das Schaukeln des Bootes mindern könnte.

**18.7.**

Welch ein Tag! Dieser Ausruf paßt auf dieser Reise oft, aber heute haben wir zusammen mit Bürgermeister Wladimir eine sensationell schöne Wanderung in die Nachbarbucht unternommen. Hinreißende Landschaft, Felsformationen, die an Moorea erinnern.

Wenn das Wetter mitspielt, wollen wir morgen mit dem Boot dort ankern.

Sascha erzählt, daß Wladimir früher bei der Polizei gearbeitet hat und als einer der wenigen Amtsträger hier erfolgreich gegen die Machenschaften der Mafia kämpft.

Am späten Vormittag sind wir mit ihm zur Champagner-Probe eingeladen, bei der auch Rollo ausnahmsweise schwach wird. Dieser Sekt würde viele französische Champagner vor Neid nicht mehr sprudeln lassen, wenn man ihm auf dem Markt eine Chance geben würde.

Leider wird nach Deutschland nur eine einfachere Sorte – semi dry – exportiert, daher erhält man die wirklich edlen Tropfen nur auf der Krim.

Fürst Galizien, der die Fabrik gegründet hat und dessen Lebenslauf ein eigenes Buch füllen würde, war Pionier auf diesem Gebiet.

Über ihn gibt es ebenso viele Legenden wie wahre Geschichten. Wahr aber ist, daß er die Technik der Champagner-Herstellung in Frankreich gelernt und nach seiner Rückkehr versucht hat, mit den verschiedensten Traubensorten zu experimentieren.

So gehört die Fabrik in Novi Swet zu den letzten vier in ganz Rußland und der Ukraine, in denen die entscheidenden Prozesse noch mit der Hand ablaufen. Das bedeutet zum Beispiel, daß jede einzelne Flasche vor dem Verkauf dreihundertsiebzigmal in die Hand genommen wird.

Auch das Hin- und Herschütteln für den Gärungsprozeß geschieht per Hand. Über sieben Millionen Flaschen lagern heute in den dunklen, feuchten Kellergewölben.

Man erzählt sich, daß Fürst Galizien 1896 Zar Nicolai II. in Klein-Nowgorod besuchte und ihn Champagner aus Novi Swet kosten ließ. Danach fragte er den Zaren, ob der Wein ihm auch munde. Er fragte ein erstes Mal, und der Zar erwiderte: „Ja." Er fragte ein zweites Mal, und wieder sagte der Zar: „Ja!" Und schließlich beim dritten Mal: „Ja, dieser Champagner ist hervorragend!" Daraufhin erhielt dieser edle Tropfen einen neuen Namen: Krönungswein. „Wenn Ihnen ein Wein einmal nicht schmecken sollte, bekommt er den Namen Ihres Finanzministers!" verabschiedete sich Galizien vom Zaren.

Der Champagner soll auch für die Namensgebung der Stadt verantwortlich sein. Nachdem der Zar von dem köstlichen Getränk reichlich genossen hatte, meinte er mit leuchtenden Augen: „Jetzt sehe ich die Welt in neuem Licht – neue Welt – Novi Swet."

Als ich unsere Führerin nach Tips frage, wie man offenen Champagner am besten aufbewahrt, erwidert sie einfach: „Nicht aufheben – trinken!"

Tatsächlich kann man Champagner aus Novi Swet nach vierundzwanzig Stunden immer noch genießen – normaler Sekt, der nach deutscher Methode hergestellt wird, hält sich gerade mal zwei bis drei Stunden. Kein Wunder, denn meine Landsleute haben zwar die schnellste, aber nicht unbedingt beste Sektproduktion entwickelt. Auch das erfahre ich auf der Krim. Ich werde den Verdacht nicht ganz los, daß die Menschen hier auch in anderen Bereichen mehr über Deutschland wissen als die meisten Deutschen.

In Sudak treffen wir die hübschen Damen von gestern und werden einem weiteren Bürgermeister vorgestellt. Das Mittagessen beeinhaltet, wie in den vergangenen Tagen, alles vom Feinsten und Besten, was die hiesige Küche zu bieten hat: Muschel- und Tintenfischsalat, Suppe, Aufschnitt, Tomaten, Gurken, Melonen, Weintrauben, Birnen, Äpfel, irgendeine Vorspeise mit kleinen Pilzen in einer Rahmsauce, gegrillter Fisch mit Gemüse, Champagner aus Novi Swet und natürlich reichlich Wodka.

Der Nachtisch Eis und Kaffee, und als Nachtisch zum Nachtisch besichtigen wir die alte Genueserfestung. Von der hübschen Vizebürgermeisterin erfahren wir, daß jeder Konsul während seiner Regierungszeit die Festung weiter ausbauen mußte, so trägt heute jeder Turm den Namen eines Konsuls.

Alles in allem eine wirklich imponierende Burg, trotzdem ist unser Bedürfnis nach kulturellen Kostbarkeiten nach diesem Festgelage noch nicht wieder zu vollem Leben erwacht, und der Rundgang durch die mehrere Kilometer umfassende Anlage fällt etwas kürzer aus.

„Wie werden diese Festessen eigentlich bezahlt?" frage ich Sascha, als wir bei unserer schwimmenden Behausung wieder eintreffen.

„Gar nicht!"

„Was heißt gar nicht?"

„Nun, das System ist ganz einfach. Niemand hat Geld. Auch die Stadt nicht. Also erhält der Wirt keine Bezahlung, doch dafür die Erlaubnis, sein Restaurant weiterzubauen. Im Prinzip wird immer das eine gegen das andere ausgetauscht. Der Ehemann der Vizebürgermeisterin zum Beispiel hat beim Militär einen hohen Rang, so wird der Bürgermeister niemals etwas unternehmen, was den Interessen des Militärs entgegenläuft. Verstehst du?" beendet Sascha seinen Kurzvortrag zum Thema „Überleben ohne Geld" oder besser „Hilfst du mir, helf' ich dir"...

Dank der Fürsprache einer der weiblichen Stadtabgeordneten erscheint dann auch am Abend ein junger Mann von der Borderguard persönlich an Bord und gibt uns auf einem der zahlreichen Dokumente, die Rollo hervorzieht, eine Art „Blanco-Stempel". Das bedeutet, wir können, wann immer wir wollen – außer nachts, da herrscht an der Küste Fahrverbot –, unsere Reise fortsetzen, ohne persönlich auszuklarieren.

Ganz neue Gefühle! So eine Mischung von Freiheit und Erstaunen!

Leider muß Sascha in zwei Tagen nach Moskau zurückfliegen, wir werden also entweder allein oder mit Alexei weiterfahren.

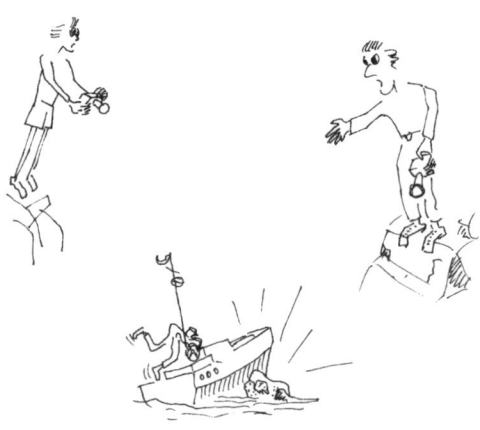

*Rollo findet das schönste Fotomotiv.*

19.7.
Ein Tag ganz ohne „Programm"! Halleluja! Wir sind unter uns!

Anker auf, und wir verlegen in die benachbarte malerische Piratenbucht. Wetter wie aus dem Reiseprospekt. So heißt unser eigenes Programm für heute: Fotografieren und Filmen.

188

Vor lauter Begeisterung ob dieser ungeahnten Möglichkeiten und Bildperspektiven rammt Rollo einen Unterwasserfelsen.

Sascha und ich fotografieren das Boot gerade von Land aus, als wir auf einmal den dumpfen Aufprall hören. Vor Schreck wäre ich beinahe mit der ganzen Fotoausrüstung der Länge nach hingefallen, als ich sofort ohne nachzudenken den kleinen Pfad nach unten renne. Als ob ich irgend etwas helfen könnte!

Was für ein Anblick: Bug oben, Heck unten. Es sieht beängstigend aus.

Ich habe einen Schock, verfluche die verdammten Fotos. Filme dann trotzdem das Malheur, weil es ja jetzt schon egal ist.

Schwarzer Rauch tritt aus dem Auspuff aus, als Rollo den Rückwärtsgang einlegt, aber SOLVEIG rührt sich nicht, sie „klebt" förmlich auf dem blöden Ding, schwankt dabei aber beachtlich. Unter Deck herrscht vermutlich ein einziges, riesiges Chaos!

Mit dem Zodiak rudern wir zum Boot zurück, dessen Käpten in altbewährter Weise völlig die Ruhe behält. Dennoch blicken wir drei wohl ziemlich ratlos in die Bucht der Piraten, als Sascha plötzlich leise sagt: „Ich glaube, eine Welle hat geholfen!"

Und tatsächlich, ohne daß wir es sofort bemerken, hat eine größere Dünung gute Arbeit geleistet und ganz sanft das geschafft, was den 150 PS nicht gelungen ist: SOLVEIG schwimmt wieder auf tiefem Wasser. Nachtrag: Als wir später das Schiff an Land heben ließen, fanden wir nicht die kleinste Beule im Schiffsrumpf – den niederländischen Stahlverarbeitern sei Dank!

Nach einem Mittagimbiß mit etwas weniger Tischgesprächen als sonst und einer Viertelstunde Ausruhen hören wir verdächtiges Klopfen an der Bordwand – und wer klettert die Badeleiter herauf? Der Bürgermeister von Sudak mit Sohn und Vizebürgermeisterin. Woher wissen sie? „Die Überwachung der Borderguard ist lückenlos"...

Nach einem ausführlichen Vergleich zwischen französischem Champagner und jenem von Fürst Galizien – mit welchem Ergebnis wohl? – packen der ukrainische Amtswürdenträger und sein Sohn die Badehosen aus und springen mit einem eleganten Kopfsprung von der Reling aus ins Wasser. Eine Premiere auf der SOLVEIG!

Aber auch wir selbst gehören schon zu den Attraktionen der Bootsrundfahrten für russische Touristen. Immer wieder tönt es aus den Lautsprechern: „Yacht Germanski ..." Und dann werden wir umkreist und wie Exoten bestaunt.

Wir bringen unsere Gäste nach Sudak, und da der Schwell etwas nachgelassen hat, können wir für zehn Minuten mit Hilfe von Buganker und Heckleine an der Pier festmachen. Nach vielen Umarmungen und Versprechungen, einmal wiederzukommen, geht es anschließend zurück in unseren Schlupfwinkel der Piratenbucht.

Der letzte Abend mit Sascha ist angebrochen. Alle sind traurig, wir trösten uns mit lustigen Odessa-Liedern vom Band und Zukunftsplänen für den nächsten Sommer. Saschas Beobachtungsgabe, kombiniert mit blitzschnellem Reagieren, haben den Film um viele spontane Szenen bereichert. Vor seinem scharfen Blick bleibe aber auch ich nicht verschont und bin verblüfft, als ich folgendes über mich lesen muß:

**Er.** Ich war wirklich überrascht, als ich herausfand, daß Sherlock Holmes nicht weiß, ob die Erde sich um die Sonne oder die Sonne um die Erde dreht. Und als ich es ihm sagte, antwortete er mir:

„Und was bedeutet das für mich? Wie kann ich dieses Wissen für meine Arbeit nutzen? Bedenken Sie, das Gehirn der Leute ist ein kleines Dach. Nur ein Dummkopf bringt alle möglichen Sachen auf dieses Dach. In diesem Chaos findet er nie etwas Wichtiges."

Ich war erstaunt, daß Angelika viele Ähnlichkeiten mit Sherlock Holmes hat. Einmal funkelten über unseren Köpfen unglaublich viele Sterne. Wir saßen im Cockpit mit nach oben gestreckten Gesichtern, und ich fragte zum Spaß, wo Norden ist? Und ich war wirklich überrascht, als sie zu überlegen begann. Sie kann den Polarstern nicht finden.

„Das ist für mich nicht so wichtig, Rollo ist der Navigator."

„Und diese Frau hat eine Weltumsegelung geschafft!" blitzte es durch meinem Kopf.

Ein anderes Mal war ich Zeuge, wie Angelika parallel sprechen und mit ihren Gedanken weit weg sein kann. Wir sprachen über Gauguin, als sie plötzlich sagte, daß er so bekannt sei wie Nolde.

„Aber ich kenne keinen Nolde!" Meine Augenbrauen gingen automatisch nach oben.

„Du kennst Nolde nicht?" Ihre Überrschung war so ehrlich, daß ich mich sofort als Vollidiot fühlte.

„Nolde, mit dem abgeschnittenen Ohr."

„Meinst du vielleicht van Gogh?" fragte ich vorsichtig nach.

„Ja, natürlich, van Gogh." Mit diesem Satz kam Angelika mit ihren Gedanken von irgendwoher endlich zu unserem Gespräch zurück ...

# „Versuchen wir es noch einmal"

**Sie.** Am Strand warten bereits Alexei und Sohn Alioscha, die per Anhalter aus Simferopol gekommen und seit vier Uhr früh auf den Beinen sind. Sascha wiederum hat dank seiner Flirt-Aktivitäten mit der Vizebürgermeisterin aus Sudak einen Autotransfer für sich zum Flughafen organisieren können, der pünktlich eintrifft.

Nach dem Abschied besorge ich zusammen mit Vater und Sohn einige Vorräte für die Weiterreise, und abends fahren wir in eine zweite Bucht, gleich neben den „Piraten". „Blaue Bucht", so ihr Name. Wir liegen hier wesentlich ruhiger als gestern, doch bringen mich sehr kräftige, an der Ankerkette reißende Windböen um den Schlaf.

*22.7.*
Rollo ist wie besessen, SOLVEIG in allen erdenklichen Positionen zu fotografieren. Alexei und Alioscha unternehmen eine Wanderung ins Gebirge, während wir arbeiten.

Am Strand treffe ich auf ein paar junge Typen, die als Aufpasser von der Regierung eingesetzt wurden, um Waldbrand zu verhindern – Oleg, Juri, Valodia, Tolic und Sergei, der Chef der Gruppe.

Nur zwei von ihnen werden, theoretisch, bezahlt, denn seit nunmehr sechs Monaten ist das Geld – umgerechnet 80 DM pro Monat – vom Staat ausgeblieben.

192

So verkaufen sie Bier und Wein an die wenigen Gäste, die sich am Strand tummeln. Nebenbei ist Novi Swet der „In-Ort" für Moskau-Touristen.

Vor einem Monat haben die Jungens eigenhändig ein Camp aus Natursteinen gebaut, dazu noch eine kleine Umkleidekabine. Sergei ist auch Poet und zeigt mir sein Gedicht über das Paradies – so wird dieser Platz genannt. Oleg spricht etwas Deutsch und erzählt über die wachsenden Schwierigkeiten, die sie als Naturschützer gegenüber den Geschäftemachern haben, welche den Platz kommerziell nutzen wollen.

Am Nachmittag versuchen wir erneut, die Frage „Wie kaufe ich ein Flugticket?" zu beantworten. Dazu fahren wir zurück nach Novi Swet, um Igor telefonisch zu erreichen und ihn nach dem Fortschritt dieser Aktion zu befragen. Igor aber ist nicht zu Hause. Zum Trost wollen wir Wein direkt vom Faß der Champagner-Fabrik, das im Freien aufgestellt ist, besorgen. Leider haben wir keine leeren Flaschen dabei.

Dies bemerkt ein Mann, der selbst geduldig in der Schlange wartet.

„Nimm diese!" sagt er einfach, drückt mir seine leere Flasche in die Hand und verzichtet selbst auf den Einkauf des Weins.

Unglaublich! Für den Gast, den Ausländer, tut man hier mit der größten Selbstverständlichkeit einfach alles, das ist ganz normal, alltäglich.

Als er von Alexei erfährt, daß wir aus Deutschland kommen, umarmt er Rollo plötzlich und stammelt: „Dich schickt der liebe Gott!"

Für viele Menschen bedeutet das Zusammentreffen mit uns „Westlern" einen Hoffnungsschimmer, nicht vergessen zu werden von der „wirklichen" Welt und den sogenannten Anschluß – was immer sie darunter verstehen mögen – doch noch zu schaffen. Täglich wundere ich mich mehr, was den Menschen alles einfällt, um aus eigener Kraft in diesem Regierungs- und Verwaltungschaos zu überleben! Es gibt viele kleine Gruppen, Freunde, die zusammenhalten, sich gegenseitig helfen, zusammen lachen und weinen, alles miteinander teilen, sich gegenseitig vertrauen.

Abends starten Alexei und sein Sohn von der Blauen Bucht zu Fuß nach Novi Swet, um wegen der Tickets Freund Igor noch einmal anzurufen. Eine Stunde Weg hin und zurück – und Igor war wieder nicht zu Hause!

### 23.7.

Kap Karadak ist unser heutiges Ziel, wo sich auch ein sogenanntes „wissenschaftliches" Delphinarium befindet, das Alexei uns zeigen will. Ein weißer, viereckiger Bau mit schmalen, langen Fenstern in vertikaler Richtung.

Wir ankern direkt vor der verfallenen, rostigen Anlegebrücke.

Alexei und Alioscha pullen an Land, um unseren Besuch anzumelden. Eine halbe Stunde später rudern sie mit zwei Wissenschaftlern zum Schiff und bitten uns, mit ihnen zu verschiedenen Plätzen zu fahren, um dort Wasserproben zu entnehmen.

Daß dieser Ausflug landschaftlich noch einmal einen echten Höhepunkt bieten würde, haben wir nicht erwartet. Direkt aus dem Meer ragen gigantische Felsformationen senkrecht in die Höhe, man vergißt fast zu atmen. Dieses Naturwunder steht wenigstens auf dem Papier unter Naturschutz. Das Problem dabei ist, wie meistens, die Überwachung, da Geld für Sprit und Fahrzeuge fehlt.

Die spektakuläre Landschaft ist die positive Seite des Tages, der anschließende Besuch im sogenannten wissenschaftlichen Delphinarium um so bedrückender.

Mit Wissenschaft hat das nichts zu tun, Show und nochmals Show ist spätestens seit diesem Sommer auf dem Programm. Drei Delphine und zwei Seehunde leisten hier Dienst am unterhaltungssuchenden Touristen. Und der Lebens- oder besser Leidensbereich der Tiere umfaßt ein paar Quadratmeter gekachelte weiße Fliesen. Auch Alexei ist entsetzt.

Zunächst will man uns diesen traurigen Ort gar nicht zeigen, der Schlüssel kann scheinbar nicht gefunden werden. Als wir aber stur warten und nicht lockerlassen, erscheint schließlich ein mürrischer Trainer und führt uns in das Delphinarium.

Zurück in Novi Swet – inzwischen ist es schon fast wie „nach Hause kommen" –, setzt sich die unendliche Geschichte zum Thema Ticket fort.

Alexei rudert mit dem Zodiac an Land, läuft zum Postamt, etwa zwanzig Minuten Weg, um Igor anzurufen. Igor, wie üblich, nicht zu Hause. Alexei hinterläßt Igors Frau eine Nachricht, wann er heute abend wieder anrufen wird.

Abendessen an Bord. Um halb zehn bringe ich Vater und Sohn erneut zum Strand, wir verabreden uns für halb elf in der Blauen Bucht, da wir dort übernachten wollen. Eisen hoch – so denken wir! Ein anderer, alter Anker hat sich in unserem verhakt, keine Chance für mich, ihn im Dunkeln von der Kette zu befreien. Anker wieder runter. Ich rudere zum Strand, renne zur Telefonstation, um unsere Freunde zu verständigen, daß wir in Novi Swet bleiben müssen.

Dort treffe ich viele Leute, doch keinen Alexei. Jetzt müssen wir das Ding irgendwie herausbekommen, sonst dürfen die beiden zwischen den Ufersteinen der Blauen Bucht kampieren.

Rollo springt ins Zodiak, und mit Hilfe einer Mini-Taschenlampe – die großen Leuchten haben wir Vater und Sohn für ihren nächtlichen Waldweg in die Blaue Bucht mitgegeben – gelingt es Rollo in schweißtreibender Anstrengung nach vierzig Minuten, den schweren Anker von der Kette zu befreien.

Stockfinster ist es, keine zarte Mondsichel sendet einen noch so klitzekleinen Lichtschimmer vom fernen Himmel. Vorsichtig schleichen wir mit eineinhalb Knoten „Geschwindigkeit" an der Felsküste entlang, vorbei an der Piratenbucht, alles mit dem Suchscheinwerfer ableuchtend.

Tatsächlich sind wir pünktlich um halb elf in der Blauen Bucht und entdecken zwei runde Lichtkegel, die sich bewegen. Das müssen unsere Freunde sein!

Wir machen das Zodiak klar, rudern zum Strand, blinken mit unserer Taschenlampe, erhalten aber keine Signale als Antwort.

„Vielleicht laufen sie gerade in einem toten Winkel und können uns deshalb nicht sehen", überlege ich laut, „am besten warten wir hier am Ufer!"

Nach ein paar Minuten tauchen die beiden hellen Punkte wieder auf, wie zwei Sterne wippen sie unregelmäßig auf und ab, als ob jemand vergessen hätte, sie am Himmelszelt festzukleben. Eifrig blinke ich mit meinem Lämpchen. Keine Antwort.

Das Meer ist wie Glas, irgendwo in der schwarzen Dunkelheit leuchtet schwach SOLVEIGs Ankerlicht.

Doch – endlich – Stimmen. Jemand kichert. Ich stehe auf, um unseren Freunden entgegenzugehen. Aber nein, da laufen nicht Vater und Sohn – ein Liebespärchen ist unterwegs und sucht einen Platz am Strand.

Wir warten eine Zeitlang, rudern zurück.

Ob etwas passiert ist? Alexei war nicht mehr ganz nüchtern, als er uns verließ. Es ist geradezu absurd, wenn man überlegt, wieviel Zeit und Kraft für die Tickets eingesetzt werden müssen! Dafür, so erzählte Alexei, muß Igors Freund eigens nach Simferopol fahren – eine Stunde mit dem Auto – um sie persönlich und nur gegen Barzahlung zu kaufen.

Gegen Mitternacht sehen wir zwei Lichter am Strand, die regelmäßig kreisen. Ich rufe mehrmals, nach einer Weile kommt Antwort.

Das war es also – unterwegs von 18.00 bis 24.00 Uhr –, und natürlich haben sie noch nichts. Dafür aber eine neue Idee, die uns Alexei jetzt vorschlägt, nachdem er heute nacht Igor endlich am Telefon erreicht hat. Jener Agent hatte nämlich noch keine Zeit, sich um die Angelegenheit zu kümmern. „Am besten holt ihr das Geld zurück und besorgt Angelikas Ticket im Hotel Jalta. Ich kenne dort eine Reiseleiterin. Außerdem ist es bei ihr bestimmt billiger, denn sie verkauft Charterflüge", rät Alexei und füllt sein Wodka-Glas.

Ich tue es ihm nach und stoße mit ihm an. Wie lautet noch sein Spruch? „Jedesmal vor dem Einschlafen schwöre ich, dieses Land zu verlassen, doch wenn ich wieder aufwache, denke ich ..., nun ja – versuchen wir es noch einmal!"

*23.7.*

Heute brauchen wir uns nur bei der netten Küstenwache – Lebid 14 – über UKW-Funk abzumelden. Wir fahren nach Artek bei Jalta.

Im Hotel treffen wir Alexeis Bekannte leider nicht, statt dessen lerne ich einen Reiseleiter aus Deutschland kennen. Nach so langer Zeit jemanden aus dem eigenen Land zu treffen, einfach mit ihm in der Muttersprache zu sprechen, tut, ich gebe es zu, so richtig gut. Wenn man wochenlang niemals direkt mit Menschen reden kann – von Rollo einmal abgesehen – und alles, aber auch alles übersetzt, automatisch dabei auch „gefiltert" wird, dann wirkt ein solches, unerwartetes Zusammentreffen wie eine erfrischende Dusche für den Kopf.

Und es wird noch besser. Ich schwebe wie auf Wolken! Nach nur zehn (!) Minuten reserviert er ohne Vorauszahlung einen Direktflug nach Frankfurt.

*24.7.*

Bürokratie ohne Ende! Es ist schwer zu verstehen, aber Realität: Wir dürfen von Artek aus nicht direkt nach Balaklawa fahren, sondern müssen vorher nach Jalta, um dort erneute Formalitäten zu erledigen. Das bedeutet für uns, daß die fünf Meilen Fahrt von Artek nach Jalta folgende Vorgänge umfaßt:

1. Küstenwache Kanal 16 anrufen.

2. Zur Küstenwache laufen mit den Pässen und einer Crewliste von Besatzung und Mitfahrern.

3. Losfahren und mit der Borderguard telefonieren, daß wir losgefahren sind.

4. Fahrt in den Hafen von Jalta.

5. Vor der Einfahrt mit dem Hafenkapitän telefonieren, damit er einen Liegeplatz zuweist.

6. Festmachen am Liegeplatz.

7. Taxi mieten, um zur Küstenwache nach Liwadija zu gelangen, dort ist nämlich ihr Büro. Meistens haben sie weder Auto noch Benzin, um selbst zum Boot zu kommen.

Das ist der augenblickliche Stand – es ist jetzt 11.30 Uhr, seit einer halben Stunde sind Vater und Sohn nun mit dem Taxi unterwegs, um die Küstenwache zu finden.

Bei dem Anlegemanöver in dem unruhigen Hafen mit reichlich Schwell, der ständig hereinläuft, erhält SOLVEIG am Badebrett leider einige Blessuren, da Alexei mit den Heckleinen nicht klarkommt. Kein Wunder, mit der Zigarette in der rechten Hand! Waren das herrliche Zeiten mit Sascha als „Matrose", der immer alles sah und richtig zupackte!

12.45 Uhr: Ein „Hare-Krishna-Irrer" springt an Bord und will uns bekehren, aber Rollos kräftiges „Raus!" versteht er dann doch, hüpft vom Heck der SOLVEIG wieder an Land und tänzelt auf der Promenade weiter.

Wir schaukeln beachtlich, der Anker hält zudem nicht richtig, und von Vater und Sohn keine Spur! Rollo befürchtet, daß Alexei vor Zorn explodiert ist und man ihn jetzt festhält.

15 Uhr: Sie sind zurück! Nach vier Stunden! Und was geschah?

Zunächst fuhren sie mit dem Taxi nach Liwadija zum Büro, doch dort hatte man keinen Stempel. Dieses wertvolle Stück war bereits unterwegs nach Massandra. Weiter nach Massandra! Nach erfolgreicher Ankunft erzählte man Alexei, daß der Stempel gerade vor zehn Minuten Richtung Hotel Jalta abgefahren sei.

„Der entkommt mir nicht!" schwört Alexei und setzt die Verfolgung fort. Aber auch im Hotel weiß man von keinem Stempel. Zurück nach Liwadija. Aber dort empfängt ihn jene heilige Mittagsruhe, wie sie überall auf der Welt in den Amtsstuben zu dieser Zeit anzutreffen ist. Als das Büro nach und nach wieder zum Leben erwacht, siehe da – was liegt auf dem Holzschreibtisch des Beamten ganz selbstverständlich? So, als ob es niemals diesen Platz verlassen habe? Das heiß umkämpfte Objekt der Begierde!

Es ist schwer vorstellbar, aber wahr. Für die gesamte Jalta-Region existiert nur ein einziger Stempel.

Ich werde das Gefühl nicht los, daß meine Gedanken im Augenblick nur noch um die verdammten Behörden kreisen. Höchste Zeit, daß ich wieder normal werde!

Weiter fahren wir nach Balaklawa. Dort hat Freund Alvidas ja gute Kontakte, die (hoffentlich!) die Prozedur vereinfachen.

*Alexei jagt nach einem Stempel.*

15.30 Uhr. Alexei telefoniert schon wieder mit der Küstenwache und bittet um die Genehmigung für die gegenwärtige Route.

16.00 Uhr. Siehe 15.30 Uhr!

Wir treffen auf verschiedene Delphinschulen! Es berührt mich stark. Noch niemals haben uns an einem einzigen Nachmittag so viele Delphine begleitet. So, als wollen sie sagen: „Vergeßt nicht, euch um uns zu kümmern!" Am frühen Abend machen wir in Balaklawa fest, und bis jetzt – 23 Uhr – hat sich kein Uniformträger bei uns blicken lassen. Um so besser.

*25.7.*

Vater und Sohn sind auf dem Weg nach Hause. Drückend heiß ist es, nahe an 40 Grad, die Luft steht. Dennoch verpacke ich Schlauchboot und Fahrräder und räume die Gästekabine auf. Abends werden die Temperaturen etwas erträglicher, und ich gehe einkaufen: das von Rollo geliebte Krimwasser, Brot, Kekse und Butter. Auf dem Rückweg filme ich die neuen, jungen Pioniere der modernen Zeit, welche die sonst eher beschauliche Uferpromenade mit Leben füllen. Sergeis Sohn Eugen, der seit zehn Jahren in München lebt und fließend Deutsch spricht, ist gerade zu Besuch. Er begleitet mich bei meinen Filmaufnahmen. Jede Menge Techno- und Computersound ist da zu hören, Symbol der angestrebten westlichen „Kultur". Die Freude und Begeisterung über diese Errungenschaft scheint zumindest bei den Jüngeren grenzenlos. Sie tönt in voller Kraft aus allen vorhandenen Lautsprechern. Und daneben liegen die verrosteten, vergammelten Schiffswracks aus UdSSR-Zeiten, die heute zum Verkauf angeboten werden, aber keiner haben will.

Ein nicht mehr junger Arbeiter spricht uns an.

„Gefällt euch Balaklawa?" fragt er provozierend, erwartet aber keine Antwort. „Ich lebe hier seit 1953!"

„Und wie war es früher, als die U-Boote noch dalagen und alles verboten war? Hat es Sie berührt?" will ich wissen.

„Doch, es hat mich berührt. Wissen Sie, was wirklich verboten war? Es war verboten, Krawall zu machen, zu saufen, zu spekulieren, zu stehlen. Alles andere war nicht verboten. Es war erlaubt, gewissenhaft zu arbeiten."

„Aber es gab doch Beschränkungen für Reisen?"

„Innerhalb der Sowjetunion konnten wir ohne weiteres reisen. Und was ist jetzt? Jetzt können wir nicht einmal die Heimat besuchen. Das ist eine ernsthafte Einschränkung."

„Aus finanziellen Gründen?", frage ich vorsichtig.

„Wegen der Grenzen und natürlich aus finanziellen Gründen. Es ist zur Zeit vieles verboten. Es ist verboten zu arbeiten, wir haben Arbeitslosigkeit. Es ist verboten, Unterhaltungsveranstaltungen zu besuchen, weil kein Geld dafür da ist – es ist jetzt viel mehr verboten als damals zur Zeit der Verbote. Früher war eigentlich vieles möglich, es waren früher auch keine Gitter an den Fenstern angebracht. Jetzt leben wir wie im Gefängnis, die ganze Stadt ist hinter Gittern!"

„Und was haben Sie früher gearbeitet?"

„Hauptsächlich als Fahrer. Ich arbeite auch jetzt noch. Ich bin schon zweiundsiebzig, aber darf nicht aufhören. Ohne Arbeit würde ich verhungern. Das ist Freiheit – aus Hunger zu sterben, die Freiheit, heimatlos zu sterben."

Er spricht nüchtern und sachlich, fast wie ein Reporter.

Ich wechsle das Thema. „Waren früher viele Schiffe hier im Hafen?"

„Ja – früher sind es sehr viele gewesen, besonders U-Boote. Hier war ein Militärstützpunkt der Sowjetunion. Jetzt ist nur ein U-Boot geblieben.

„Ein ukrainisches?"

„Ja."

„Und alle anderen waren russische?"

„Damals haben wir das nicht getrennt. Sowjetisch und aus. Jetzt ist es anders. Damals als Sowjetbürger waren wir in der ganzen Welt angesehen. Man hat uns für anständige Leute gehalten. Und jetzt haben wir selbst alles zerstört und müssen betteln. Grüßen Sie Deutschland – ich war dort, in Berlin, Leipzig, Potsdam und Stralsund!" sagt er zum Abschied und geht seines Weges.

Abends erkundigen sich Marinesoldaten nach Sascha und bringen für ihn eine original Marinekappe als Geschenk. Bei unserem ersten Aufenthalt hatte er mit ihnen gesprochen und ihnen seine CD gegeben. Dieser Kontakt geschah genau an der Grenze zur Marina, heimlich in der Nacht, an dem Holzverschlag, der als

Absperrung dient. Der Militärbereich ist normalerweise streng abgeriegelt.

*Sascha handelt mit Marinesoldaten.*

*26.7.*
Obwohl Sonntag ist, wird gearbeitet. Bereits um 5 Uhr hören wir Motorengeräusche, Hämmern und Klopfen. Rollo bringen diese „Klänge" um den Schlaf, im Gegensatz zu mir. Für mich ist es ungemein entspannend, wenn andere arbeiten ...

Morgen sollen fünf Boote einer türkischen Yacht-Geschwader-fahrt für zwei Stunden in Balaklawa empfangen werden. Seit drei Tagen liegen deshalb am Kai zwei große türkische Wachboote, die sich aber weigern, für Strom und Wasser zu bezahlen. Daraufhin hat die Stadt jetzt beide Quellen abgeschaltet, mit der Folge, daß seitdem die Abgase der laufenden Dieselmotoren die Luft ver-pesten.

Besonders beliebt sind die türkischen Nachbarn nicht, und das hat neben geschichtlichen Wurzeln durchaus auch aktuelle Grün-de, denn die Händler unterbieten mit billigen Importen aus ihrem Land vor allem einheimische Obst- und Gemüsepreise.

Ich besorge frische Lebensmittel im Ort, und als ich mit mei-nen drei Worten Russisch nach Eiern frage, läßt die Marktfrau sofort ihren Stand ohne jede Aufsicht, um mit mir in der Stadt gemeinsam danach zu suchen. Die Tür, hinter der sie die Eier ver-mutet, ist leider verschlossen, und bei einem kleinen Kiosk kann man uns auch nicht weiterhelfen. So kehren wir schließlich ohne Eier wieder zurück.


23 Uhr. Ein lauer Abend nach einem drückend schwülen Tag. Alte und neue Geschichte, wohin ich blicke.

Hinter dem Heck der SOLVEIG ein Symbol der Hoffnung auf die Zukunft, das noch nicht verputzte Restaurant der Marina und ein kleines Büro. An Backbord die Vergangenheit: ehemalige Speed-boote der Marine der UdSSR, heute umfunktioniert als private Ausflugsschiffe. Daneben zwei schrottreife Fischdampfer, die noch in den „guten, alten Zeiten" bis zu 40 000 Tonnen Fisch auf den Weltmeeren transportierten, und nur 100 Meter vom Bug der SOLVEIG entfernt, der ehemalige U-Boot-Bunker.

Steuerbord schwimmt die ukrainische Kriegsflotte – als Zei-chen der Gegenwart. „Bewacht" von zwei älteren Frauen in Uni-form, die immer wieder verstohlen zur SOLVEIG und ihrem Käpten hinüberschielen.

Und über allem am Eingang zum Hafen die Ruinen der alten Genueser-Festung.

Heute war viel los, noch immer werden Leuchtraketen in die Luft geschossen, Menschen johlen, Schiffshörner, vereinzelte Aufschreie – es ist „Tag der russischen (!) Flotte". Unterschiedliche Klänge dringen an mein Ohr: amerikanische Jazzmusik von der Nachbaryacht eines pensionierten russischen, etwa sechzig Jahre alten Offiziers, Techno aus den Diskos, Böllerschüsse von der ukrainischen Flottenbasis, und in der Ferne Schiffssirenen – was feiern sie eigentlich wirklich?

Alles scheint ein einziges Tollhaus zu sein, und niemand weiß, wo und wie das enden wird. Jeder versucht, den Augenblick so intensiv wie möglich auszuleben, mit aller Kraft, die zur Verfügung steht. Dabei erleben jung und alt diesen Feiertag mit den unterschiedlichsten Empfindungen.

Am wenigsten läßt sich unsere befreundete Bordkatze aus der Ruhe bringen, die wir „Balacat" getauft haben und die nun genüßlich einen Rest H-Milch aus SOLVEIGs Vorräten schleckt. Auch Igors Freundin ist offenbar kaum beeindruckt, denn sie füttert gerade den Schäferhund der Sicherheitswache, den Igor eigens für die Liegezeit unseres Schiffes hier bestellt hat.

## 27.7.

Unbeschreiblich, diese Hitze! Bewegungen sind nur noch eingeschränkt möglich, ohne einen Schweißausbruch zu bekommen.

Um 14 Uhr treffen die Rallye-Yachten am Kai der Stadt ein. Ein schöner, ungewohnter Anblick! Von den Besatzungen hören wir Geschichten zum nie endenden Thema – Bürokratie. Um so erstaunter sind sie über Rollos Begeisterung für das Marina-Projekt. Niemand kann sich vorstellen, daß jemals etwas daraus werden könnte. Aber da unterschätzen sie Igors Energie und Zähigkeit!

Heute und morgen sollen alle Boote in der Laspi-Bucht übernachten. Hoffentlich spielt der Wind mit, sonst könnte die offene Bucht zum Alptraum für die Segler werden. Übrigens ist diese Rallye, die um das ganze Schwarze Meer gesegelt wird, hervorragend organisiert worden von einem engagierten Mitglied des größten Yachtclubs in Istanbul, der Ataköy Marina. Teoman Arsay, der Commodore, lädt uns ein, sobald wir in die Türkei kommen, die Marina zu besuchen.

Abends nehmen uns Igor und einer seiner Freunde spontan in

ihrem Auto mit nach Laspi, da sie im Wald dort zu tun haben. Sie sind nebenbei so etwas Ähnliches wie die amerikanischen „Caretaker" für einen bestimmten Waldabschnitt.

Bei der ersten längeren Bergauffahrt verabschiedet sich der Motor wegen Überhitzung, oder anders gesagt: Die Kühlwasserpumpe ist defekt. So kehren wir um, laufen zu Fuß bergauf, um dann bergab mit dem Auto im Leerlauf zu fahren. Kein Bach mit Wasser weit und breit! Doch endlich, auf der rechten Straßenseite ein Haus. Am Gartenzaun steht eine ältere Frau, davor parkt ein schwarzer BMW.

„Laßt uns hier nach Wasser fragen!" schlage ich vor.

Igor runzelt die Stirn, schüttelt den Kopf:

„Besser nicht – hast du das Auto gesehen? Das ist teuer, um diesen Platz machen wir besser einen großen Bogen!"

Seine Angst vor der Mafia ist groß. Als ich bei einem weiteren Zwangsstopp seines Autos allein ein Stück vorauslaufe, schickt er diskret seinen Freund hinterher, um mich notfalls zu beschützen.

Übrigens sind wir nicht das einzige Auto, das hängenbleibt. Auf dem zweistündigen Rückweg begegnen uns noch drei weitere Fahrzeuge mit ähnlichem Schicksal.

Eines hat gleich den ganzen Zylinderkopf offen. Auch das gehört zum Alltag, und entsprechend gelassen gehen die Menschen damit um.

## 28.8.

Pünktlich um halb sieben werde ich wie jeden Morgen in Balaklawa von den wilden Rufen der exerzierenden Soldaten geweckt, die vor dem U-Boot-Tunnel marschieren. So nehme ich auch akustisch an diesem Aspekt des Soldatenlebens teil. Ein exotischerer Liegeplatz ist nur schwer vorstellbar!

Das einzige U-Boot, das hier noch schwimmt, ist wegen Geldmangel nicht einsatzfähig. Nichtsdestotrotz marschieren Marinesoldaten unter Gesang und Parolen im Gleichschritt, dazwischen Liegestützen – und das alles vor unseren Augen!

Igor kommt nachmittags aufs Boot und staunt nicht schlecht, als er auf Rollos deutscher Seekarte den detaillierten Hafenplan von Balaklawa entdeckt. Er ist mit einem großen schwarzen Kreuz durchgestrichen, da er zur verbotenen Zone gehörte. Aber daß dieser Hafen so geheim war, daß es nicht einmal russische Karten davon geben durfte, ist uns neu! Unglaublich!

Entsprechend begeistert ist Igor und will alles kopieren.

Ich habe das Gefühl, als erlebe ich in dem kleinen Balaklawa stellvertretend die Tragik der Ukraine. Natürlich aus der Sicht der Ausländerin. Alles ist im Umbruch, in Auflösung, weil niemand weiß, wohin der Zug fahren wird. Lohnt es sich aufzuspringen, oder bleibt man lieber, wo man ist? Oder noch besser, man genießt den Splitter eines Augenblicks, wie gerade die Soldaten, die, nachdem die Aufpasserin endlich gegangen ist, mit zwei hübschen Mädchen in weißen Tüllröcken in dem Wrack eines aufgedockten Bootes verschwinden.

Dieses Volk ist von seinen selbsternannten Führern wirklich verraten worden. Dabei steckt so viel Kraft und Wille in den Menschen, etwas Neues zu schaffen. Wer am Ende gewinnen wird – die korrupten Strukturen, die bis tief in die Regierungsebene reichen, oder die Menschen auf der Straße, die ehrlich ihrem Job nachgehen, das steht in den Sternen. Nur gut, daß niemand von uns es vorher weiß.

Igor glaubt, daß nur noch eine Diktatur wie in Chile seinem Land helfen kann, und ein alter Fischer meint heute abend: „Uns ist es im Zweiten Weltkrieg unter den Deutschen immer noch besser gegangen als jetzt!"

Es ist halb zwölf geworden, die beiden Soldaten und ihre heimlichen Abendbräute kehren vom Wrack zurück – niemand (fast) hat sie bemerkt, und in gemessenem Abstand laufen sie ein Stück am Kai entlang, um schließlich in der Dunkelheit zu verschwinden.

Es ist still geworden. Die Technorhythmen sind beinahe verstummt. Nur der Wachhund der zukünftigen Marina bellt auftragsgemäß, um der SOLVEIG-Crew ein Gefühl von Sicherheit zu vermitteln.

Am liebsten würde ich ihn an Bord nehmen, um ihm ein ordentliches Stück Wurst zu geben, aber das würde „Balacat", unsere Katze, sicher nie verzeihen! Nur gut, daß Igor Hunde liebt – er hat sogar ein Buch über die Vierbeiner herausgebracht, so weiß ich, daß er ihn gut behandelt.

*30.7.*

Noch zwei Tage bis zu meinem Abflug nach Deutschland. Noch immer 37 Grad Tagesdurchschnitt. Selbst den uniformierten Aufpasserinnen ist der Hitzestreß anzumerken. Ihr Tempo ist merklich reduziert, auch ihre Blicke zur ausländischen Yacht sind seltener geworden. Gegen Abend allerdings, wenn sich die Sonne um 20 Uhr langsam verabschiedet, finden unsere Tätigkeiten dann um so mehr Aufmerksamkeit.

„Balacat" fühlt sich auf der SOLVEIG völlig zu Hause, springt mit einem großen Satz vom Kai auf die Heckbank, um sich dann langsam, aber zielsicher Richtung Pantry zu bewegen.

Heute nacht aber bin ich zu Tode erschrocken, als ich über meinem Kopf plötzlich einen dumpfen Schlag höre – ich denke, ein Volltrunkener ist auf der SOLVEIG gelandet. Wie in Trance stolpere ich ins Cockpit und finde neben einem umgestürzten Eimer eine ebenso erschrockene „Balacat", die mich mit großen Augen anstarrt.

Rollo ist nervös geworden wegen der Zollformalitäten, die abgewickelt werden müssen, wenn wir unser Schiff alleine zurücklassen. Einerseits hören wir von Alvidas ständig das schon stereotype „No problem!", andererseits ruft Alexei fast täglich hier an und sagt, daß wir unbedingt und sofort entsprechende Papiere vorbereiten müssen.

Inzwischen haben wir tatsächlich in Englisch eine Art „Vereinbarung" aufgesetzt, aus der hervorgeht, daß SOLVEIG für die Zeit unserer Abwesenheit in der „Golden Symbol"-Marina liegen wird. Nun muß das Werk noch ins Russische übersetzt werden, so daß dann Alvidas alles Weitere regeln kann. Auf „seine" Art, wie er sagt ... Trotzdem will Rollo morgen zur Sicherheit mitfahren und alle nur denkbaren Dokumente dabeihaben.

Tatsache ist, daß es so einen Vorgang bei den Behörden noch niemals gegeben hat – wer läßt schon freiwillig sein gesamtes Vermögen in Form eines Schiffes in der Ukraine zurück? –, und es gibt kein Muster, nach dem man verfahren könnte.

Mein Vorschlag, am besten niemanden aufzuscheuchen und einfach so hin- und zurückzufliegen, findet leider weder beim Käpten noch bei unseren Freunden Zustimmung.

Igors Hauptbeschäftigung besteht zur Zeit darin, den Schutt und Schrott der Vergangenheit aus dem verseuchten Wasser herauszuholen. So taucht er jede freie Minute im Hafen, in den nicht nur alle Abwässer der Stadt fließen, sondern der auch voll ist mit dem Militärmüll der Russen. Ein wahrhaft museumsreifer Kran zieht dann die von Igor ertauchten Schrotteile an Land.

Abends fragt Alvidas Rollo plötzlich nach Dokumenten für den Zoll. Plötzlich ist doch nicht mehr alles „no problem".

### 31.7.

Eigentlich wollte Alvidas um neun Uhr mit dem Beamten an Bord kommen. Doch bis jetzt sind wir allein. Schwer zu sagen, ob dies ein gutes oder schlechtes Zeichen ist. In der Ukraine ist das Ende einer Geschichte wohl meistens offen.

Um zehn Uhr steht Alvidas plötzlich am Kai und fragt nach unseren Pässen. Nach einem schnellen Blick hinein meint er grinsend: „I think it is no problem!", und mit dieser Erkenntnis verschwindet er so schnell, wie er gekommen ist.

Damit meint er wohl – was ich schon immer dachte – , daß ja in unseren Pässen keinerlei Vermerk über das Boot zu finden ist und offenbar auch der Beamte in Sewastopol ausnahmsweise einmal keine Schwierigkeiten sieht, was unsere Ausreise betrifft. Morgen werde ich es spätestens beim Einchecken wissen.

### 1.8.

Dank des Ölwechsels unseres Nachbarn läuft seine schwere Dieselmaschine bereits seit halb sieben im Leerlauf, und sanfte Düfte der Auspuffgase ziehen in unsere Kajüte. Kein Problem, rechtzeitig wach zu werden. Und dann hatten heute nacht die Moskitos von Balaklava wohl freien Ausgang bzw. -flug und labten sich abwechselnd an Rollos und meinem Blut.

Eigentlich kann ich mir noch nicht so recht vorstellen, in wenigen Stunden wieder in Deutschland zu sein – außerdem, sicher ist hier sowieso nichts, und das ist das einzige, was sicher ist.

Zum Nachdenken bleibt nicht lange Zeit, denn bereits um zehn Uhr, und nicht um zwölf Uhr, wie verabredet, erscheint Freund Sergei aus Laspi mit Sohn Eugen, um zusammen mit Rollo am und im Boot zu arbeiten. Nur gut, daß ich meine Sachen weitestgehend gepackt habe, denn binnen Minuten können wir uns auf der SOLVEIG kaum mehr bewegen.

Innen nicht, weil alle Bodenbretter herausgenommen werden müssen, um an unserem „Watermaker" (wenn er nur einmal das täte, was man von ihm erwartet) die Entlüftungsschläuche anzubringen, und draußen im Cockpit steht alles voll mit Eimern, Schrubbern und Putzmitteln für eine Großwäsche der Außenhaut und des Teakdecks. Da hilft nur noch die Flucht nach Deutschland!

Pünktlich um elf Uhr fährt Alvidas in den Hof, und unter vielem Winken und den bekannten Abschiedssätzen: „Vergiß nicht ..., denk auch an ..., wir telefonieren ...", braust der ehemalige Rennfahrer mit mir zum Flughafen.

Auf der Fahrt erzählt Alvidas, daß in seiner Heimatstadt Sewastopol, in der rund 300 000 Einwohner leben, allein 50 000 russische Soldaten stationiert sind. Was die Bevölkerung verbittert, ist die Tatsache, daß diese Soldaten zum Beispiel Strom und Wasser auf Kosten der Stadt verbrauchen, ihre Steuern aber in Rußland zahlen. Überhaupt ist das Nichtbezahlen von Steuerschulden in der Ukraine das größte Problem. Die meisten Fabriken haben sowieso aufgegeben, und von den Marktfrauen ist weiß Gott nichts zu holen.

Will man Alvidas glauben, so ist das noch größere Unglück der Ukraine die Unabhängigkeit von Rußland, und wenn die Bevölkerung die Möglichkeit hätte, heute darüber abzustimmen, würde sich die Mehrheit gegen die Unabhängigkeit entscheiden. Schließlich leben fast siebzig Prozent Russen in der Ukraine!

„Aber wir werden ja nicht gefragt!" seufzt er, „und ich weiß wirklich nicht, wie es in unserem Land weitergehen soll."

In Simferopol stoppen wir bei Alexei.

Er lebt mit seiner Frau, Schwiegermutter, Sohn, Tochter und Schwiegersohn sowie seinem drei Wochen alten Enkel in einer bescheidenen Drei-Zimmer-Wohnung eines Plattenhochhauses im fünften Stock; das Treppenhaus ist unverputzt, die Wände bröckeln.

Seine sympathische Frau – Alionka, sie ist Augenärztin – hat einen Mittagimbiß mit belegten Broten und Landwein vorberei-

51

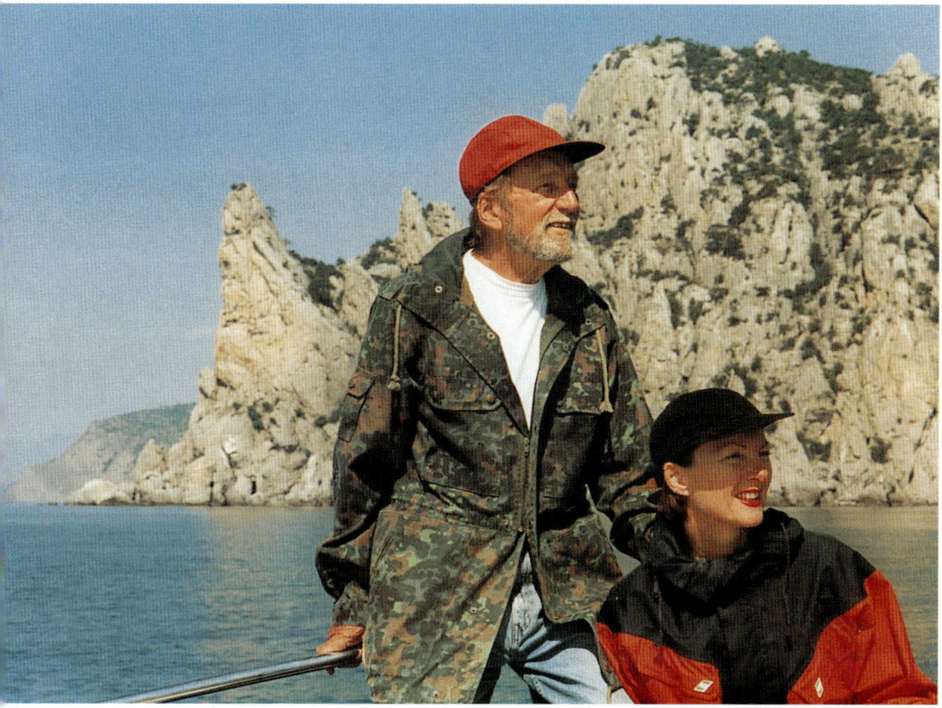

52

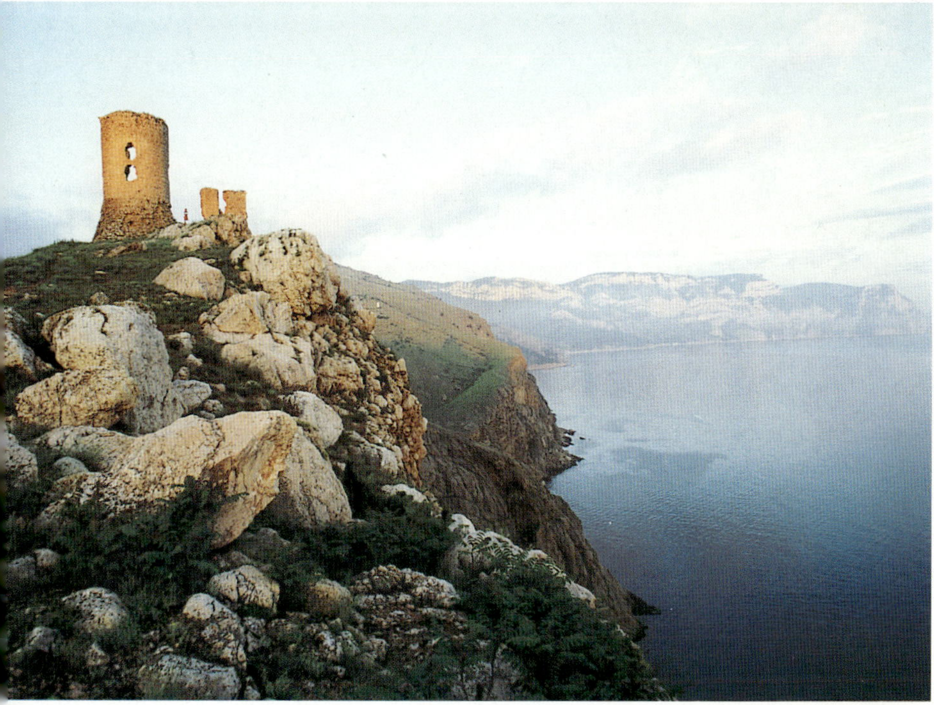

In der Piratenbucht bei Novi Swet.

52 Ruinen der alten Genueser-Festung bei Balaklawa.

53

54

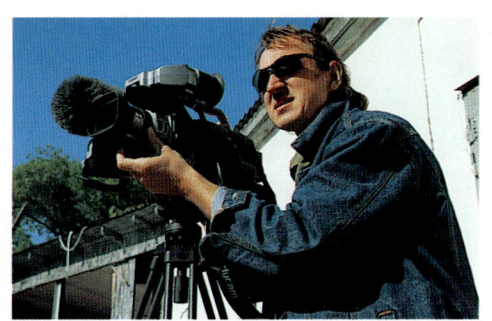

53/56 Direkt aus dem Meer ragen bei Kap Karadak gigantische Felsformationen senkrecht in die Höhe.

54 Früher war die Krim für Russen der beliebteste Platz, um Urlaub zu machen.

55 Kameramann Sascha immer auf der Suche nach interessanten Motiven.

57 „Gefangen" in Sewastopol: Rollo, Alexei, Alionka, Olga, Sergei, Angelika und Alvidas (von l. nach r.).

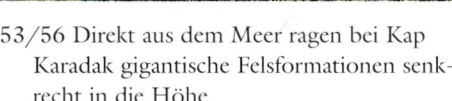

59
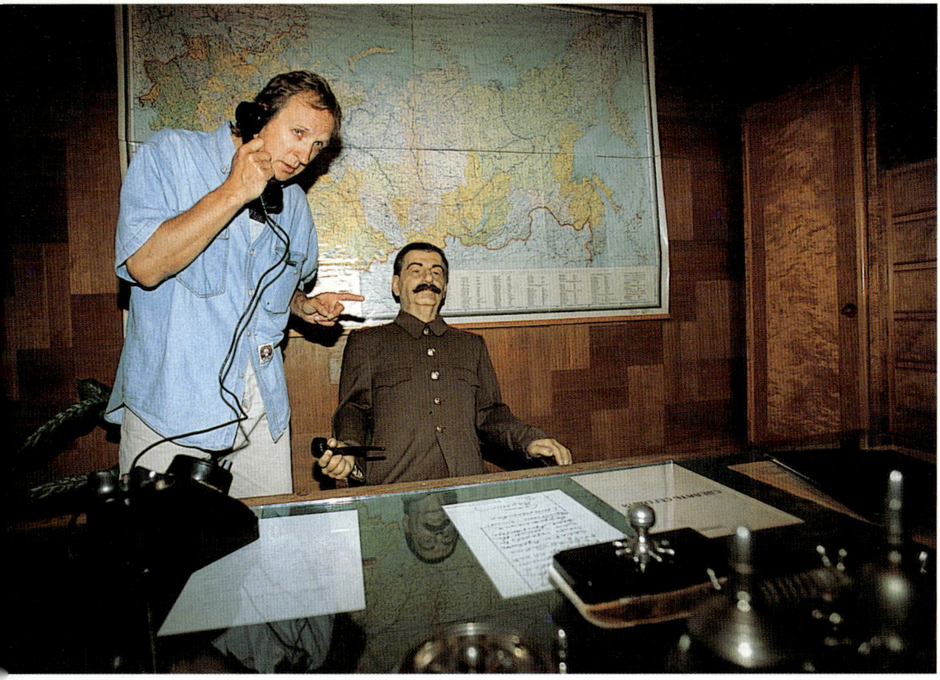

60
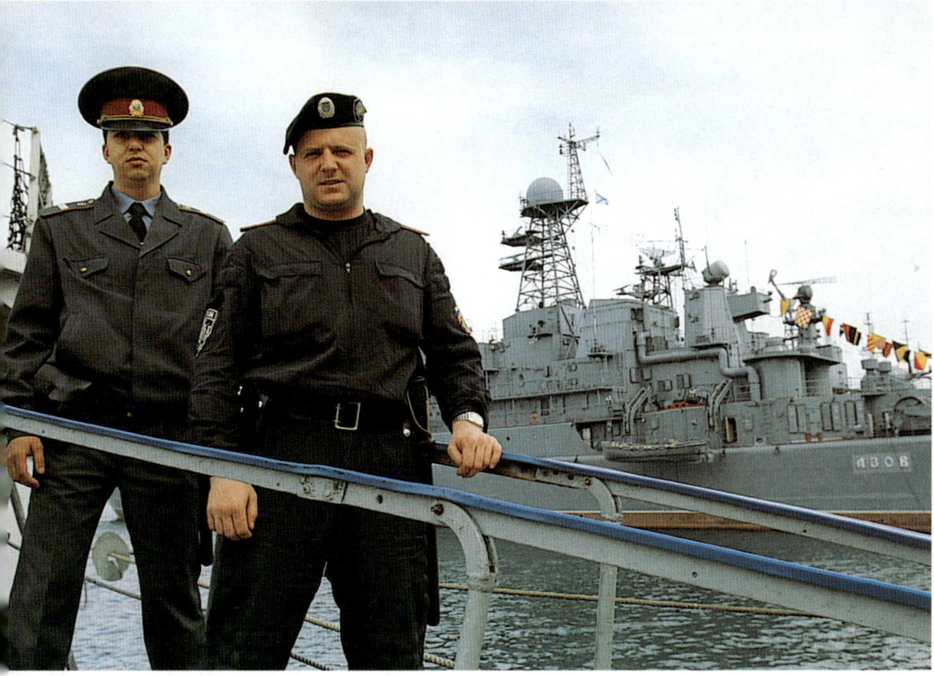


Daßwidanja, schöne Krim!

In Stalins Datscha: sein „Sekretär“ bei der Arbeit.

60 Für SOLVEIGS Sicherheit ist immer gesorgt …

61

61 Sascha im Kaukasus: „Die Schönheit unserer Erde hat eine besondere Eigenschaft –
der Zauber eines Platzes macht die Schönheit eines anderen nicht geringer."

62 Sascha: „Ich war erstaunt, daß Angelika
Ähnlichkeiten mit Sherlock Holmes hat."

63 Über dreitausend Baum- und Straucharten
gedeihen in dem milden Klima bei Sotschi.

64 Bei ruhiger See überqueren wir das
Schwarze Meer, über Sinop und Amasra
zurück zu unserem Ausgangshafen
Istanbul.

65 Im Kaukasus – Landschaftsbilder, die uns in Erinnerung bleiben werden.

tet, und danach begleiten mich Alexei und Alvidas zum Flughafen.

Während ich diese Zeilen niederschreibe, sitze ich bereits im Warteraum für den Abflug. Aber wie ich genau dort hingekommen bin, weiß ich nicht mehr ganz genau, obwohl ich außer einem Glas Wein bei Alexei nichts getrunken habe.

Dreimal hat man mein gesamtes Gepäck durchleuchtet – hoffentlich ist auf den Filmen noch etwas zu sehen –, ich passierte vier verschiedene Schalter, zwei Kilo Übergewicht meines Handgepäcks wurden beanstandet und mit 29 Griwna veranschlagt. Schließlich landete ich für mein Gefühl automatisch im Abflugwarteraum, immer noch alle meine Koffer tragend. Tatsächlich ist der Schalter für die Gepäckaufgabe so unscheinbar, daß ich ihn prompt übersehen habe.

Doch niemandem ist aufgefallen, daß ich schwerbeladen auch an der letzten Kontrolle durchmarschierte!

Also wieder zurück zum Gepäckschalter, und dort bin ich endlich den größten Teil meiner Gewichte losgeworden, obwohl die übriggebliebenen Foto- und Filmkoffer an Kilos durchaus noch mithalten können. Nur gut, daß ich sie unauffällig über meiner Schulter trug, sonst wäre die Nachzahlung noch teurer geworden.

Laut Plan sollen wir in einer Viertelstunde fliegen. Wir werden sehen. Es ist jetzt halb sechs, inzwischen schwitzen alle Passagiere bei etwa 37 Grad in dem kleinen Warteraum, die Aeroflot-Maschine wird gerade aufgetankt.

Mir gegenüber sitzt eine Familie mit einem etwa zehnjährigen Sohn und einem schwarzen, hechelnden Hund, der unter der Hitze leidet. Offenbar eine edle Rasse, zwischen Dackel und Pudel angesiedelt. Sein Kopf sieht aus, als habe ein Boxer Nase und Maul zerdrückt. Er sitzt auf dem Schoß seines korpulenten, blond gefärbten, nicht mehr ganz jungen Frauchens, das ein großes Taschentuch als Unterlage für ihren vierbeinigen Freund ausgebreitet hat.

Die Passagiere wirken recht bunt zusammengewürfelt. Nur wenige Touristen. Dafür um so mehr Typen mit dem Business-Outfit des Ostens: dunkle Sonnenbrille, schwarze Kleidung; oder auch jene mit Trevira-Hosen, bügelfreien, gemusterten Hemden und etwas abgetretenen Straßenschuhen, und nicht zu vergessen die Herren in den beliebten Trainingsanzügen von Adidas und Co.

Unter den Familien höre ich sowohl russisch als auch deutsch sprechen, und das ohne Akzent. Auch einige Babuschkas, Großmütter mit fest gebundenen Kopftüchern, sind unter den Fluggästen, vielleicht besuchen sie ihre Kinder in Deutschland.

Und schließlich wenige deutsche Touristen vom Hotel Jalta, mit denen ich beim Einklarieren so durchgerutscht bin, daher blieben auch die Fragen aus, auf welche Weise ich einreise. Ich hatte mir vom deutschen Reiseleiter noch schnell eine Zollerklärung für eine Einreise geben lassen, die ich nachträglich ausfüllte und beim Einchecken mit abgab.

18.00 Uhr. Gerade wurden zwei Koffer auf dem Flughafengelände gefunden, und nun suchen die Bediensteten nach den Besitzern. Ausgerechnet die ältesten Passagiere dieses Fluges sind die Eigentümer und müssen ihr Gepäck nun eigenhändig zur Maschine schleppen.

„Seien Sie froh, daß die Koffer noch hier gefunden wurden!" tröstet ein Reisender. So kann man es natürlich auch sehen ...

18.15 Uhr. Inzwischen hat sich doch ein Gepäckträger erbarmt.

18.30 Uhr. Ich sitze in der dritten Reihe einer sehr neu wirkenden Boeing 737, am Eingang steht ein Polizist, der mit kritischem Auge das Treiben der Fluggäste beobachtet. Irgendwie stimmt die Zahl der Passagiere nicht mit den Bordkarten überein, immer wieder wird neu gezählt, doch schließlich geben sie es auf und lassen uns fliegen.

Der Steward – sein Englisch würde jeden Kabarettisten erfreuen: hauchend, mit leicht erhöhter Stimme und dem erfolgreichen Versuch, alles in einem einzigen Wort zu sprechen –, also jener Steward hat soeben bei den Sicherheitshinweisen einen Lachkrampf bekommen. So stark, daß ihm die Tränen aus den Augen schießen. Er versucht, es zu unterdrücken, und verschwindet in einer Ecke.

Im Spiegel sehe ich, wie er sich beim Sprechen immer wieder die Lachtränen aus den Augen wischt. Entsprechend ansteckend wirkt er auf die danebenstehende Stewardeß, die ja nicht sprechen muß und einfach losprustet.

Drei Stunden werden wir fliegen. Bedenkt man die lange Anreise mit unserem Boot, müßte ich gerechterweise jetzt auch wieder Wochen unterwegs sein. Ich habe das Gefühl, als wäre ich mindestens ein Jahr von zu Hause weg gewesen.

Nach meiner Ankunft in Deutschland wird viel Arbeit auf mich warten, so genieße ich jetzt meine freie Zeit im Flugzeug. Auch der sanft sprechende Steward ist gut drauf und erzählt Witze. Das positive Lebensgefühl vieler Ukrainer ist sogar noch im Flugzeug zu spüren.

Frankfurt Flughafen. Nur 20 Grad werden gemessen, da kommt man schon ins Frösteln. Eine Minute vor Abfahrt erreiche ich mit meinen schweren Koffern voller Bücher gerade noch den Bahnhof, und am Hauptbahnhof steige ich gleich in den ICE nach München.

Plötzlich sprechen alle meine Sprache, und ich werde verstanden, wenn ich etwas frage! Ich telefoniere mit meiner Mutter Ille, die Rollo sofort benachrichtigen wird, daß alles gut gelaufen ist. Für ihn wird die Reise in ein paar Tagen sicher umständlicher werden, denn er muß in Istanbul noch übernachten, bevor er nach Antalya weiterfliegt.

Jetzt freue ich mich auf den Monat zu Hause, auf das fehlende Chaos und darauf, daß ich selbst bestimmen kann, was geschehen soll, ohne die Küstenwache zu fragen.

*„Haben Sie Ihre Hände mit Seife gewaschen?" – „Ja".*
*„Dann nehmen Sie bitte keinen Zucker in den Tee."*

*Russischer Witz über Armut*

# Herbststürme

**Sie.** Es ist September geworden, und Rollo und ich sitzen im Zug. Heute treten wir den Heimweg zu unserem Boot an.

Noch vor vier Tagen befanden wir uns in Grönland bei den Eskimos, nachdem wir auf der HANSEATIC die legendäre Nordwestpassage durchquert hatten. Wir waren eingeladen worden, diese Reise mit Filmen und Vorträgen über unsere Weltumsegelungen zu begleiten.

Zur gleichen Zeit hat sich die wirtschaftliche Situation in Rußland und in der Ukraine dramatisch verschlechtert, der Rubel ist um ein Drittel seines Wertes gefallen. Sascha, der ebenfalls auf der HANSEATIC engagiert war, ist in großer Sorge um seine Mutter, die in Rußland von einer bescheidenen Rente leben muß. Gleich nach der Rückkehr ist er nach Moskau geflogen.

Auch wir sind nervös. In welchem Zustand werden wir SOLVEIG antreffen? Unser Gepäck besteht ausschließlich aus Ersatzteilen, Pumpen, Filtern, Werkzeugen und Geschenken für Freunde. In letzter Minute habe ich dann doch ein paar eingeschweißte Packungen Schinken in den Koffer geschmuggelt – wird hoffentlich gutgehen.

Fast verpassen wir den Flug, als ich im Duty-free Cognac für unsere Freunde besorgen möchte. Prompt gibt es an der Kasse eine Panne, und nichts läuft mehr. So lasse ich die kostbaren Flaschen zurück und sprinte zum Ausgang. Niemand da, außer einer ungeduldigen Stewardeß, die uns über mehrere Rolltreppen in einen großen leeren Bus schiebt, der sich sofort in Bewegung setzt.

Letzter Anruf bei Ille am Tegernsee, sie hat sich Sorgen gemacht, daß wir im Intercity die Ankunft in Frankfurt verschlafen haben könnten.

Jetzt genieße ich für stolze zwei US-Dollar mein erstes Glas Krimwein und freue mich auf die Fortsetzung unserer Schwarzmeer-Reise. Gerade werden die Zollerklärungen verteilt mit den bekannten „Gewissensfragen": „Wieviel ausländische Devisen haben Sie dabei?"

Ist man ehrlich, läuft man vielleicht Gefahr, zu interessant für bestimmte Kreise zu werden. Mogelt man ein bißchen, kann es bei einer Kontrolle Ärger geben.

22 Uhr oder auch später. Als ob ich niemals weg gewesen wäre, liege ich auf meiner Koje, habe einige Krimweine im Magen und fühle mich so richtig zu Hause.

Bei der Ankunft auf dem Flughafen in Simferopol gab es noch ein wenig Verwirrung wegen der einen halben Meter aus dem Rucksack ragenden Zylinderkopfdichtung für SOLVEIGs Motor, außerdem mußten wir speziell für die Ukraine eine Krankenversicherung abschließen. Der Spaß kostete aber nicht viel, denn ich habe nur eine Woche Aufenthalt angegeben.

Doch dann – endlich – schließen uns Alvidas und Alexei in die Arme. Alvidas mit roter Rose für die Frau des Käptens.

Da die beiden über zwei Stunden auf uns warten mußten, sind sie nicht mehr ganz nüchtern, und so fahren wir entsprechend flott Richtung Balaklawa.

Unterwegs stoppen wir bei einem Markt, um herrlich reife und köstliche Weintrauben, Äpfel und rote Paprikaschoten für wenig Geld zu kaufen.

Auch die Ukraine hat unter der Rubelabwertung sehr gelitten, kann aber, laut Alvidas, die Entwicklung besser „auffangen". Sicher würde sich jetzt keine Mehrheit in der Bevölkerung mehr finden, die für eine Abschaffung der Unabhängigkeit stimmen würde.

Viele Geschäftsleute haben nach der Abwertung noch eine Menge regeln können, weil die Preise hier erst vierzehn Tage später stiegen.

In Balaklawa empfängt uns ein überglücklicher Igor und SOL-
VEIG im Top-Zustand. Außerdem ist heute „Balaklawa-Tag". Von
Sewastopol sind rund zwanzig einheimische Yachten hierherge-
segelt, und der kleine, sonst eher verschlafene Ort ist kaum
wiederzuerkennen.

Wo ich hinkomme, wird mir zugewinkt oder ein Drink spen-
diert, Studenten singen mit und ohne Gitarre, mit oder ohne Stimme, Schüler versuchen, englisch zu sprechen, wollen alles über
Deutschland wissen.

Ich treffe auf zwei Studentinnen, Wika und Dascha heißen sie.
Wika trägt kurzgeschnittene, dunkelblonde Haare, aus ihrem
ungeschminkten, jungenhaften Gesicht lacht die reine Lebens-
freude. Ihre Freundin Dascha ist ebenso hübsch mit ihren schul-
terlangen, braunen Haaren.

„Was studiert ihr?" will ich wissen.

„Medizin im ersten Semester", kommt es im Chor.

„Und die Zukunft? Immer wieder höre ich, daß man kein Geld
verdienen kann", hake ich nach.

„Hauptsache, wir bekommen die Ausbildung. Für uns wird es
Arbeit geben. Denn Menschen werden immer krank und brauchen Hilfe", erwidert Wika optimistisch.

„Ist es leicht, einen Studienplatz zu bekommen?"

„O nein, es gibt harten Wettbewerb."

„Und die Ausbildung muß man bezahlen?" frage ich weiter.

„Es gibt beides, aber für einen kostenlosen Platz muß man
besonders gut sein, streben und hart arbeiten. Bei kostenpflichti-
gem Studium ist es etwas leichter, es reicht noch ein Schnitt von
drei, aber dann muß man auch ganz ernst arbeiten", werde ich
von Dascha aufgeklärt.

„Und ihr studiert..."

„... kostenpflichtig!" Beide strahlen und genießen ganz offensichtlich ihren besonderen Status. „Unsere Eltern bezahlen das
Studium."

„Also dann – viel Spaß noch, und besucht uns auf dem Boot,
wenn ihr Lust habt!"

Trotz Müdigkeit lasse auch ich mich eine Zeitlang mitreißen
von der prickelnden Atmosphäre des Abends.

*20.9.*
Alles dreht sich in meinem Kopf. Um zehn Uhr stehe ich auf, weil sich Alvidas um diese Zeit angesagt hat, aber Gott sei Dank ebenso verschläft.

So genießen Rollo und ich das erste Frühstück an Bord in Ruhe und mit alten Vorräten: Knäckebrot, Nutella, angeschimmelte Aprikosenmarmelade.

Neben uns liegt inzwischen ein neues Kriegsschiff mit zwei echten „Stalinorgeln" an seinem Bug. Vorbote einer anderen Zeit? Hoffentlich nicht.

„Balacat" begrüßt uns und bekommt H-Milch und Käse zum Empfang. Sie ist nicht mehr so gut genährt wie bei unserer Abreise, deshalb verschlingt sie entgegen ihrer Gewohnheit alles ganz hastig und wenig vornehm.

Gegen halb eins stoppt ein Boot, und Alvidas mit Frau, kleinem Sohn und einer Freundin klettern an Deck, um die Pläne der nächsten Tage zu besprechen.

Wir wollen so schnell wie möglich unsere Fahrt an der Krim fortsetzen, und dann an der türkischen Schwarzmeer-Küste entlang bis nach Istanbul. Es ist Herbst geworden, die Zeit der Stürme und starken Winde. Grund genug, keine unnötige Zeit mehr zu verlieren. Übermorgen werden wir starten und in Laspi mit Hilfe der Diesel-Filteranlage von Alvidas die SOLVEIG volltanken.

Als ich abends mit Rollo spazierengehe, wirkt die Uferpromenade wie ausgestorben. Keine Yacht dümpelt am Kai, nur hier und da schlendert ein Pärchen. Welch ein Duft der Pappeln! Betörend. Lauer Wind streicht durch die Ruinen am Ende der breiten Allee. Fast etwas unheimlich. Über einem Fenster blinken rote Lichterketten, in der Bar stehen leere Stühle, ein Fernseher flimmert schwarzweiß.


*22.9.*
Letzte Vorratseinkäufe in Sewastopol, und nach einem hektischen Imbiß heißt es für uns endlich: „Heckleinen los – auf Wiedersehen, Balaklawa!"– Auf Wiedersehen?

Alle Freunde winken, selbst „Balacat" sitzt an der Kaimauer und blickt verwundert auf das sich entfernende Schiff, das wochenlang zu ihren bevorzugten Schlafplätzen gehörte. Ihr Erstaunen aber wird noch wachsen, denn auch ein Start kann seine Überraschungen mit sich bringen.

Zunächst verdreht sich beim Hochhieven des Ankers eine alte Leine derart in der Kette, daß sie sich im Rohr vollständig festzieht und nicht mehr zu bewegen ist. Rollo holt Hammer, Schraubenzieher und eine Säge, um das Malheur zu beseitigen, während ich das Ruder übernehme. Doch das läßt sich nicht mehr steuern! Ich denke schon, der Autopilot ist eingeschaltet, denn das Boot reagiert kaum auf meine Drehungen. Selbst der Bugstrahler zeigt fast keine Wirkung. Als ob ich auf einer Seifenkiste schwimme, die nur dem Wind gehorcht.

Rollo hat die Kette mit den Werkzeugen frei bekommen. Am Ufer eifriges Winken. Ich übergebe Rollo das Ruder. „Vielleicht bin ich einfach zu aufgeregt, aber irgendwie reagiert das Boot anders als sonst!“ sage ich vorsichtig.

„Den kurzen Weg nach Laspi schaffen wir schon, dort werden die Taucher sowieso den Rumpf saubermachen. Dann können sie gleich nachsehen, ob etwas in die Schraube geraten ist“, beruhigt Rollo, während er am Steuerrad dreht.

Aus dem Auspuff tritt schwarzer Rauch, und obwohl wir mit über zweitausend Umdrehungen fahren, bewegt sich SOLVEIG nur mühsam. Als ob sie eine Containerladung hinter sich her schleppen muß.

„Balaklawa will uns nicht loslassen!“ versuche ich zu spaßen.

Strömender Regen setzt ein. Noch nicht einmal Öljacken habe ich ausgepackt im Glauben, für die 90 Minuten Fahrt lohne es sich nicht.

„Sollen wir wirklich aus dem Hafen hinausfahren?“ taste ich mich noch einmal vor.

Wenn Rollo etwas haßt, dann ist es, nach erfolgtem Abschied umzukehren, so nach der Devise:„Hallo, hier sind wir wieder! Wir haben leider ein Problem!“

Doch genau dieser Alptraum wird bittere Realität, denn nach weiteren fünf Minuten geht praktisch nichts mehr. Gott sei Dank hat der Regen den Wind vertrieben, so schafft es Rollo mit unendlicher Geduld und einem Bugstrahlruder, das noch funktioniert, SOLVEIG an unseren alten Liegeplatz zu manövrieren.

Igor ist schon gegangen, aber seine Freunde reiben sich verwundert die Augen, als wir unser Schiff am Kai wieder festmachen. Ich stifte erst einmal eine Runde Wodka für alle, um unser vorzeitiges Wiedersehen in Balaklawa auch gebührend zu feiern. Nur nichts anmerken lassen!

Am meisten freut sich über unseren verzögerten Start offenbar „Balacat", die sofort nach dem Festmachen mit einem Satz an Bord springt und schmeichelnd um meine Beine streicht.

Rollo gibt sich keine Mühe mehr, seine Wut zu verbergen, denn für ihn ist die Ursache unseres mißglückten Starts eindeutig.

Entgegen seinen Anweisungen hat Alvidas nicht vor unserer Rückkehr das Unterwasserschiff kontrolliert und saubermachen lassen, da er diese Arbeit aus verschiedenen Gründen lieber bei seiner Werkstatt in Laspi durchführen will. Er begreift einfach nicht, daß wir nur mit einem intakten Boot in die ungeschützte Bucht nach Laspi kommen können, um bei Wetteränderungen jederzeit den Platz verlassen zu können. Balaklawa ist nun mal der beste Hafen an der ganzen Krimküste!

Obwohl er mit Igor befreundet ist, oder vielleicht gerade deshalb, will er auch seine Taucher nicht hier arbeiten lassen. „Das gibt sonst Streß!" sagt er als Begründung.

Den Streß haben wir jetzt! Rollo und ich sind uns einig, daß wir unter gar keinen Umständen irgendwelche Rücksichten nehmen können. Oberste Prioriät MUSS jetzt das Boot haben!

*23.9.*

Ich bin kaputt, zerschlagen, wie ausgelaugt. Mein Kopf ist zu, ich nehme alles wie durch eine Wand wahr. Vielleicht das hiesige Wasser? Auch mit meiner Verdauung liegt einiges im argen.

Igor bittet einen Freund, Propeller und Unterwasserschiff zu säubern. Dabei stellt dieser fest, daß der Propeller eine kleine Beschädigung hat, ebenso das Bugstrahlruder! Später erscheint Alvidas mit Assistent und befaßt sich mit der Zylinderkopfdichtung. Das Leck war damals entstanden, als kein Kühlwasser mehr floß und der Motor überhitzt wurde.

Meisterhaft, wie Alvidas nach eineinhalb Stunden Arbeit alle Teile und Schrauben des Motors wieder zusammenfügt. Trotzdem werde ich erst nach einer Proberunde ohne schwarzen Rauch, der aus dem Auspuff strömt, ruhig sein!

Alexei hat angerufen. Er wird in die Türkei mitfahren, um zusammen mit uns seine Delphin-Beobachtungen fortzusetzen und die Statistiken bezüglich ihrer Population weiter zu ergänzen. Wir können keinen festen Starttag verabreden, denn noch wissen wir gar nicht, ob es den Tauchern morgen gelingen wird, im Wasser den Propeller auszutauschen. Aber sie müssen es schaffen, denn hier gibt es keinen Kran, mit dem wir das Boot an Land heben können!

## 24.9.

15 Uhr. Seit vielen Stunden hämmern und schlagen zwei Taucher an dem Schaft, um den Propeller herauszubekommen. Dabei sind ihnen Bolzen abgebrochen. Alvidas ist sehr kleinlaut, und Rollo und ich voller Sorge, was werden wird. Ich habe große Angst, daß der Schaft bei der Aktion so beschädigt werden könnte, daß wir am Ende gar nicht mehr manövrierfähig sind. Plötzlich ist alles offen.

17 Uhr. GESCHAFFT! Dieses Wort gilt für alles und alle. Die Taucher können kaum mehr auf ihren Füßen stehen, aber der beschädigte Propeller ist an Land und der Ersatz am Schaft befestigt. Das war härteste Arbeit. Nicht auszudenken, was geworden wäre, wenn sie den Propeller nicht hätten entfernen können! Auch der Probelauf vom Motor klingt vertrauenerweckend.

## 25.9.

Endlich in Laspi! Und unsere erste Fahrt nach der Unterbrechung verlief ohne Zwischenfälle.

Das Wetter ist strahlend, ganz im Gegensatz zu meiner Stimmung. Eigentlich sollte ich ja vor Freude in die Luft springen, daß unsere Panne beim Start so glimpflich abgelaufen ist. Doch die letzten Tage, die wir mit unserem Boot an der Krim verbringen werden, gehen mir nahe. Auch Alvidas ist deprimiert, er weiß nicht, wie er die Mitarbeiter über den Winter bringt nach der Abwertung des Griwna. Seine vierundsechzigjährige Mutter erhält eine monatliche Rente von umgerechnet zehn Dollar, nachdem sie 35 Jahre lang den Botanischen Garten in Jalta geleitet hat.

Zwischen unseren Gesprächen besuchen wir Sergei in der Werkstatt und staunen nicht schlecht, als wir den ehemaligen Goldschmied bei seiner Arbeit an SOLVEIGs Propeller beobachten. Er glänzt wie ein goldener Spiegel und sieht schöner aus, als er jemals war – das ist wirklich die Arbeit eines Meisters! Und die Werkstatt selbst kann man fast nicht beschreiben, wir haben sie fotografiert und gefilmt. Sie ist einmalig in ihrem scheinbaren Durcheinander, in dem zumindest Sergei alles, aber auch alles findet, was er braucht oder irgendwann einmal brauchen könnte.

Diese Werkstatt ist das eigentliche Herzstück von Laspi. Sie ist die verkörperte Kunst des Überlebens, Improvisierens und des „Gewußt wie". Menschen wie Sergei und auch Alvidas haben noch so vieles im Gefühl, im Blut, wo andere längst Computer und Präzisionsmaschinen einsetzen.

*26.9.*

Kaum zu glauben, aber wahr – heute bin ich im Schwarzen Meer geschwommen. Ziemlich frisch, aber ganz glatte See. Falls der hohe Barometerstand anhält, werden wir morgen eine ruhige Fahrt nach Novi Swet haben.

Bis jetzt – 18 Uhr – ist allerdings weder Alexei erschienen, noch gibt es von Alvidas Informationen über das „Zeremoniell" der Ausklarierung.

*27.9.*

Gestern nacht sind Alexei und Alionka, seine Frau, in die Vorderkabine eingezogen, nach ausgiebiger Wiedersehensfeier, versteht sich.

Auch mit der Küstenwache ist alles geregelt, und wir genießen unsere Freiheit auf dem Meer, beobachten Delphinschulen, die dem Boot aber fernbleiben. Alexei erzählt, daß sie dieses Jahr eine erschreckend große Zahl von Beifängen in den Fischernetzen registrieren mußten. Beifang – welch ein harmloser Begriff, wenn man daran denkt, wie grausam die Delphine in den Netzen ertrinken müssen.

Vormittags noch bewegte See mit entsprechenden Folgen für Alionka, es wird aber zunehmend ruhiger, so daß wir schon am

Nachmittag in Novi Swet eintreffen. Wir versuchen, Wein vom Faß zu besorgen, leider ohne Erfolg, da Sonntag ist. Auf dem Boot denke ich nie an bestimmte Wochentage, wozu auch?

*28.9.*
Weiter nach Feodosija. Alexei muß wegen unseres kurzen Zwischenstopps eigens in Sudak bei der Küstenwache unsere Papiere zeigen und stempeln lassen.

Ich bin neugierig, ob wir so ohne weiteres nach Kertsch zum Asowschen Meer fahren dürfen. Bis jetzt ist nach unseren Informationen dort noch keine ausländische Yacht gewesen. Wir hoffen, in Feodosija mit den zuständigen Leuten sprechen zu können.

Zwischen zwei schrottreifen Schiffen machen wir im Handelshafen fest.

Filmen im Hafen ist nicht erwünscht, da er als „geschlossener Bereich" gilt. Doch die Auskünfte über die Straße von Kertsch lassen hoffen, daß wir mit dem eigenen Boot werden fahren können, da zur Zeit keine Militärmanöver stattfinden. Alexei hat die Telefonnummer des zuständigen Hafenmeisters und anderer Leute bekommen und will morgen anrufen.

*29.9.*
Schlimme, schlaflose Nacht. Starker Schwell läßt die SOLVEIG an der hohen Hafenmauer hin und her tanzen wie einen Jo-Jo-Ball. Heute morgen bringen wir zwei zusätzliche Leinen aus zu dem schräg gegenüberliegenden ehemaligen Passagierschiff aus Georgien.

Das Wort „ehemalig" zieht sich auch wie ein roter Faden durch unsere Reise. Heute transportiert das Schiff, das auf unerklärliche Weise immer noch schwimmt, Orangen und Tee nach Feodosija, und aus der Ukraine Zucker nach Georgien.

Zusammen mit dem Vizebürgermeister besuchen wir die Galerie des berühmten Malers Aiwasowskij, der wie kein anderer das Element Wasser auf über sechstausend Ölgemälden festgehalten hat.

Ich bin überwältigt von dem Spiel des Lichtes in den Wellen, von den vielen Details, die als Vergrößerung ein neues Bild ergeben, von der Transparenz des Wassers. Daneben war er Musiker, spielte drei Instrumente, Violine, Flöte und Laute, und zeigte sich als ebenso großzügiger wie ideenreicher Sponsor seiner Stadt. So geht der größte Teil der Infrastruktur Feodosijas auf seine Initiative zurück.

Leider hat SOLVEIG unsere Abwesenheit übelgenommen. Ein weiterer Festmacher ist gerissen. Das nervt!

*30.6.*

Um sechs Uhr stehen wir auf in der Hoffnung, nach den berühmten Formalitäten rechtzeitig weiterfahren zu können. Inzwischen ist es nun Alexei, der mit den Nerven fertig ist. Sein Wundern und Kopfschütteln nimmt kein Ende.

Auf der anderen Seite Gastfreundschaft wohin wir kommen, man will nicht einmal Liegegebühren von uns. Vielleicht, weil eine weitere Leine gerissen ist.

Als Alexei von seinem Behördenausflug zurückkommt, berichtet er, daß er alle Offiziellen erst einmal wecken mußte und sie sich erschrocken ob ihres tiefen Schlafes mit einem tiefen „Spaßiba" bei ihm bedankten.

Am schwierigsten gestaltete sich seine Mission bei dem Herrn, der für den Kopierer zuständig war. Alle Türen verrammelt, kein Pochen und Klopfen half. Auch seine Rufe verhallten ungehört. So suchte Alexei schließlich ein Telefon in der Stadt, und diese Methode hatte schließlich Erfolg! Als Rust mit seinem Flugzeug damals auf dem Roten Platz landete, haben wohl ebenso viele tief geschlafen ...

16.30 Uhr. SOLVEIGs Annäherung an Kertsch löst über Funk viel Hektik aus. Vor allem, nachdem uns eine weibliche Stimme absurde Anweisungen gibt. Große Diskussion anderer Dienststellen über Kanal 14, mit dem Resultat, daß uns jetzt ein richtiges Pilotboot in den Hafen geleitet und hoffentlich einen ruhigen Liegeplatz zuweisen wird. Ich komme mir vor wie auf einem Passagierdampfer!

Rollo ist sehr nachdenklich geworden. Die Meerenge, in der wir uns jetzt befinden, war im Zweiten Weltkrieg von deutschen Soldaten heiß umkämpft, und es gab auf beiden Seiten viele Verluste.

Neben einem großen Trockendock dürfen wir ankern mit Heckleinen zum Land. Unglaublich, wie lieb sich die Mannschaft des Pilotbootes um uns kümmert! Als wir ihnen die zerrissenen Leinen aus Feodosija zeigen, verstehen sie, daß wir anders gebaut sind als ihr Pilotboot.

Unsere Heckleinen haben allerdings auch zur Folge, daß ein Quarantänearzt beim Tritt aufs Zodiak ins Wasser fällt und erst einmal mit einem doppelten Wodka aufgewärmt werden muß.

Das hiesige Stadtoberhaupt hat offenbar im Vorfeld eine Menge zur Legendenbildung beigetragen, denn um 22 Uhr klopfen noch zwei Zolloffiziere und erteilen Auskünfte für das Asowsche Meer. Als sie sich schließlich verabschieden, gestehen sie, daß der Bürgermeister ihnen gesagt habe, ein berühmter Weltreisender käme, mit dem Auftrag, alle ukrainischen Häfen zu kontrollieren!

*1.10.*

Es weht mit Sturmstärke, und wir müssen SOLVEIG neu festmachen. Außerdem haben gestern zwei kräftige Herren, um auf das Boot zu kommen, so hart an den Heckleinen gezogen – das Zodiak war ihnen nach der Erfahrung des Quarantänearztes wohl zu unsicher –, daß der Anker leider nachgab.

Nach einem Besuch der Stadtabordnung kontrolliert der Sicherheitsbeauftragte zum erstenmal auf der ganzen Reise die Rettungswesten. Selbst auf der Weltumsegelung hat sich niemand dafür interessiert. Er ist wirklich sehr um unser Wohlergehen besorgt und vermißt die Pfeifen. Als Rollo ihm statt dessen sämtliche Bootszertifikate samt Stempel präsentiert, ist er zufrieden. Stempel machen eben überall auf der Welt, aber besonders hier, großen Eindruck. Zumal, siehe Jalta, es schwierig ist, Stempel anfertigen zu lassen.

Alexei, Alionka und Rollo verabschieden sich zum Einkaufen, während ich die selten gewordene Ruhe auf dem Schiff genieße.

Mit Victor als fachkundigem Führer haben wir am Nachmittag großes Glück. Leider kann Alionka aus Platzgründen nicht mitfahren. Als ich ihr vorschlage, in der Zeit einen Bummel durch die Stadt zu unternehmen, protestiert Alexei entsetzt:

„Das ist zu gefährlich, ich hätte keine ruhige Minute mehr!"
Kertsch ist die Stadt mit den ältesten Fundamenten in ganz Europa und für Archäologen ein echter Geheimtip. Außerdem können Wissenschaftler suchen, graben und forschen, ohne Lizenzgebühren an die Regierung zahlen zu müssen. Fragt sich, wie lange noch? Unvorstellbar, was alles unter den Hügeln und Gräsern verborgen liegt!

Tatsache ist jedenfalls, daß einmal zehn (!) griechische Städte hier angesiedelt waren. So finden Archäologen bis heute alte Goldmünzen und Gegenstände. Seit 1993 haben sie allein 188 Goldstücke entdeckt.

Die Stadt selbst erstreckt sich über rund fünfzig Kilometer entlang der Küste, dafür ist sie an manchen Stellen nur vierhundert Meter breit. An Häßlichkeit ist sie aber nur schwer zu übertreffen, sieht man von den vielen Grünanlagen einmal ab. Eben eine typische Industriestadt – Eisen und Stahl –, doch die zwei großen Fabriken mußten schließen. So ist ihr nur Fischverarbeitung geblieben.

*2.10.*

Zwei Nächte und einen Tag werden wir für die Überfahrt in die Türkei brauchen. Rollo checkt noch einmal ausführlich den Motor und geht anschließend in die Stadt für letzte Besorgungen. Alexei ist nervös, weil er noch nicht zurück ist, auch ich mache mir langsam Gedanken. Seit zweieinhalb Stunden ist er jetzt unterwegs.

13.00 Uhr. Der Käpten ist an Bord, er hatte keine Wechselstube gefunden, daher die Verspätung.

15.30 Uhr. Zwei Stunden Ausklarieren mit fünf Behördenvertretern und einem Veterinär. Er fragt nach einer „Entrattungs-

*„Haben Sie ein Entrattungszertifikat?"*

223

*„Wie heißt du?"*

Bescheinigung" von der Einklarierung in Ismail, die wir natür-
lich nicht erhalten haben. Endloses Hin- und Hertelefonieren,
Alexei wird immer besorgter, ob wir heute noch starten können.
Schließlich entspannt sich die Situation, und nach circa zwanzig
Stempeln auf ebenso vielen Formularen heißt es für uns: „Ukrai-
ne, daßwidanja!"

*4.10.*
Unseren Abschied von der Krim feiern wir lange und ausgiebig,
denn das Wetter meint es gut. Ich serviere Kaviar, harte Eier,
Wodka als Vorspeise und zum Hauptgericht „Stramme Jungs" aus
deutschen Landen, auch Frankfurter Würstchen genannt, mit
Kartoffelbrei, Tomaten- und Gurkensalat, dazu Bier oder Krimwein, und als Nachtisch Kaffee und Wodka zum Verdauen. Das
Ergebnis bei mir kann sich sehen lassen: Neptun erhält weit mehr
von meinem strapazierten Magen als ihm zusteht, und am nächsten Tag geht es mir noch schlechter.

Einmal mehr schwöre ich, nie wieder im Leben auch nur einen
Tropfen Alkohol vor einer Überfahrt zu mir zu nehmen!

Wir haben kräftigen Wind von achtern, dazu beachtlichen Seegang. Am liebsten würde ich sterben, so schlecht geht es mir. Alexei und Alionka vertragen den gestrigen Abend besser als ich,
allerdings mit dem kleinen, aber vielleicht entscheidenden Unterschied, daß sie nicht arbeiten, also keine Nachtwache durchstehen
müssen und sie deshalb ausschlafen.

Der starke Wind hat aber auch sein Gutes: Wir sind sehr schnell und können so schon bei Dämmerung die türkische Küste und die Lichter von Sinop, einem kleinen Hafenstädtchen, ausmachen. Plötzlich ein Pfeifen: „Bilge-Alarm" – Wasser im Boot! Riesenschreck. Rollo hebt in dem rollenden Schiff die Bodenbretter hoch, und tatsächlich hat sich eine Menge Wasser unter dem Motor angesammelt.

Wo kommt es her?

Immer noch pfeift der Alarm. Die Pumpe scheint die Wassermengen nicht zu schaffen. Das gibt's doch nicht – so kurz vor dem Ziel, und wir haben Wasser im Maschinenraum!

Vor Entsetzen ist mir nicht mehr übel, statt dessen denke ich fieberhaft nach. Stelle die Pumpe für das Süßwasser ab. Vielleicht hat sich ja eine Schelle gelockert, und es ist Süßwasser, das in die Bilge läuft.

Der Alarm hört nicht auf.

„Die Pumpe arbeitet nicht!" ruft Rollo, der sich neben dem Motor zu schaffen macht.

In Kertsch haben wir erstmals unsere Rettungswesten vorführen müssen, war dies am Ende etwa ein schlechtes Omen?

„Gibt es nicht noch einen anderen Schalter für die Bilge-Pumpe, vielleicht ist dies nur der Alarmknopf?" schreie ich, um den Motorlärm zu übertönen.

Rollo kann nichts hören, sucht weiter nach der Ursache des hereinströmenden Wassers.

„Am Steuerstand sind insgesamt sechs Schalter für die Bilge markiert, laß mich einen anderen probieren!" versuche ich erneut, mich verständlich zu machen, starte schließlich einen der vielen Knöpfe auf Verdacht.

Nach einer halben Minute hört das Pfeifen auf!

Im Gegensatz zu unserem Segelboot arbeitet hier die Pumpe nur, wenn man sie einstellt, was durchaus Sinn macht – wenn man darum weiß.

Doch wo kommt das Wasser her?

Und dann hat Rollo die Erklärung für den ungewöhnlichen Wassereinbruch:

Es ist die Pumpe selbst!

Durch die seitlichen Brecher wird das Wasser durch den Schlauch von außen hereingedrückt. Offenbar ist dieser starke Seegang für ein solches Motorboot doch ungewöhnlich und die Pumpe nicht für eine solche Belastung vorgesehen. Alexei und Alionka bemerken nichts von dem Zwischenfall, denn sie schlafen vorne in ihrer Kajüte.

Eine Stunde vor Mitternacht steuern wir dank Radar, Satellitennavigation, Echolot und guten Ferngläsern in den kleinen Hafen von Sinop. Erschöpft wärmen wir uns bei einem Teller Suppe von der nicht gerade ereignislosen Überfahrt.

Jetzt liegen wir mit Heckleinen am Kai festgemacht und genießen den Sonntag. In einem Winkel des Hafens haben wir sogar einen kleinen Wasserhahn entdeckt.

Alexei und ich fahren mit unseren Kanistern im Zodiak zu der wertvollen Quelle. Sofort sind hilfreiche Hände zur Stelle, ein Kapitän schenkt uns Äpfel und Brot und erzählt, daß gestern nacht, nur wenige Meilen vom Hafen entfernt, ein einheimisches Fischerboot gesunken sei. Dabei kam der Kapitän ums Leben, drei Besatzungsmitglieder konnten gerettet werden. Der Grund: eine undichte Pumpe. Das Boot lief voll und sank innerhalb von Minuten. Heute haben sie die Leiche des Fischers geborgen.

Ich schlucke innerlich, erzähle Alexei aber nichts von unserem eigenen nächtlichen Abenteuer, das so glimpflich abgelaufen ist. Wir füllen die Behälter bis zum Rand, brausen zurück und gießen alles ganz langsam und vorsichtig, um ja nichts zu verschütten, in SOLVEIGS Tank. Fünfmal hin und her, dann ist er wieder voll.

Von den Minarettürmen erklingen die klagenden Mahnungen des Muezzin – kein Zweifel, wir sind tatsächlich in der Türkei!

Neben der SOLVEIG hocken etwa vierzig Jungens unbeweglich am Kai und angeln. Ab und zu hallt ein fröhliches „Guten Morgen" zu uns herüber. Es wird höchste Zeit, daß ich mein Türkisch-Lexikon „in Betrieb" nehme!

Diese Sätze schreibe ich ganz entspannt und glücklich in mein Tagebuch, nicht ahnend, daß dieser Tag ganz anders enden sollte, als er noch am Morgen vermuten ließ. Ich telefoniere gerade per Handy mit meiner Freundin, als Rollo plötzlich in die Kajüte stürzt und schreit:

226

„Sturm kommt auf!"

Mit einem Schlag – ohne jedes Vorzeichen – bricht ein Orkan los, der den gesamten Hafen kochen läßt. Brecher knallen an und über das Boot, der Anker löst sich vom Grund, obwohl Rollo mit laufendem Motor und eingelegtem Gang versucht gegenzusteuern. Keine Möglichkeit, die Heckleinen frei zu bekommen, alles geht ganz schnell.

SOLVEIGs Bug dreht sich um neunzig Grad, machtlos sehen wir zu, wie wir binnen Sekunden auf die Steine geschleudert werden. Gestrandet – mitten im Hafen von Sinop!

Ich glaube es nicht! Gleich wache ich in meiner Koje auf und habe alles nur geträumt! Wellen schlagen hart gegen die Bordwand. Nichts rührt sich mehr. Ich weiß nicht, was in welcher Reihenfolge genau geschehen ist. Ich weiß nur, daß ich mit Alexei versuche, die Leinen von den Klampen am Schiff zu lösen, der Zug darauf aber derart hart ist, daß wir es nicht schaffen. Unser Schiff droht durch die Brecher beschädigt zu werden. Ich stehe an Deck, klatschnaß, bemerke nicht, was hinter mir passiert.

Etwa dreißig Männer sind in unsere Richtung losgerannt und in ihren Sonntagsanzügen ins Wasser gesprungen!

Mit aller Kraft beginnen sie zu drücken, zu schieben und zu ziehen. Woher sind sie aus der Dunkelheit plötzlich aufgetaucht? Nur noch ein einziges Rufen und Schreien. Ich bin wie gelähmt, kann nicht mehr denken. Ist das überhaupt unser Schiff, das da auf den Steinen liegt?

Irgendwann gelingt das Unglaubliche: Das Boot bewegt sich. Es schwimmt!

Alle verfügbaren Leinen werden von sechzig Händen irgendwie an SOLVEIGs Klampen befestigt und irgendwo am Pier nach allen Regeln der Seemannskunst verknotet. Mit den Fendern geschieht das gleiche.

„Okay?" fragen die Fischer und rennen dorthin, wo sie hergekommen waren, um ihre nasse Kleidung loszuwerden.

Der Spuk ist vorbei.

Vier Jungen bleiben. Ihre Kleidung ist trocken, denn sie haben an Land das Schiff vertäut. Sie sprechen kein Wort Englisch oder Deutsch, aber nach ein paar Rakis verschwinden zwei von ihnen, um eine halbe Stunde später mit zwei großen Makrelen, Zitronen und drei Stangen Weißbrot ein Essen in meiner Pantry zuzubereiten, das ich mein Leben lang nicht vergessen werde. Willkommen in der Türkei!

*5.10.*

Das Barometer steigt. Die Jungen berichten, daß sie sich nicht erinnern können, jemals einen solchen Sturm erlebt zu haben. Alles erscheint wie ein böser Traum, aber mit gutem Ende, denn die tatsächlichen Schäden am Boot halten sich in Grenzen: nur ein paar Schrammen seitlich an der Scheuerleiste und achtern am Badebrett.

Friedlich, als wäre nichts geschehen, liegt der malerische Hafen zwischen den Hügeln der Landzunge. Die Sonne scheint, blauer Himmel, und eine sanfte Brise läßt die Wasseroberfläche sich leicht kräuseln.

Es ist Montag, die offizielle Einklarierung für die Türkei steht bevor. Nach den Erlebnissen der Nacht sehen wir diesem Thema gelassen entgegen.

Im kleinen Büro des Hafenmeisters werden wir freundlich begrüßt, aber erst einmal weiterverwiesen an die Polizei. Dort blättert man in unseren Pässen und schickt uns wieder zum Hafenmeister.

„Transitlog" heißt das Zauberwort. Doch woher nehmen? Schließlich landen wir in einem kleinen Laden, in dem es von Kochtöpfen bis zum Kassettenrecorder ziemlich alles zu kaufen gibt. Und der Inhaber zieht tatsächlich jenes bedeutende Formular aus seiner Holzschublade, das, wenn es mit den entsprechenden Stempeln verziert wird, für die ausländischen Yachten einer Art „Green Card" für ihre Türkeireise gleichkommt.

Aber die Stempel müssen her. Und das ist gar nicht so einfach, und noch schwerer, wenn man der Landessprache nicht kundig ist.

Wir erwerben vom Besitzer des Tante-Emma-Ladens also das leere Transitlog, das aus etwa sieben Blättern besteht, und der hilfsbereite Mann begleitet uns zum Rathaus.

Wir betreten einen großen Raum mit langem Holztresen und vielen Schreibtischen dahinter. Zum erstenmal sehe ich in Sinop, das bis jetzt ausschließlich von Männern bewohnt schien, unverschleierte Türkinnen, die eifrig auf alten DDR Optima-Schreibmaschinen hämmern.

Man bittet uns, Platz zu nehmen. Ein schmächtiger Jüngling bringt gerade ein Tablett mit kleinen, gefüllten Teegläsern, um sie bei den Angestellten zu verteilen. Irgendwie habe ich das Gefühl, in einer Schule zu sitzen, zumindest vom Lärmpegel her. Der offensichtliche Chef der Abteilung blickt seit geraumer Zeit unentwegt auf die Rückseite eines Stempels, als versuche er, ihn zu lesen.

Eineinhalb Stunden vergehen, ohne daß etwas passiert. Schließlich bekommen wir von dem mutmaßlichen Chef unser Transitlog zurück, so leer, wie wir es erhalten haben. Der selbsternannte Helfer bringt uns wieder zum Hafen. Ein Agent, der auch so aussieht und nun mit aller Würde aus seinem BMW aussteigt, begrüßt uns in englisch.

„If you pay me twohundred dollar, I will clear you in, no problem!"

Und genau so geschieht es. Im Grunde haben wir keine andere Wahl. Offenbar gibt es eine Art stilles Übereinkommen zwischen den Behörden und den Agenten, sich gegenseitig zu unterstützen. Und schließlich ist Hilfsbereitschaft ja ein schöner Charakterzug.

Unser Koch von gestern läßt uns nicht mehr aus den Augen, ist von SOLVEIGs Einrichtung derart fasziniert, daß er alles ausprobiert: Maschine starten, Bugstrahlruder, Kurzwellenradio. Kurzum, seit gestern fühlt er sich bei uns schon richtig zu Hause. Auch bei den Mahlzeiten weicht er nicht von der Stelle, sieht zu, will aber nicht mitessen.

Um vier Uhr nachmittags sind wir endgültig offiziell eingereist. Ich wechsle daraufhin hundert Mark bei der Bank und bin mit einem Schlag Multimillionär! Sechzehn Millionen türkische Lire besitze ich nun. Da wird man ja krank im Kopf beim Umrechnen!

Der hohe Barometerstand und der gestrige Schock veranlassen uns, noch heute abend weiterzufahren Richtung Istanbul. Großes Winken und Hallorufen aller Fischer bei der Ausfahrt!

*6.10.*

Eine Vollmondnacht. Romantische Wache bei Klängen von Mozart, Vivaldi und Strauß vom örtlichen Radiosender. Im Morgengrauen spektakuläres Bergmassiv, angeleuchtet von den Strahlen der aufgehenden Sonne.

Amasra, unser nächster Stopp, ist auch ein Fischerhafen. Hübsch gelegen an einem kleinen Berg, wenn auch mit moderneren Bauten als Sinop. Wind sehr kräftig.

Diesmal ankern wir lieber und fahren mit dem Zodiak an Land. Bei unserem Bummel durch die zum Teil engen Gassen finden wir Häuser aus den verschiedensten Epochen. Leider ist das kleine, archäologische Museum wegen Reparaturarbeiten geschlossen. Ebenso der Markt. Dafür kaufe ich in einem der vielen kleinen Läden zwei original türkische Holzhocker zum Zusammenklappen. Alionka besorgt frischen Fisch, den sie hervorragend zubereitet und von dem alle so viel essen, daß wir danach in tiefen Schlaf fallen.

*8.10.*

Eigentlich wollen bzw. müssen wir heute weiterfahren, aber der nächste Herbststurm hält uns fest. Es weht so heftig, daß wir selbst im Hafen ordentlich schaukeln.

Ein großer Frachter hat Probleme bekommen mit Anker und Leinen und treibt immer wieder gefährlich nah an SOLVEIGs Bug. Seit mehreren Stunden ist die Besatzung dort im Einsatz, dreimal haben sie seitdem den Hafen verlassen, sind aber jedesmal nach kurzer Zeit zurückgekehrt. Ihre wiederholten Anrufe an die Kontrolle bleiben ungehört.

Riesige Brecher schießen von draußen über die hohe Molenmauer und gießen schäumende Wassermassen über die Boote. Alexei, der Statistiker, zählt sie – sechsunddreißig in zehn Minuten!

Eine rege Betriebsamkeit setzt ein, Fischer sichern mit immer neuen Bojen und Leinen ihre Boote vor den Naturgewalten. Nur der Muezzin bleibt ungerührt. Seine Stimme schallt alle vier Stunden über die Bucht.

12.15 Uhr. Unser Eisen hält nicht mehr. Erneutes Ankern in einer besser geschützten Ecke des Hafens mit der Folge, daß nun auch der Kapitän des Frachtschiffes einen neuerlichen Ankerversuch unternimmt, nur wenige Meter von uns entfernt. Werden wir dieses Monster denn nie los? Er läßt noch eine zusätzliche Leine zum Kai ausbringen, so daß wir nun mit Leinen von zwei großen Frachtschiffen eingesperrt sind.

Der Sturm hat sich auf Stärke neun verstärkt.

15.00 Uhr. Ein dritter Frachter hat sich in den Hafen geflüchtet. SOLVEIG tanzt im Seegang hin und her, aber noch hält der Anker. Wir essen so viel wir können, wer weiß, was uns noch blüht, da braucht man Reserven.

*9.10.*

Endlich – der Sturm hat sich ausgeweht. Die ersten Fischerboote fahren hinaus, auch zwei Frachter haben sich bereits auf den Weg gemacht.

Rollo, Alexei und Alionka besorgen mit dem Zodiak frische Lebensmittel im Ort, und als sie vollbeladen zurückkehren, nimmt Alexei ein unfreiwilliges Bad, als er Rollo den Außenborder übergeben will. Das Schlauchboot rutscht unter ihm langsam aber sicher immer weiter von der Bordwand weg. In letzter Minute erwischt Rollo gerade noch den 25 Kilo schweren Motor, bevor Alexei endgültig das Gleichgewicht verliert und bäuchlings im weißen Hemd und weißer Hose ins dreckige Hafenwasser fällt. Prustend und schnaubend taucht er auf und ruft:

„Did you get the outboard? – Hast du den Außenborder noch erwischt?"

Nach Rollos eindeutigem Handzeichen ist er offenbar beruhigt und wagt, mit Hilfe der Badeleiter, die ihm Alionka eilig ausklappt, dem gestrengen Käpten wieder vor die Augen zu treten ...

*10.10.*

Nachts auf See: Der Bosporus ist nicht mehr fern, und das spüren wir, je näher wir der Einfahrt kommen. Stündlich nimmt der Schiffsverkehr zu. Belastend sind vor allem die unzähligen Fischerboote an der Küste, die zum Teil ohne Licht unterwegs sind. Mit viel Mühe kann ich sie als kleinen weißen Punkt auf dem Radar erkennen. Aber nicht jeder kleine Fleck auf dem Bildschirm ist ein Boot, manchmal eben auch nur die Schaumkrone einer Welle.

Im frühen Morgengrauen liegt die Einfahrt der berühmten Meerenge vor uns! Zumindest theoretisch, nach der Position des GPS. Dichte Nebelschwaden haben die Gebirgszüge unsichtbar werden lassen.

„Jetzt werde ich auf keinen Fall die Ansteuerung beginnen. Das Risiko ist mir zu groß!" verkündet Rollo.

Nach den Abenteuern der vergangenen Tage kann ich seinen Entschluß nur zu gut verstehen. Unsere Vorsicht wird bald belohnt. Mit der höhersteigenden Sonne lichten sich die weißen Schwaden, und nicht ohne Stolz steuern wir nun zwischen großen Containern, Tankern und vielen, vielen kleinen und kleinsten Fischerbooten in eine kleine Bucht am Eingang des Bosporus, wo für den heutigen Tag SOLVEIGs Anker fällt.

Am Nachmittag steigt das Thermometer auf 25 Grad, es ist Wochenende, und etwa acht schmucke Yachten haben sich zwischenzeitlich eingefunden. Rauch steigt auf, Barbecue heißt das Freizeitvergnügen der Istanbuler Yachties. Im nicht unbedingt einladenden Wasser schwimmt ein türkisches Mädchen im züchtigen Bikini.

Von Alexei erfahre ich Tiefgründiges über islamische Sitten. Als er bei einem seiner früheren Aufenthalte einen gläubigen Türken fragte, warum er Raki trinke, aber Wodka oder Wein für ihn verboten sei, erhielt er zur Antwort:

„Bei Raki denkt Gott, es sei Milch!" Zur Erinnerung: Raki mischt man mit etwas Wasser, so daß sich der Anisschnaps milchigweiß trübt. Weitere Varianten zum Thema Alkohol im Islam: Man buche einen Zwei-Stunden-Flug Kuwait–Kuwait. Warum? Oben in der Luft darf alles getrunken werden, was an Land oder auf See vom Koran verboten ist. Damals, als die Religion aufkam, hat man ans Fliegen noch nicht gedacht.

Nun ja, wer weiß in welch geistigem Zustand sich Freund Alexei gerade befand, als er diese Geschichten hörte ...

*11.10.*
Bei Dunst und Sonnenschein starten wir nach Istanbul. Neben den

232

berühmten Sehenswürdigkeiten und Attraktionen dieser Metropole zwischen Europa und Asien wird sicher auch eine Menge Arbeit auf uns warten, denn hier wollen wir SOLVEIG überwintern lassen.

Noch niemals vorher bin ich durch eine Meerenge gesteuert – der Panamakanal ist ja künstlich gebaut. Alles, was irgendwie schwimmen und sich auf dem Wasser vorwärtsbewegen kann, trifft sich hier: Tanker, Kreuzfahrtschiffe, Fischdampfer, Frachter, Ausflugsboote, Tragflächenboote, große Yachten, kleine Yachten, Lotsenboote und so weiter.

An den Ufern ziehen Burgen, Paläste, Luxusvillen, Moscheen, Restaurants, Cafés und später auch riesige Werbetafeln an uns vorbei. Je näher wir dem Zentrum kommen, desto offensichtlicher wird leider auch der Dreck im Wasser. Rauch steigt auf vor der Hagia Sofia – der „Heiligen Weisheit". Zunächst denke ich, vom Auspuff der zahllosen Schiffe, aber nein, das sind die schwimmenden Kebab-Grillstände.

Überhaupt – die Gerüche! So eine Mischung von Diesel, glühender Holzkohle, gegrilltem Fleisch, Auspuffgasen, und all das gewürzt mit einer Prise Salzwasser.

Der starke Dunst läßt Istanbul in einer Art verwunschenem Licht erscheinen. Wahrscheinlich ist die Annäherung an die Sechzehn-Millionen-Einwohner-Metropole vom Wasser aus am eindrucksvollsten.

Schiffe hupen zur Begrüßung, Kapitäne und Crew winken zur SOLVEIG hinüber. Die Besatzung eines Polizeibootes ermahnt uns höflich, nicht zu nahe an eine bestimmte Luxusvilla zu fahren, wahrscheinlich gehört sie dem amtierenden Ministerpräsidenten. „Deutsche Polizei sehrrrr guttt!" rufen sie.

Mit dieser liebenswürdigen Begrüßung kann eigentlich nichts mehr schiefgehen, und in bester Laune steuern wir am frühen Nachmittag in die hochmoderne Ataköy Marina, deren Ausstattung keine Wünsche mehr offenläßt. Zwei Angestellte weisen nach erfolgtem Funkkontakt jedem ankommenden Schiff einen Platz zu, helfen sofort beim Festmachen, und die rund achthundert Yachten, die hier schwimmen, werden von Sicherheitsbeamten bewacht.

Dies ist ganz offensichtlich der vornehme Stadtteil von Istanbul; gleich neben der Luxusmarina erhebt sich das Holiday Inn Hotel, und eine Fülle schicker Restaurants und Cafés säumen die Straßen.

Es ist Sonntag abend, die meisten Geschäfte sind geöffnet, Händler mit Ständen, wohin das Auge blickt: Ringe, Uhren, Ketten, Pocket-Kameras, Ledergürtel, Sonnenbrillen. Man kann sich aber auch von der rot blinkenden elektronischen Waage wiegen lassen. Junge türkische Mädchen in hautengen Jeans und ebenso engen T-Shirts flanieren selbstbewußt an den Läden vorbei, in der lauten Musik gehen sogar die Rufe des Muezzins unter.

*13.10.*

Abschied von Alexei und Alionka. Um Kosten zu sparen, fahren sie mit dem Bus zurück nach Simferopol. Sie müssen zweimal umsteigen und werden etwa zweieinhalb Tage unterwegs sein.

*18.10*

Heute wird SOLVEIG an Land befördert. In atemberaubender Geschwindigkeit und mit unglaublicher Präzision wird sie aus dem Wasser gehoben, sofort mit der Hochdruckpumpe abgespritzt und auf zwei Böcke gesetzt. Das dauert keine halbe Stunde!

Bis spätabends arbeiten wir wie besessen; die Checkliste von der Werft für das Winterlager zusammen mit unserer eigenen umfaßt sieben Seiten. Wir genießen dann zur Belohnung im Hotel, in das wir umziehen müssen, ein ausgiebiges Vollbad.

*19.10.*

Ungewohnt, in einem Hotelbett aufzuwachen, aber nach einer Woche intensivster Arbeit auf dem Boot genieße ich den Komfort. Und heute gönnen wir uns privates Sightseeing.

Mit der museumsreifen Stadtbahn rattern wir ins Zentrum von Istanbul. Deutsche TÜV-Inspektoren bekämen einen Nervenzusammenbruch, aber bis jetzt funktioniert sie noch. Wer engsten Hautkontakt mit Menschen aller Art nicht scheut, sollte sich das Erlebnis nicht entgehen lassen. Händler versuchen, alle nur erdenklichen Gegenstände an die Frau oder den Mann zu brin-

gen, und entwickeln dabei ein erstaunliches Geschick, in den überfüllten Wagen zwecks verkaufsfördernder Demonstration selbst
Regenschirme noch aufzuspannen. Wem das dann doch zu eng
wird, der öffnet im fahrenden Zug einfach die Tür, sucht Halt auf
dem Trittbrett, schiebt sie mit einem Ruck wieder zu und fühlt
sich ab jetzt als Stuntman im Actionthriller.

Nach diesem Auftakt bewegen wir uns ganz brav auf den emp-
fohlenen touristischen Wegen: Hagia Sofia, Zysterne, Blaue Moschee und natürlich der riesige Bazar stehen auf dem Programm.
Nachdem wir uns so überdeutlich „outen", werden wir auch
prompt pausenlos angesprochen: „Are you from Netherland?" ist
derzeit die gängigste Variante bei der „Woher"-Frage, um beim
anschließenden Small talk den Touristen Ansichtskarten und ähnlich Nützliches anzudrehen.

Ein türkischer Ingenieur allerdings will gar nichts von uns, er
ist einfach nur nett und hilfsbereit. Er spricht fließend Schwei-
zerdeutsch, baut in St. Gallen an einem großen Hotelkomplex mit
und lebt dort seit über dreißig Jahren.

Abends sehen wir ganz entspannt vom breiten Bett des Hotels
aus nach langer Abstinenz mal wieder fern. Viel versäumt haben
wir offenbar nicht: SAT 1 und RTL können empfangen werden.
Am interessantesten ist für mich die rapide Entwicklung der Wer-
bespots. Sie werden immer kürzer, spannender und kreativer. Morgen werden wir SOLVEIG für sechs Monate in Istanbul zurücklassen.

*Die Zeit kann man mit der Uhr nicht messen.*

*A. Alexander*

# Russische Begegnungen

**Sie.** Viele Telefonate und Faxe fliegen im Winter von der Krim zum Tegernsee und vom Tegernsee zur Krim. Und wir ändern unseren ursprünglichen Plan:

Nein, wir wollen nicht über das Mittelmeer nach Maasbracht zurück. Das Mittelmeer kann warten! Statt dessen fahren wir nach Rußland! Und vorher machen wir einen Abstecher an die geliebte Krim, um für das Bayerische Fernsehen noch bestimmte Themen nachzudrehen. Mein Herz jubelt, obgleich mir klar ist, daß dies alles andere als eine Erholungsreise werden wird, denn wir haben nicht viel Zeit – gerade mal sechs Wochen. Und das ist, wenn man filmen und fotografieren will, daneben aber einen kompletten Haushalt und vor allem die gesamte Technik auf dem eigenen Boot betreuen, pflegen und reparieren muß, gar nicht lang.

Terminliche Verpflichtungen aber lassen keine Verlängerung der Reise zu. Freund Sascha wird uns wieder als Kameramann begleiten. Doch dann geschieht etwas, womit wir nicht gerechnet haben.

*23.3.*

Die NATO bombardiert Serbien! Milošević hat auch das letzte Ultimatum verstreichen lassen. Wie wird das enden?

Krieg mitten in Europa – dort, wo wir noch vor einem Jahr mit unserem Boot als Gäste so liebevoll und freundschaftlich empfangen worden waren. Ich bin völlig durcheinander, kann an nichts anderes mehr denken und bin kaum zu einer sinnvollen Arbeit fähig.

236

**25.3.**

Auch Novi Sad ist getroffen worden. Was passiert hier wirklich? Für Milošević kommt der NATO-Krieg gerade recht, um im Kosovo ungestört seine „Säuberungen" durchführen zu lassen (welch ein „sauberes" Wort für die Greueltaten, die geschehen).

**26.3.**

Rußland weist alle Botschafter aus, die den NATO-Staaten angehören, wird aber militärisch nicht eingreifen. Abbruch der diplomatischen Beziehungen Serbiens zu Deutschland. Es ist gespenstisch, über Nacht ist Europa nicht mehr das, was es vorher zumindest nach außen war. Eine Flugstunde von uns entfernt wird gekämpft, gemordet. Deutsche Soldaten warten auf ihren Einsatz.

Werden wir die Schwarzmeer-Reise diesen Sommer fortsetzen können? Plötzlich ist alles offen.

Der Krieg dauert noch an, als wir Anfang Mai die Seesäcke wieder packen, aber unser Entschluß steht nach reiflichen Überlegungen fest: Wir fahren trotzdem!

**4.5.**

Mein Leben besteht aus harten Schnitten! Ich komme mir vor, als würde ich in Tegernsee von der Schaufel eines riesigen Kranes gepackt, die mich gleich darauf in dem Sechzehn-Millionen-Tiegel Istanbul wieder abwirft.

Nur gut, daß es hier eine Oase gibt in Form von SOLVEIG, dem braven Schiff, das nun allerdings jede nur erdenkliche Form der Zuwendung erwartet. Zuwendung in Form von Arbeit! Auf dem Deck hat sich der Staub und Dreck des Istanbuler Winters niedergelassen, aber trotz der Widrigkeiten bin ich glücklich, wieder hier zu sein, das Gemisch von Dieselgeruch und Brackwasser zu inhalieren. Ich liebe diese Hafenatmosphäre – sie ist auf der ganzen Welt gleich.

**5.5.**

Ewig hätte ich weiterschlafen können, vor allem, wenn ich daran denke, was alles getan werden muß, um aus SOLVEIG wieder ein Schiff zu machen. Ehrlich gesagt, ich weiß nicht, wo anfangen!

Am besten von außen nach innen: abspritzen, einseifen, abspritzen – der Staubfilm hat sich wie eine zweite Haut in den Lack eingebrannt! Dann die Gästekabine leer räumen und Außenborder, Schlauchboot und Fahrräder nach oben hieven.

Der erholsamere Teil besteht aus dem Großeinkauf mittags im großen Supermarkt nebenan.

Warum auf unseren Booten der Platz immer zu knapp ist, werde ich nie wirklich begreifen. Vor allem mit der sperrigen Filmausrüstung habe ich Probleme, denn alles soll einfach und leicht zu greifen sein.

Es ist sehr windig, aber noch ignoriere ich das Wetter. Rollo befaßt sich mit der Wasserpumpe und kann den Schaden beheben: Es waren nur die korrodierten Sicherungen.

*6.5.*

Kalt und Sturm. Beim Einkaufen per Fahrrad habe ich Mühe, mich vorwärtszubewegen, ich komme kaum von der Stelle. Wir müssen wegen des Sturmes alle Decksarbeiten verschieben, dafür verstaue ich innen die Konserven und räume die Schapps auf. Telefonat mit Sascha: Er kommt in vier Tagen. Gleich nach seiner Ankunft wollen wir starten.

*7.5.*

Diese Kälte macht mich ganz schön fertig. Wo bleibt der Frühling im sonst so warmen Istanbul? Der nicht enden wollende Wind tut das Seine dazu.

Bei uns Pannen am Fließband: Die Wasserpumpe ist wieder defekt, und diesmal sind es nicht die Sicherungen. Wie wir zwei Tage vor dem Start und noch dazu am Wochenende an eine neue Pumpe kommen werden, ist mir noch schleierhaft. Man stelle sich vor: Wir haben zwei Tanks vollgefüllt mit Wasser, sechshundert Liter, und keine Möglichkeit, mit auch nur einem einzigen Tropfen unsere Hände zu benetzen.

In unserer Not rufen wir Saschas deutsche Freundin Margaret an. Vielleicht kann sie in Köln eine beschaffen und ihm mitgeben.

Außerdem hat der Agent bei der Ausklarierung das meiste verkehrt gemacht, einen Teil der fünfzehn (!) Formulare falsch ausgefüllt, weil er dachte, Sewastopol liege in Deutschland. Am Ende des dreistündigen Dramas bei der Polizei zerreißt der Beamte in einem Tobsuchtsanfall alle Papiere und verabschiedet sich von Rollo mit den Worten:

„Ich hoffe, Sie werden diesem Agenten nicht noch Geld bezahlen!"

Doch jener hat sich, wie in diesem Geschäft üblich, natürlich im voraus honorieren lassen.

Nach diesem peinlichen Auftritt aber wird er zumindest sehr freundlich, kann plötzlich Englisch sprechen − vorher verbot es ihm seine Arroganz, mehr als ein Kopfnicken oder Fingerweisen als Kommunikation zuzulassen. Von nun an heißt es nur noch: „My friend ..." und „No problem ..." Wie schön, das beruhigt so richtig.

*8.5.*

Mit unserer Wasserversorgung sieht es wirklich böse aus! Auch der sogenannte „Watermaker" schweigt. Rollo liebt ihn ja heiß und verliert niemals ein böses Wort, aber ich hätte das Gerät am liebsten schon zu den Fischen geschickt! Wieviel wir schon an Zeit und Geld eingesetzt haben, möchte ich nie erfahren. So gesehen, hätten wir wochenlang mit Champagner duschen können.

Wie meistens, ist keiner schuld an den Pannen, und irgendwo stimmt es sogar. Schuld ist im Grunde die wunderschöne Schiffsform mit ihrem breiten Bug, der unter Fahrt so viel Schaum aufwirft, daß er Luftblasen im Wasser verursacht, die das System nicht arbeiten lassen. Deshalb baut die Werft das Gerät auch nicht serienmäßig ein. Doch Rollos Pioniergeist läßt sich so leicht nicht brechen. So sucht er zusammen mit verschiedenen Ingenieuren immer wieder nach neuen Varianten einer möglichen Lösung.

Margaret hat angerufen. Sie ist ein wirkliches Organisationstalent und besorgt trotz Wochenende über Linssen in Holland die Pumpe!

*9.5.*

Die guten Nachrichten zuerst: Rollo ist gesund, Angelika ist gesund. Sonst aber läuft alles quer.

Rollo will den Weltempfänger ans Bordnetz anschließen. Ergebnis: Sony hat seinen Geist aufgegeben. Das bedeutet für die kommenden Wochen also völlige Nachrichtenabstinenz, keine Informationen, was im Kosovo passiert.

Danach gehen wir ins Büro der Marina, um Pässe und Dokumente für die Ausklarierung abzuholen. Weder Pässe noch Dokumente sind vom Agenten fertiggestellt. „Tomorrow – Morgen –". Ich glaube, hier lernen die Kinder dieses Wort noch vor „Mama". Ohne die zuvorkommende Hilfsbereitschaft der Marina, angefangen beim Generalmanager bis hin zum Schreiner in der Werkstatt, weiß ich nicht, wie wir mit diesen selbsternannten Alleinherrschern des Istanbuler Hafens fertig geworden wären. So aber beruhigen wir uns, noch bevor wir beginnen, uns aufzuregen, und vertrauen auf morgen.

*10.5.*

Und erstens kommt es anders ... Hoffentlich wird dies nicht der Leitsatz unserer Schwarzmeer-Reise dieses Jahr!

Natürlich gibt es zur ausgemachten Zeit keine Ausklarierungspapiere vom Agenten, und natürlich haben wir keinen reparierten „Watermaker" – im Gegenteil, jetzt ist das Stück ganz hin. Und die Ersatzteile für den defekten Motor der Wasserpumpe, die Rollo sicherheitshalber in Istanbul bestellt hat, passen trotz Originalmuster nicht.

Um halb elf Anruf vom Flughafen Moskau.

„Verspätung!" krächzt eine fremde Stimme. „Verspätung, Verspätung!" höre ich noch einmal flüstern, dann ist die Leitung unterbrochen.

Verspätung ist ein weiter Begriff. Kann eine Stunde bedeuten, einen Tag.

Langsam glaube ich doch an Horoskope, das von Rollo ist derzeit denkbar schlecht. Da nützt es offensichtlich auch wenig, daß wir an Nummer 77 liegen. Mein eigenes habe ich vorsichtshalber gar nicht erst gelesen.

Mitternacht. Die fremde Stimme am Telefon war die von Sascha, der gar keine mehr hat und sich nur noch flüsternd und per Handzeichen verständlich machen kann. Aber sonst ist er heil und, wegen unserer verschiedenen Ersatzteile, mit jeder Menge Übergepäck am Flughafen eingetroffen. Er hat sich wohl eine böse Bronchitis zugezogen, ob da die kommende Seefahrt das Richtige ist?

Irgendwie wird es schon werden! Denn jetzt haben wir endlich mit Allahs Hilfe, sprich der des Generalmanagers, die Dokumente vom Agenten erhalten und dank Margaret und Sascha nun auch eine vollständig neue Wasserpumpe. Rollo klopft, bohrt und schraubt bis ein Uhr früh – dann endlich das erlösende Geräusch: Erst Gurgeln in den Schläuchen, kleine Luftblasen, und die kostbare Flüssigkeit strömt in die Hähne! Noch einmal richtig duschen, denn ab jetzt gilt: Jeder Tropfen Wasser muß überlegt und begründet werden. Die Möglichkeiten, an der Krim-Küste Frischwasser zu übernehmen, sind begrenzt.

*11.5.*

Aufstehen um halb sechs. Diesmal, im Gegensatz zu sonst, bin ich die erste. Mit etwas Bauchweh vor der Jungfernfahrt dieses Sommers.

Ein eisiger Nordwind bläst, daher ist es trotz Sonne verdammt kalt. Saschas Stimme ist inzwischen völlig verschwunden, und seine pantomimischen Künste sind im Dauereinsatz. Der Rest geschieht jeweils in Rollos oder mein Ohr hauchend.

Das wird noch einen besonderen Spaß geben beim Funkkontakt mit den ukrainischen Behörden! Ich verabrede mit ihm, daß er mir die russischen Worte vorflüstert und ich sie laut über Funk nachsage.

17 Uhr. Der Bosporus liegt hinter uns, und bei ruhiger See steuern wir auf direktem Kurs Richtung Sewastopol. Zwei Tage und zwei Nächte werden wir nach Rollos Berechnung unterwegs sein.

*12.5.*

Die zwei Stamper Raki, die der Seegott vom Bosporus und jener vom Schwarzen Meer gestiftet bekamen, haben für die ersten zwanzig Stunden geholfen. Kaum Wind und eine sternklare Nacht. Nachdem ich nachts meist munterer bin als am Tag, über-

nehme ich die Wache bis auf zwei Stunden. Sascha will mich ablö-
sen, doch die einzige Chance, daß er wieder „zu Stimme" kommt,
ist nun mal der Schlaf. So wecke ich ihn lieber nicht.

Es sind nicht viele Schiffe unterwegs, ab und zu höre ich über
Kanal 16 russische Kontakte. Auch ein russisches Kriegsschiff pa-
trouilliert vor dem Bosporus.

10 Uhr. Ich habe etwas Schlaf nachgeholt – zwei Stunden, das
ist schon besser als gar nichts. Der Seegang nimmt zu, Himmel
bedeckt, Barometer gefallen – mal sehen, was daraus werden wird.
Vielleicht haben wir ja Glück bis zur Ankunft.

17 Uhr. Das ist selten, aber wahr. Wir sind tatsächlich zu schnell!
Eine Strömung leistet ganze Arbeit und schiebt uns einen Knoten.
Rollo drosselt das Tempo, damit wir nicht um Mitternacht im
berüchtigten Sewastopol eintreffen, was die Behörden garantiert
nicht erlauben würden. Wir können froh sein, wenn sie diesmal
mitspielen und wir ohne Schikanen durchkommen.

Sascha geht es leider ziemlich schlecht, eine Mischung von
Erschöpfung und Seekrankheit. Am liebsten würde er jetzt mit
Höchstgeschwindigkeit auf die Küste zufahren, dort ins Wasser
springen und an Land schwimmen.

Sein momentan größter Wunsch: eine Nacht an Land in einem
normalen Bett schlafen! Inzwischen versteht Rollo nichts mehr
von dem, was Sascha ihm mitzuteilen versucht. So haucht er sein
Anliegen in mein Ohr, und ich „übersetze" alles laut für Rollo.

*13.5.*

Es ist acht Uhr, und wir schaukeln ungeduldig vor der Einfahrt
zum Hafen. Der Funkkontakt läuft ausgezeichnet, nach einigen
Probesprüchen hat Sascha seine Stimme wiedergefunden.

Aber jetzt müssen wir warten. Auf was eigentlich? Haben noch
nicht alle Beamten gefrühstückt?

Der Wind nimmt plötzlich auf sechs bis sieben zu, und nach
einer, nein, zwei schlaflosen Nächten wird mir langsam übel.

Neun Uhr. Seit drei (!) Stunden warten wir – ich könnte sie
umbringen! Was glauben sie eigentlich? Daß wir ein Container-
schiff sind, das hier auf Reede liegt und dessen Besatzung gemütlich in der Offiziersmesse eine heiße Tasse Kaffee schlürft?

242

Irgendwann hören wir aus dem UKW-Radio den erlösenden Befehl:

„Fahren Sie zum Pier neben dem Kriegshafen!"

Wir machen an derselben Stelle fest wie vor einem Jahr, fühlen uns bereits als Ortskundige, die nach Hause zurückkehren. Vergessen sind die morgendlichen Schikanen, die uns stundenlang vor dem Hafen warten ließen, wir freuen uns, die Überfahrt so gut geschafft zu haben.

Die behördliche Abfertigung verläuft in geradezu freundschaftlicher Atmosphäre, am Schluß erscheinen sogar zwei Gesundheitsexperten im weißen Mantel mit dem Auftrag, SOLVEIG zu „entratten". Nachdem wir inzwischen wissen, wie wichtig jedes einzelne Formular ist, um die Häfen ohne Schwierigkeiten wieder verlassen zu können, geben wir uns besonders große Mühe, am Ende alle Experten zufriedenzustellen.

Aber wie schrieb ich noch in Istanbul: „Und erstens kommt es anders ..."

Und es kommt wirklich ganz anders! Kurz gesagt: Sewastopol ist unser erster und gleichzeitig letzter Hafen auf der Krim! Der für die Seefahrt zuständige Entscheidungsträger hat eine Woche vor unserer Ankunft gewechselt und eine neue Verordnung herausgebracht. Die war kurz und einfach: Schiffe dürfen nur noch in einem sogenannten offiziellen Port of Entry festmachen. Wahrscheinlich sind inzwischen die Stempel verlorengegangen ...

Was hier passiert, ist ungefähr so, als ob man in Simferopol mit dem Flugzeug landet und dann gesagt bekommt: „Hier müßt ihr bleiben. Kauft euch ein gutes Fernglas und betrachtet die Landschaft vom Fernsehturm, den es im übrigen gar nicht gibt."

Der Schock ist groß, denn wir haben für unsere Film- und Fotoarbeit einen genauen Zeitplan ausgetüftelt, nach dem wir arbeiten wollen. Sascha will Unterwasseraufnahmen im klaren Wasser bei Novi Swet drehen, Rollo hat bestimmte Fotomotive im Sinn, zum Beispiel, wie SOLVEIG vor dem berühmten Schwalbennest fährt, und vieles mehr.

Im übrigen gilt diese irrsinnige Vorschrift für wirklich alle Schiffe, auch einheimische, und so ist es nicht einmal erlaubt, auch nur von Laspi nach Balaklawa zu fahren. So gesehen, haben wir

*Gefangen im Kriegshafen von Sewastopol.*

letztes Jahr, trotz der komplizierten Vorgänge, wirklich Glück gehabt.

Wie soll unter solchen Bedingungen Tourismus entwickelt werden? Was wird aus der Marina von Igor, wenn kein Schiff in den Hafen darf?

Alvidas und Alexei sind am Boden zerstört, und ich überlege für mich, ob Alexei heute bei seinem Spruch immer noch das optimistische Ende mit anfügt: „... aber morgen, denke ich, versuchen wir es noch einmal."

„Wie war das eigentlich damals in der UdSSR", frage ich Sascha eines Abends an Bord, „sind viele deiner Freunde aus dem Land geflohen?"

Er antwortet nicht sofort, erzählt dann nach einer Weile folgende Geschichte:

**Er.** Die Flucht aus der Sowjetunion passierte so regelmäßig wie der Sonnenaufgang. Am einfachsten war eine Reise ins Ausland und dort bleiben. Aber um solche Reisen unternehmen zu können, war es notwendig, viele Papiere zu bekommen. Auf ihnen mußte geschrieben stehen, daß du ein guter Arbeiter bist, fest in der Ideologie und stark in der Moral, noch besser bist du Mitglied der Kommunistischen Partei. All diese Bürokratie war natürlich Unsinn, weil alle, die im Westen geblieben waren, genau solche

Papiere besaßen. Trotzdem tat die Regierung alles, um eine Flucht zu vereiteln.

Wenn zum Beispiel russische Schiffe in einem ausländischen Hafen festmachten, durfte man nur in der Gruppe an Land gehen. Einer war der Leiter dieser Gruppe und verantwortlich für die anderen. Aber alle diese Anstrengungen hatten keinen hundertprozentigen Erfolg.

Ein befreundeter Tänzer aus dem Moskauer Ballett verlor sich in der Menge eines Kaufhauses in Chicago, meine Nachbarin sprang in Sydney durchs Bullauge ins Wasser, und mein Kollege ließ sich von seinem Arzt eine Behandlung in Amerika verschreiben und kehrte nicht mehr zurück ...

Dennoch gab es Leute auf der schwarzen Liste, die nicht einmal davon träumen konnten, ins Ausland zu fahren.

So auch mein Freund Oleg Pletnjow. Er war Grafiker und hat mein erstes Plakat entworfen. Symbolisch war das Thema des Plakates Ikarus. Und eines Tages war Oleg plötzlich aus Moskau verschwunden. Kein Anruf, kein Brief ...

Wie er mir später selbst erzählte, passierte folgendes:

Einen ganzen langen Winter entwickelte er in seinem klugen Kopf die Idee, die Flucht aus der Sowjetunion zu organisieren. Im Prinzip hatte er dafür keinen besonderen Grund, aber ich sage, er war Maler. Kann sein, er wollte einmal Venedig sehen und San Marco im abendlichen Licht malen, oder bretonische Frauen, oder Sonnenblumen in Südfrankreich. Und wirklich, warum nicht.

Die Grenze der Sowjetunion ist riesig. Aber wenn du wählst, welche Stelle du passieren willst, bleibt nicht viel übrig. Im Norden ist ewiges Eis und keine Chance zu überleben, im Osten liegt der riesige Pazifik und Asien, die westliche Grenze deckt die sozialistischen Länder ab. Mehr Chancen hat man, wenn man von der Krim flüchtet. Jedenfalls dachte Oleg so.

Das nächstgelegene Ausland war natürlich Rumänien und Bulgarien. Aber dort konnte er außer einer Gefängniszelle nicht viel erwarten. Er mußte schon in die Türkei, und zwar illegal.

Seine Datscha bei Moskau war klein, ein Zimmer mit Küche – trotzdem gab es genug Platz, ein Miniboot zu bauen, das man in einem Rucksack zusammengelegt mitnehmen konnte. Dieses Projekt war so geheim, daß er sogar mir nichts davon sagte. Er war in dieser Zeit in meinen Shows, wir sprachen über Kunst, Politik, Frauen, und mir wäre im Traum nicht eingefallen, daß er sich nachts mit etwas beschäftigte, das im Strafbuch als antisowjetische Tätigkeit klassifiziert und mit zehn bis fünfundzwanzig Jahren Haft bestraft wird.

Bereits im Frühling war das Boot fertig, und in einem See nahe des Moskau-Flusses organisierte er die Jungfernfahrt – natürlich ohne Presse.

Weiter mußte er warten, bis sich die Wassertemperatur im Schwarzen Meer erhöhte, denn im Mai ist es dort so kalt wie in einem sibirischen Fluß. Für einen Tauchanzug hatte er kein Geld, und außerdem hätte der Kauf eines solchen Mißtrauen erwecken können.

Im Juli verließ Oleg Moskau schließlich. In seinem Rucksack befand sich das Wunder der modernen Technik, das Super-Mini-Boot. Die ganze Küste der Krim war und ist bis heute Staatsgrenze. Grenzschutzpatrouillen beobachten Tag und Nacht alle Schiffe, die ins Meer hinausfahren. Das können sie nur mit offiziellen Dokumenten.

Natürlich war es einfacher, die Grenze nachts zu kreuzen. Mit Beginn der Finsternis war jegliche Bewegung im Wasser verboten, nur Militärschiffe tauchten wie schwarze Geister in der Nacht auf. Und am Ufer Patrouillen mit Hunden.

Zum Starten wählte Oleg das Territorium der Militärbasis. Das war klug. Von hier starteten sie ihre Kontrollen, suchten aber niemanden. In dem Augenblick, wo eine Patrouille von rechts nach links ging, war Zeit, das Boot zusammenzuschrauben und die ersten hundert Meter zu überwinden. Natürlich mit dem Risiko, von den Suchscheinwerfern bemerkt zu werden. Aber wie gesagt, es war das Gebiet der Militärbasis, und kein normaler Mensch wählt diesen Platz, um dort spazierenzugehen.

Die ersten Schritte dieser Unternehmung waren erfolgreich.

Die Grenzschutzleute sahen ihn nicht, die Scheinwerfer erwischten ihn nicht, die Hunde witterten ihn nicht. In dieser mondlosen Nacht war das Schwarze Meer wirklich absolut schwarz. Er sah nicht mehr als den Bug seines kurzen Bootes.

Er ruderte weiter und weiter – bis der rote Leuchtturm von Jalta hinter dem unsichtbaren Horizont verschwand. Erst dann machte er die erste Pause.

Hatte er Angst vor dem Meer, in dessen Macht er sich begeben hatte? Vor Stürmen und Taifunen und den Propellern großer Containerschiffe?

Möglich ist es, aber die größte Gefahr war die sowjetische Behörde. Kann sein, daß Oleg selbst unterschätzt hatte, wie gefährlich diese Reise werden würde, denn er hatte nur fünf Liter Wasser dabei. Vielleicht hatte er gehofft, daß er von einem ausländischen Schiff entdeckt würde, sonst müßte er eine Woche lang rudern, wie Sklaven auf einer Galeere.

Aber es kam anders.

Am nächsten Morgen, als die Sonne schon im Zenit stand, sah er plötzlich ein Schiff. Leider war es ein ukrainischer Transporter, der von Odessa nach Batumi fuhr. Um seinen Weg abzukür-

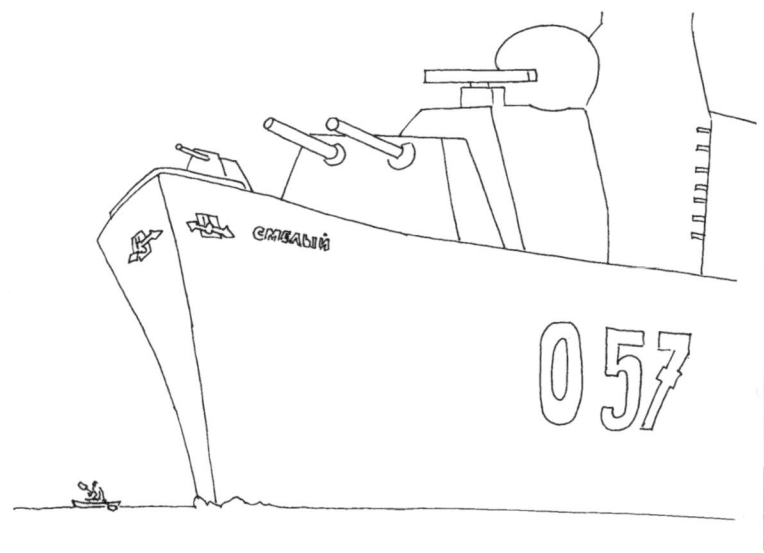

*Der Kapitän nahm seinen Kurs durch die verbotene Zone. Und hier entdeckte er Oleg.*

zen, hatte der Kapitän Kurs durch die verbotene Zone genommen. Und hier entdeckte er Oleg.

Natürlich dachte er zunächst, er sei Sportler, und bot ihm seine Hilfe an. Doch dann bemerkte er, welches Boot dieser Sportler ruderte, das in keiner olympischen Disziplin bekannt war.

Noch einige Zeit hoffte Oleg auf ein Wunder, aber mit dem Erscheinen des Schnellschiffes am Horizont, das der Kapitän über Funk gerufen hatte, blieben von den Träumen über die Türkei, über bretonische Frauen, San Marco und Sonnenblumen in Südfrankreich nurmehr Bruchstücke, sogar weniger – nichts.

Er versuchte, sein Boot zu versenken, dafür hatte er eine spezielle Öffnung vorgesehen, aber die Behörden fischten mit Hilfe des ukrainischen Frachters Oleg und zum Beweis seiner Fluchtpläne auch sein Boot heraus. Danach wurde er vor Gericht gestellt. Sein Verteidiger versuchte, ihn zu der Aussage zu überreden, daß er einfach die Orientierung im Meer verloren habe und keineswegs die Staatsgrenze überwinden wollte.

„Du bekommst", sagte er, „nur ein halbes Jahr Gefängnis, sonst verbringst du deine besten Jahre in Sibirien."

Im Prozeß fragte ihn der Richter: „Und? Warum haben Sie das gemacht?"

Olegs Antwort war klar und präzise: „Ich möchte nicht mehr in der Sowjetunion leben!"

Für dieses freiwillige Geständnis schenkte man ihm fünf Jahre Unfreiheit.

Schon nach einer Woche seiner Strafzeit kam die erste Post aus Holland, von einer Organisation, die politischen Gefangenen hilft. Aber keiner informierte ihn über diesen Brief. Doch dann trafen mehr und mehr Briefe aus der ganzen Welt und ein großes Paket mit Lebensmitteln ein. Das konnten sie ihm nicht verschweigen, außerdem durften sie das so verführerische Paket nicht öffnen. Innerhalb kurzer Zeit war Oleg im ganzen Gefängnis beliebt, weil er die ausländischen Lebensmittel immer unter allen verteilte, unter seinen Freunden und Aufsehern.

Nach zwei Jahren Haft erklang das neue Lied der Sowjetunion: Perestroika.

Alles veränderte sich plötzlich, der Wind drehte sich, Leute lasen Zeitungen, saßen stundenlang vor den Fernsehnachrichten, und in meiner Moskauer Wohnung klingelte das Telefon.

„Oleg, du? Wo warst du?"

„Ich habe eine Lenintour gemacht!"

Sogenannte Touristikrouten zu den Leninplätzen führten in Lenins Geburtsstadt und in die Städte, in denen er studierte und in die er in Sibirien vom Zar verbannt wurde. Scharfe Zungen sagten zu diesem Thema: „Warum organisiert das sowjetische Reisebüro keine Reise nach München, London und Paris, wo Lenin noch längere Zeit verbracht hat?"

Und ich fragte: „London, Paris?"

„Nein. Sibirische Abteilung: Gulak."

**Sie.** „Weißt du, was jetzt aus deinem Freund geworden ist?" frage ich Sascha.

„Ja, er lebt in Holland und arbeitet dort als Maler. Ziemlich erfolgreich, glaube ich."

Für die Zeit auf der Krim mieten wir ein Auto und sind damit fast täglich zwölf bis vierzehn Stunden unterwegs. Jedesmal müssen wir ja zum Schiff zurückfahren, denn wir können es auf keinen Fall ohne Aufsicht lassen und irgendwo übernachten.

Auf der anderen Seite ist es ziemlich aufregend, mit unserem Boot in dem riesigen Militärhafen zu liegen. Letztes Jahr war es ja noch streng verboten, und man hatte es damals sehr eilig gehabt, uns so schnell wie möglich wieder loszuwerden. Auch filmen durfte ich nicht.

Doch dieses Mal ist der dafür zuständige Beamte wohl gerade im Urlaub, denn es gelingt uns, sogar in der russischen Flottenbasis zu drehen, einschließlich eines Live-Kommentars vom Käpten. Dazu haben wir ein kleines Boot gemietet, und mit dem fahren wir ganz frech mitten durch den Militärbereich, der von Land aus für Fremde natürlich niemals zugänglich wäre. Für die Fotos benötigen wir nicht einmal starke Teleobjektive.

Die Kriegsschiffe sind im übrigen hochmodern gerüstet und offenbar jederzeit einsatzbereit.

Wir treffen Freunde vom letzten Jahr wieder, auch den Bürgermeister, mit dem wir damals bei Stromausfall und Kerzenschein in Bachtschissarai zusammengegessen haben. Jetzt ist er Direktor einer Sanatoriumsanlage mit eigenem Strand. Auch nicht schlecht, und die Reihenfolge der Ämter ist sicher ganz „zufällig".

Igor beschäftigt in seinem Restaurant zwei Angestellte, an der Wand hängt im großen Rahmen ein Foto von SOLVEIG als symbolischer Hoffnungsträger für die zukünftige Marina.

Als wir die Ukraine verlassen, spüren wir, daß es mit SOLVEIG kein „nächstes Mal" geben wird. Alvidas und Sergei sind mit ihrem Boot ein Stück aus der Laspi-Bucht herausgefahren, um zu winken und über Funk mit uns zu sprechen.

„Was soll ich ihnen sagen?" fragt Sascha.

Ja, was eigentlich?

Die tiefstehende Sonne läßt das weiße Segelboot auf dem glitzernden Wasser im Gegenlicht erstrahlen.

„Viel Glück, ihr werdet es schaffen, wir denken an euch!" rufen wir, doch die Verbindung ist schon zu schwach geworden.

Nach einem zweitägigen Zwischenstopp in Feodosija, bei dem wir den ersten Tag fürs Ein- und den ganzen zweiten zum Ausklarieren brauchen, heißt es schließlich:

Nach Rußland!

„Ich glaube, russische Behörden arbeiten professioneller", prophezeit Sascha, „sie haben mehr Erfahrung."

Rollo verzieht keine Miene. Zwei Wochen lang mit dem Auto zu fahren, anstatt mit seinem Schiff, ist nicht sein Traum gewesen.

Am Abend nimmt der Wind zu, und Sascha würde jetzt sicher lieber unser Schiff gegen das Auto eintauschen.

Über Funk fragt er nach der Wetterprognose.

„Es wird Sturm geben!" lautet die einfache, aber klare Auskunft.

„Wieviel Windstärken?"

„Neun."

„Wann?"

„Heute nacht, oder morgen."

Diese Aussichten verbessern nicht gerade unsere Stimmung,

zumal wir keine Lust haben, die Überfahrt nach Sotschi abzubrechen, um einen Nothafen in der Ukraine anzulaufen. Ja, so weit haben uns Behörden gebracht, daß wir das Risiko eines Sturmes vorziehen, um nicht noch einmal ihrem Verwaltungswahnsinn ausgesetzt zu sein. Dazu kann man ihnen nur gratulieren!

Tatsächlich wird die Überfahrt die härteste der ganzen Reise. Zornig rollt und stampft das Boot unter den Brechern, die wie Ohrfeigen gegen die Bordwand knallen. Während meiner Wache stürzt der Kühlschrank aus seiner Halterung und droht das Teakholz der Sitzbank mit seinen Kanten zu zertrümmern. Ich setze mich auf den Boden und versuche, das schwere Ding mit den Füßen wieder zurückzuschieben, aber es gelingt nicht. Ein Stück ja, doch dann ist der Gegendruck des nächsten Brechers so stark, daß der Kühlschrank mir wieder entgegenrutscht. So mache ich ihn wenigstens leer und stopfe die Lebensmittel in ein Schapp. Das ändert zwar nicht viel, aber er ist etwas leichter geworden, und ich kann ihn besser schieben.

Sascha hat sich seit längerer Zeit in die Kabine verzogen und seine Empfindungen aufgeschrieben:

## Er. Über das Schlingern

Der Ozean kennt keine Sentimentalitäten. Manchmal verstellt er sich und ist zärtlich und friedfertig wie bei der Begegnung mit Magellan, der ihn den „Stillen" nannte. In Wirklichkeit ist er aber gewaltig, groß und gnadenlos.

Alles beginnt mit einem unschuldigen Vergnügen, genannt „Wind". Der Wind füllt die Segel und macht sie elastisch und federnd, er biegt sie hinab zu den Wellen, und der Kiel widersetzt sich dem. In dieser freudigen Anspannung saust die Yacht über die Wellen. Diese Freude wird später getrübt, wenn die Quantität in Qualität übergeht. Bei denen jedoch, die ohne Segel fahren, organisiert der Wind das Schlingern – Ozeans liebstes Vergnügen. Zuerst wird ihnen das Gehen unmöglich gemacht, dann wirft man sie rücklings hin und zerrt das Bett unter ihnen nach links und rechts, nach oben und nach unten. Keine Minute, keine Sekunde Pause. Hin und her – hin und her.

*Der Ozean kennt keine Sentimentalitäten.*

Auf einem Schiff kann man alles befestigen. Betten und Tische sind immer festgeschraubt. Die Menschen haben spezielle Schlösser für Schränke, Spezialträger für Regale und Schraubenmuttern für Fenster ersonnen. Man kann Trinkgläser mit Stofftüchern abdichten, damit sie nicht klirren und später bei großer Schlagseite nicht zerbrechen. Man kann alles befestigen. Der einzige Gegenstand auf dem Schiff, der frei bleibt, wird Ihr Körper sein. Doch diese Freiheit macht Sie nicht froh. Und Sie können vor den gnadenlosen ruckartigen Bewegungen des Bettes nirgends Schutz finden.

Schlaflose Nacht. Das ist eben nicht das gleiche wie eine ebenso schlaflose Nacht an Land. Alle Mittel gegen Schlaflosigkeit, die zu Hause erprobt wurden, nützen hier nichts.

Sich auf die Seite legen? Das wäre ein Fehler. Auf der Schulter wird man keine Sekunde liegen können. Die Matratze schlägt Ihnen ins Gesicht und dreht Sie auf den Rücken; dann haut sie drauf und befördert Sie in die Ausgangsstellung mit erneuten Schlägen ins Gesicht. Schon nach einer Stunde ordentlichem Schlingern werden Sie sich wünschen, ein Teelöffelchen zu sein, um in einem gemütlichen Schubfach des Küchentisches unterzukommen.

Sie werden sogar den Handfeuerlöscher beneiden, der an der Kajütwand befestigt ist. Der Kampf ist ungleich und völlig aussichtslos.

Alles ist gereizt. Es tut nicht weh, ist aber empfindlich, und es gibt nicht einmal ein passendes Wort, um genau zu sagen, was mit

252

einem vorgeht. Man hat weder Lust zu essen noch zu trinken. Man will nicht mehr leben.

Es heißt, daß man nur dann essen soll, wenn man Hunger verspürt. Dummes Zeug! Vergessen Sie es. Hier auf dem Ozean gibt es eigene Regeln, und man muß ständig essen, sonst wird man seekrank. Ein leerer Magen ist der kürzeste und sicherste Weg zur Übelkeit. Und daher muß man sich zum Essen zwingen. Zwingen, so wie wir gelegentlich ein widerspenstiges Kind zwingen: „Nun iß noch ein ganz kleines bißchen!" Allerdings wird das, was man gerne ißt, plötzlich geschmacklos – sowohl holländischer Käse wie griechische Oliven. Tee, der erfrischen soll, gelangt in den Mund als neutrale Flüssigkeit unbekannter Herkunft. Soll man sie schlucken oder ausspucken? Und man muß schlucken.

Aber auch nach dem Essen, wenn man dieses erniedrigende Ritual erfüllt hat, ist einem schlecht. Noch schlechter als vorher. Im Magen fühlt man eine unerklärliche Schwere. Soll man sich wieder hinlegen und versuchen einzuschlafen? Nein, einschlafen gelingt nicht – das Schlingern. Dieses unerträgliche Schaukeln von einer Seite zur anderen und vom Bug zum Heck, das ist die schlimmste Spielart des Schlingerns. Der Körper wird hochgehoben und dann leicht auf die Matratze zurückgedrückt, wie bei dem steilen Aufstieg eines Flugzeugs, und dabei gleichzeitig zur Bordseite gedrängt. Es liegt schon alles auf dem Boden – ich bin der einzige, der sich noch hält und diesen sinnlosen Kampf fortsetzt.

In den Augenblicken, wenn sich mir Seine Majestät, der Schlaf, nähert und ich die Finger, die sich in die Matratze verkrallt haben, lockere, zieht der Ozean ruckweise die Koje unter mir weg und spielt mit meinem Körper wie ein schnurrbärtiger Kater mit einer kleinen Maus. Das ist nicht schmerzhaft, aber quälend endlos. Es nimmt einfach kein Ende. Ein Fehler – sich auf die Seite zu drehen –, und die Strafe folgt sofort: Das Kissen wird einem ins Gesicht geschlagen, dann auf den Nacken und dann wieder abwechselnd mehrmals ins Gesicht und auf den Nacken.

Nicht schlafen! Nicht schlafen – jemand kratzt in der Ecke der Kajüte.

Der ebenste Teil des Körpers ist der Rücken. Nur auf dem Rücken liegend, kann man irgendwie den Sturz nach unten vermeiden, indem man die Hände in die Matratze verkrallt. Genauer gesagt: Man liegt auf den Schulterblättern, wie es einem Besiegten gebührt.

Man sagt, einen Liegenden schlägt man nicht. Das gilt in einem ehrlichen Kampf. Aber hier erinnert sich niemand an die Ehrlichkeit. Dem Ozean, diesem Erz-Inquisitor, ist es nicht genug, nur zu gewinnen – er möchte quälen. Nein, er tötet nicht sofort. Er verhöhnt das Opfer und genießt dies.

Heute verhöhnt er mich, und bis Sotschi sind es noch circa sechs Stunden. Nicht zwölf, wie am Anfang des Sturms, sondern nur sechs – und man muß durchhalten, im wahrsten Sinne des Wortes.

Das nächste Mal, wenn Sie sich mit Freunden bei einer Flasche Wein zusammenfinden, heben Sie nach russischem Brauch beim dritten Toast Ihr Glas auf das Wohl derer, die auf See sind – ich meine damit nicht mich.

Gedenken Sie beim Trinken derer, die in dieser Minute im Sturm ertrinken oder mit ihrem Schiff auf ein steiniges Ufer hinausgeschleudert werden.

Gedenken Sie beim Wein derer,
- die vom Sturm überrascht, ohne Leuchtturm in Sicht, zu Gott beten,
- die in einem gigantischen Wassertrichter auf den Meeresgrund hinabsinken und deren SOS-Ruf von niemandem gehört wird,
- deren Kinder plötzlich in der Tiefe der Nacht erwachen, weinen und „Papa! Papa!" rufen.

Trinken Sie auch auf das Wohl derer, die nicht mehr auf diese winzige Erde zurückkehren werden, die in Wirklichkeit nur eine kleine Insel ist, sei es Amerika, Europa oder Afrika, die wir aufgrund eines Mißverständnisses Kontinente nennen. Denn so groß sind sie gar nicht, aber das erkennt man nur draußen auf dem Ozean.

**Sie.** Saschas Hoffnung, direkt nach Sotschi zu steuern, erfüllt sich nicht. Der Käpten ändert den Kurs Richtung Noworossisk, nördlich von Sotschi in einer tiefen Bucht gelegen. Dort wollen wir Schutz vor den Wellen suchen.

Im Morgengrauen tauchen die Umrisse schemenhaft auf. Bald läßt der Seegang nach, wir haben den Windschatten der Berge erreicht.

Bis jetzt hat sich noch niemand über Funk bei uns gemeldet.

„Ich werde die Behörden anrufen und fragen, ob wir ankern dürfen, ohne einzuklarieren", schlägt Sascha vor, dem schon der Gedanke an ein neuerliches Papier- und Ämterlabyrinth Magenschmerzen bereitet.

Noworossisk ist eine reine Industriestadt, so gesehen, macht Saschas Vorschlag Sinn, und wir gewinnen Zeit, die wir besser in Sotschi im Kaukasus verbringen können.

Tatsächlich meldet sich kurz nach Saschas Anruf die Grenzstation. Nach dem üblichen „Woher" und „Wohin" die Sensation des Tages:

„Kein Problem, wir dürfen vierundzwanzig Stunden ankern, ohne offiziell einzuklarieren!" verkündet Sascha stolz. „Erinnerst du dich, ich habe gesagt, russische Behörden arbeiten professionell."

„Das ist überhaupt die Idee", frotzle ich, „ab jetzt bleiben wir nur noch auf dem Boot!"

Nach wie vor ist es recht windig, aber die offizielle Sturmwarnung spricht nurmehr von sieben Windstärken, und das in einer günstigen, achterlichen Richtung. Wir erholen uns ein wenig von den nächtlichen Strapazen, doch mittags wird Rollo nervös.

„Laßt uns weiterfahren, im Augenblick sieht draußen alles ganz gut aus!"

Wir geben Nachricht bei der „Traffic Control"; übrigens findet hier der Funkkontakt auch gelegentlich in Englisch statt, und wieder staunen wir.

„Siehst du den großen Container?" fragt Sascha an Rollo gerichtet. „Er hat Befehl bekommen, schneller zu laufen, aus Rücksicht auf uns!"

„Was haben sie gesagt?" will ich wissen.

„Fahren Sie nicht vier Knoten, sondern machen Sie neun – Sie sehen, da kommt eine Yacht", übersetzt Sascha strahlend.

Er freut sich wie ein Kind, daß ihn seine Landsleute nicht enttäuschen. Seit der Ankunft in Rußland ist seine Stimmung nicht
mehr zu übertreffen. Jüngster Vorschlag: Wir machen aus SOLVEIG
ein U-Boot und betrachten die Sehenswürdigkeiten durch ein
Periskop, um uns so die Formalitäten zu sparen.`

Die Küstenlandschaft erinnert in ihren Formationen an die
Kreidefelsen in Rügen. Als wir Gelendžik passieren, werden bei

*Zwischen Noworossisk und Sotschi.*

Sascha Erinnerungen wach an ein Pionierlager, in dem er als Gage
für zwei Auftritte vierzehn Tage Urlaub machen durfte.

„Das Problem dabei war nur, daß mein Zimmer direkt vor dem
Raum lag, in dem täglich um sechs Uhr früh alle Pioniere antra-
ten und sie zu diesem Zweck durch mein Zimmer marschieren
mußten", erzählt er.

Frage: Was haben Pionierlager und SOLVEIG gemeinsam?

Antwort: Schlafen ist ein seltener Luxus.

Auch in der folgenden Nacht habe ich bis zwei Uhr Wache, und
nach zweieinhalb Stunden „Schlaf" hocke ich wieder am Steuer.
SOLVEIG rollt ohne Ende, wahrscheinlich die Ausläufer des Sturmes, der sich an einem anderen Ort ausgetobt hat.

Mehrfach haben sich die Behörden über Funk gemeldet, soeben erneut. Immerhin haben sie schon auf mein Englisch reagiert
und den Arbeitskanal mit „one – one" angegeben. Hier allerdings

*„Ist das Rußland oder die Südsee?"*

geht es dann auf russisch weiter, ich sage etwas von „bad con-
nection" und „please repeat". Seitdem ist Schweigen. Noch acht
Meilen bis Sotschi. Leider ist der Hafen nach Süden offen, also
werden wir dort wohl Dünung haben.

Frage von Sascha zu diesem Thema: „Rollo, warum bist du
nicht mit dem Fahrrad um die Welt gefahren?"

Er ist seit einer halben Stunde mit den Behörden in Verbindung, nachdem mein Englisch wohl doch nicht auf Zustimmung
stieß, und endlich fällt um acht Uhr der Anker. Das elende Rollen ist zu Ende!

Wir warten auf weitere Anweisungen, denn vorher muß noch
ein russisches Kreuzfahrtschiff abgefertigt werden. ACADEMIC
VERNATZKY ist sein Name.

Vernatzky ist in der Stalin-Zeit erschossen worden, weil er gesagt hat, daß Stalin paranoid ist, erfahre ich.

Die Einklarierung verläuft ohne Streß, nachdem ein Agent die
lästige Arbeit für uns übernimmt. Wir sind in Hochstimmung und
haben auch allen Grund dazu.

Mit seinen repräsentativen Bauten, Hotels und Sanatorien,
großzügigen, palmenbestandenen Alleen und langgezogenen
Sandstränden ist Sotschi ein attraktiver Badekurort, der die Menschen schon seit eh und je in Scharen anzog. Als einzige auslän-

dische Yacht liegt SOLVEIG im Stadthafen zwischen zwei ehemaligen Ausflugsschiffen.

Sascha ist wie verwandelt, voller Initiative und Aktivität. Er kann es kaum erwarten, die von früher vertrauten Plätze wiederzusehen.

**Er.** Neues ist Altes, das wir schon vergessen haben. Wenn ich denke, wohin die Reise führt, die ich gerade mache, ist es eine Reise in die Vergangenheit. Auf einer solchen Reise gibt es immer das Risiko, enttäuscht zu werden.

In meiner Studentenzeit war ich hier glücklich, abgesehen davon, daß ich nicht viel Geld hatte, aber Sonne und Meer gibt es auf der ganzen Welt umsonst. Krim und Kaukasus waren für uns immer ein Traum, schon deshalb, weil vor dem Rest der Welt der Eiserne Vorhang hing.

Ich zählte die Felsen der Krim zu den schönsten der Welt, weil ich die Felsen von Kapstadt oder die Fjorde Norwegens nie erblickt hatte. Ich habe mich neben jeder Palme in Sotschi fotografiert, weil ich mir die Palmenstrände von Tahiti nicht vorstellen konnte; und wenn ich den Sonnenuntergang neben dem Schwalbennest beobachte, vergesse ich, daß dieselbe Sonne bei Nasca in Peru gerade mysteriöse Bilder beleuchtet.

Und trotzdem, die Schönheit unserer Erde hat eine besondere Eigenschaft – der Zauber eines Platzes macht die Schönheit eines anderen nicht geringer.

Die Promenade in Sewastopol sieht aus wie eine Straße in Venedig, aber mit hochschießender Brandung. Jalta könnte ein Teil der französischen Riviera sein, wenn – um Himmels Willen – alles privatisiert würde.

Alles ist ähnlich, aber nicht gleich. Am Strand von Rio de Janeiro wird mein Herz niemals heftig klopfen, weil meine Jugendzeit nicht mit der Copacabana verbunden ist. Und hier, im südlichen Teil Rußlands, ist jeder Schritt für mich eine Begegnung mit mir selbst.

**Sie.** Um es gleich vorweg zu sagen, wir verlängern unseren Aufenthalt in Sotschi von Mal zu Mal, so begeistert sind wir von diesem außergewöhnlichen Platz am Schwarzen Meer. Da sind die Ausläufer des Kaukasusgebirges mit hohen Felsen, Wasserfällen, seltenen Pflanzen und Bäumen, alles erinnert ein wenig an die bayerischen Alpen, dazu aber das warme, milde Klima, in dem neben den über dreitausend Baum- und Straucharten auch exotische Früchte prächtig gedeihen. In einem Forschungsinstitut für Gartenbau hat man an einem einzigen Baum unter anderem japanische Mandarinen, italienische Zitronen, amerikanische Orangen und indische Grapefruits gezüchtet!

Zusammen mit dem äußerst aktiven und umtriebigen Vorstand des Yachtclubs, der uns immer wieder mit dem Auto begleitet und somit unsere Filmarbeit entscheidend erleichtert, suchen wir Plätze auf, die uns normalerweise verschlossen geblieben wären.

Am sensationellsten ist für mich der Besuch eines großes Hauses, ganz versteckt mitten im tiefen Wald gelegen und vollständig grün angestrichen, damit es von weitem nicht zu sehen ist. Und in keinen Unterlagen über Sotschi habe ich einen Hinweis auf jenes Haus gefunden. Es ist die ehemalige Datscha eines gewissen Jossif W. Dschugaschwili, genannt Stalin!

**Er.** Noch heute ist die Stalin-Datscha in Sotschi ein grausamer Ort. Es ist ein großes zweistöckiges Gebäude mit einem Innenhof. Es liegt versteckt mitten im tiefen Urwald auf dem Bergrücken und ist vollständig in grüner Farbe gestrichen, praktisch unsichtbar, sogar aus kurzer Distanz.

Nur wenige wissen etwas über diesen Ort, und noch weniger waren hier.

In jener Zeit war es nicht unbedingt erstrebenswert, in dieses Haus eingeladen zu werden.

In der Mitte der dreißiger

*Stalin stehen die Haare immer zu Berge.*

Jahre war die Gesundheit „des Führers aller Zeiten von allen Völkern" erschüttert. Eine Hand begann langsam zu erlahmen, und seinen Hals konnte er nur unter Schmerzen drehen. Ärzte verschrieben das kaukasische Mineralwasser „Mazesta", das schon aus der Zeit Katharinas bekannt war.

Im Jahre 1936 verfügte Stalin, in Sotschi, nicht weit von der heiligen Quelle, eine Datscha zu bauen. Wissenschaftliche Institute wurden beauftragt, den klimatisch besten Platz im Wald zu erforschen. Etwa hundert Meter über dem Meeresspiegel fanden sie ideale Voraussetzungen, und dort wurde in nur einem Jahr alles fertiggestellt.

*Als ein Sicherheitskommissar den Marmorbrunnen entdeckte, ließ er ihn sofort zuschütten.*

Ein Tag vor dem Eintreffen Stalins erschien ein Sicherheitskommissar. Als er den Marmorbrunnen im Hof entdeckte, befahl er, ihn sofort zuzuschütten, denn Stalin hatte Angst vor Wasser. Der überdachte Swimmingpool, der sich genau neben Stalins Arbeitszimmer befand, war schwer zu vergraben, und so ist er geblieben. Aber der Führer hat die Tür zu diesem Raum niemals geöffnet.

Apropos Türen: Stalin konstruierte ein spezielles Schlüsselloch, da er nicht nur vor Wasser Angst hatte, sondern auch fürchtete, durch Gas vergiftet zu werden. Gas, das man durch das Schlüsselloch sprüht. Verrückte Idee, aber vielleicht hatte er recht, denn vergiftet wurde er nicht. Und die zweite Aufgabe des Speziallochs war, daß der Gegner nichts hören und nichts sehen sollte.

Alles andere − der Saal der Begegnungen, das Kabinett, Kinoraum, Billardzimmer und private Appartements − gefiel Jossif Wissarionowitsch. Luxus, wie Lenin

*Absurd: Stalin durch das Schlüsselloch − er konstruierte ein spezielles System: Nichts zu sehen, nichts zu hören ...*

ihn nicht liebte. Übrigens waren seine neun Schlafzimmer, die er stets willkürlich wechselte − „der Gegner darf nicht wissen, wo heute der Führer schläft" −, absolut gleich eingerichtet.

Heute kann man alle Räume in der Stalin-Datscha jederzeit mieten. Wer möchte, kann am Tisch des Führers des Weltproletariats schreiben, in seinem Bett schlafen, in seinem Speisesaal essen und mit seinem Schachbrett spielen. Wem das nicht reicht, der kann in das düstere Kabinett gehen und in die hellen, gläsernen Augen der Wachsfigur Stalins blicken, der übermächtig an seinem Schreibtisch sitzt, vor dem luxuriösen Tintenset, einem Geburtstagsgeschenk von Mao Tse-tung.

**Sie.** Es ist unglaublich, für Deutsche schier unfaßbar, daß aus dieser Datscha ein Sanatorium gemacht wurde, in dem jeder ein Zimmer mieten kann, vorausgesetzt, er besitzt das nötige Kleingeld. Man stelle sich vor, Hitlers Berghof eine Reha-Klinik!

Dreherlaubnis erhalten wir nicht sofort, als wir aber versprechen, nach Fertigstellung des Films eine Kopie zu senden, läßt man uns gewähren.

261

Und überhaupt unsere Filmarbeit! Hier mein Tagebuch:

*30.5.*
Ehrlich gesagt, freue ich mich darauf, irgendwann einmal nicht auf oder neben Stativen, Kameras, Akkus, Videoleuchten, Kabeln und Ladegeräten zu schlafen und ohne meine „Panzerweste" (Fotoweste mit vielen Taschen) spazierenzugehen. Wir arbeiten wie besessen für den Film – jede Nacht bis ein oder zwei Uhr, und Aufstehen um sieben Uhr. Das kostet Kraft. Manchmal denke ich, mein Kopf zerplatzt. Valeriy vom Yachtclub und seine Freunde helfen rührend mit dem Auto.

*Stalin-Datscha. Der Teufel hat gut gespielt.*

Heute sind Sascha und ich noch einmal zur Stalin-Datscha gefahren, um Szenen nachzudrehen. Gestern wollten wir zu einem Wasserfall, mußten den Plan aber aufgeben, da er zu weit weg war und wir zuviel hätten klettern müssen mit der Ausrüstung. Bereits auf dem Hinweg hat es wegen Schlamm und Geröllöchern große Probleme mit dem Auto gegeben.

Viel zu schnell sind die Tage in Sotschi vergangen. Tage, prall gefüllt mit den unterschiedlichsten Erlebnissen.

Heute morgen noch filmte ich die Flaggenparade, als ich plötzlich eine Hand auf meiner Schulter spüre. Ich blicke nach hinten, und ein Mann in Zivil schüttelt den Kopf. Dennoch lasse ich mich nicht davon abhalten, die Zeremonie bis zum Ende aufzunehmen. Schließlich befinde ich mich auf einem öffentlichen Platz. Das sehen die beiden Uniformierten, die auf einmal vor mir stehen, aber offenbar ganz anders.

In fließendem Russisch fordern sie mich auf mitzukommen. Sascha schläft noch auf dem Boot, aber bis jetzt verstehe ich auch so, was sie wollen. Fünf Minuten später befinde ich mich zusammen mit Rollo auf der Marinekommandantur.

Bis auf den Mann in Zivil sind alle sehr nett und höflich, das muß man sagen. Trotzdem, der Ausgang ist ungewiß.

Sie notieren unsere Namen, auch Saschas, obwohl er nicht dabei ist. Dann wird ein weiterer Polizist hinzugezogen. Er spricht ein bißchen Englisch.

„Wir sind Touristen und wollten zur Erinnerung an unseren Urlaub in Sotschi die Parade filmen", erkläre ich ihm unschuldig.

Weiteres Diskutieren.

„Zeigen Sie Ihren Film!" fordert er mich jetzt auf.

Nun habe ich vor der Parade noch Szenen vom Kleiderappell der Matrosen aufgenommen, durch das Loch in der dicken Betonmauer, die den Militärbereich absperrt. Deshalb spule ich nicht ganz zurück, sondern nur bis zu der Stelle, wo ein Matrose die Flagge hißt. Nachdem ich diesen bedeutenden Vorgang in epischer Breite gefilmt habe, ist der Beamte in Zivil am Ende zufrieden, und wir können die Kassette behalten.

Vor zwei Tagen erlebten wir ähnliches zwischen den Verkaufsständen vor dem Hotel Moskau. Ich bitte Sascha, leere Kleiderbügel aufzunehmen, die aus abgesägten Baumästen gemacht waren mit einem einfachen gebogenen Nagel zum Aufhängen. Der Direktor beobachtet uns und geht massiv auf Sascha los, denn ihm ist das Motiv nicht „schön" genug. Über sein Handy ruft er den Bürgermeister an, erreicht ihn aber nicht. Sascha ist wütend, zeigt seinen Journalistenausweis. Im Nu bildet sich eine Gruppe um uns, Verkäufer mischen sich ein. Und alles bei eingeschalteter Kamera, die Sascha auf seiner Schulter mitlaufen läßt! Schließlich ziehen wir ab und lassen einen aufgebrachten Direktor zurück.

Aber das waren unbedeutende Zwischenfälle.

Für mich werden andere Begegnungen in Erinnerung bleiben. Wie zum Beispiel ein Arbeiter in abgetragenen Hosen, den wir am Bahnhof treffen. Er ist in eine Kunstzeitschrift versunken und antwortet auf meine Frage, ob er sich für moderne Malerei interessiere: „Der Mensch braucht nicht nur festes Essen, er braucht auch Essen für die Seele."

Er wollte mir sofort das Heft schenken, als er mein Interesse bemerkte.

An keinem anderen Platz der Welt habe ich Menschen getroffen wie in Rußland und der Ukraine, mit vergleichbaren Bedürfnissen nach Bildung und Kultur! Unabhängig davon, ob sie „nur" arm oder bitterarm sind.

An unserem letzten Abend trinken wir den Lieblingswein von Stalin, einen sehr kräftigen Rotwein aus dem Kaukasus.

**Er.** Wenn ich auf unsere Reise zurückblicke, sehe ich Tage, die vollgefüllt waren mit Arbeit – von frühmorgens bis spät in die Nacht. Zu viele schöne Plätze gibt es in dieser wunderbaren Natur. Und zu viele Geschichten sind mit diesen Plätzen verbunden: Revolution, Krieg, Puschkin, Tschechow, Rasputin. Meine Sony-Kamera ist schon fast an meiner Schulter angewachsen.

Und jetzt ist alles vorbei. Aus dieser Realität werde ich zurückgehen in meine Welt der Phantasie. In zwei Tagen werde ich beim Pantomimenfestival in Stuttgart auf der Bühne stehen. Und dort sind meine Hände endlich frei: keine Kamera, und überhaupt kein Requisit, keine Partner, keinen Text – wie hat der Lehrer von Marcel Marceau, Etienne Decroux, gesagt: ein nackter Mann auf einer nackten Bühne.

Nach einem kurzen Abschied von Angelika und Rollo fahre ich mit einem Privatauto nach Adler, vierzig Minuten entfernt, denn Sotschi besitzt keinen Flughafen. Ein Taxi wäre viel teurer gewesen, und um einen Privatfahrer zu finden, reichte es, einfach die Hand zu heben.

Noch einmal passiere ich das wunderschöne Hafengebäude, den botanischen Garten und Mazesta.

In dem Gespräch mit dem Fahrer des Lada dominiert das Thema Benzin. Vor ein paar Tagen wurden die Benzinpreise erhöht, aber nicht nur um ein oder zwei Prozent, sondern wie üblich um hundert Prozent – in Moskau sogar um zweihundert

Prozent. Automatisch kosten jetzt auch alle Waren mehr, denn sie müssen zum Markt transportiert werden. Und die Leute werden wieder alles bezahlen, allerdings schwer zu sagen, mit welchem Geld, denn Russen verdienen weniger Geld, als sie ausgeben.

Die neue Autobahn, die parallel zur Küste verläuft, ist frisch geteert mit schönem schwarzem Asphalt, was nicht unbedingt typisch ist für Rußland. Und an blaues Meer, Palmen und gleißende Sonne denken Europäer auch nicht sofort, wenn sie Rußland hören. Und trotzdem – das ist Rußland.

Das gläserne Gebäude des Flughafens – irgendwann war es einmal zeitgemäß – wirkt jetzt ziemlich provinziell, ist aber mit den modernen Attributen des heutigen Lebens ausgestattet. Zum Beispiel kann man das Übergewicht entweder regulär an der Kasse bezahlen oder aber zweimal weniger gleich in die Hand der Stewardeß beim Check-in. Sie sagt sogar „Spaßiba – Danke schön" und lächelt ganz freundlich.

Daneben sitzt ein Angestellter, der unser Gespräch nicht hört, seinen Kopf nicht einmal hebt, unser Geld natürlich nicht sieht, aber am Ende einen Teil dieses Lohnes in seine Tasche bekommt. Und so funktioniert das ganze System. So gesehen, ist es wirklich nicht wichtig, wieviel Benzin kostet.

In der Wartehalle ist es langweilig und leer. Das einzig Lebendige ist Claudia Schiffer an der Wand, die mit halb geöffnetem Mund haucht: „... weil ich es mir wert bin." Wirklich?

Die Passagiere schlafen fast, und dann ertönt in dieser Leere plötzlich eine weibliche Stimme. Ich bin sicher, Sie erraten nicht, was diese Stimme sagt: „Gurken – 15 Rubel ein Kilo, 20 Rubel zwei Kilo!"

Alle schauen auf und sehen auf die junge Frau in Arbeitsuniform, die im Zentrum des Wartesaals steht und in ihren Händen zwei durchsichtige Polyäthylen-Tüten mit Gurken hält.

Zunächst entsteht wie im Theater eine Pause, und dann beginnen ein paar Frauen zu meiner Überraschung zu kaufen, zumal das Thema Übergewicht an der Tür zurückgeblieben ist.

Und noch einmal dieselbe Stimme, aber dieses Mal bietet sie Lorbeerblätter zu Kränzen gebunden an, wie bei den Olympischen Spielen für die Sieger. Die Kränze hängen an ihren Armen.

*„Ich hoffe, das ist kein Benzin?"*
*„Nein, das ist Kerosin."*

„Wieviel Gramm?" fragt eine mögliche Käuferin. Und ich höre eine unglaubliche Antwort:

„Viel!" Und wirklich, diese Kränze sind groß, und der Preis ist niedrig. In zehn Minuten sind alle Kränze verkauft.

Diese Verkaufsaktion im Flur des Flughafens ist eine Show der besonderen Art: In Kartons verpackte Rosen werden nicht pro Stück angeboten, sondern nach Gewicht – zwei Kilo Rosen eine Mark. Gurken umgekehrt nicht in Kilo, sondern in Plastiktüten, und Lorbeeren nicht in Gramm, sondern in Kränzen. Wie sagt man: Hier verkauft man alles außer Heimat.

Aber wenn sich das Leben noch weiter verschlechtert, habe ich Angst, daß die Menschen alles verkaufen werden, ohne Ausnahme.

Die Stewardeß öffnet die Tür, und die Passagiere bewegen sich langsam durch dreißig Grad Hitze zum Flugzeug.

Ich gehe als letzter und sehe auf den quadratischen Betonplatten vor mir diese bunte Menge mit prall gefüllten, türkisch karierten Taschen: Gurken in Plastiktüten, dichtgepackte Rosen und

Lorbeerkränze um den Hals – olympische Sieger kehren in ihre Heimat zurück.

TU 154 ist der Name des großen Flugzeugs – TU sind die ersten zwei Buchstaben des Namens des Hauptkonstrukteurs Tupolew. Irgendwann hat diese Maschine ausschließlich Mitglieder der Regierung transportiert. Sie gehört auch jetzt zur Sonderabteilung von Aeroflot, aber wegen ihres Alters befördert sie inzwischen auch ganz einfache gewöhnliche Sterbliche.

An der Kasse des Schalters gab es noch billigere Tickets, aber die nette Verkäuferin riet mir mit halblauter Stimme davon ab. Sonst wäre ich vielleicht mit der neben der TU 154 stehenden, alten Schrottmaschine aus dem Ersten Weltkrieg geflogen, an deren Körper in blauen gigantischen Buchstaben geschrieben steht: URAL AIRLINES. Warum gerade auf englisch, bleibt ein Geheimnis, denn bis ins Ausland schafft sie es nicht mehr.

Neben der Gangway bleiben alle stehen, auf der Treppe werden noch einmal die Tickets überprüft, weil sich bei einem solchen Sicherheitssystem jeder Passant unter die Menge der Passagiere auf dem Weg zum Flugzeug mischen kann.

Es gibt zwei Sorten von Fluggästen: Die ersten wollen so schnell wie möglich hereinkommen und drücken sich jetzt gerade gegenseitig mit ihrer Schulter zum Eingang. Andere stehen mit ihrem Handgepäck an der Seite, als ob sie gar nicht fliegen wollen.

Zur zweiten Kategorie gehört ein elegant gekleideter Passagier mit orangefarbener Brille. Mit dem Kopf deutet er auf den Flügel der Maschine, und ich merke, daß die ganze Unterseite naß ist und diese Flüssigkeit auf den Beton tropft.

„Ich hoffe, das ist kein Benzin!" versucht der orange bebrillte Mann zu spaßen.

„Nein", antworte ich trocken, „das ist Kerosin!"

Aus unbekanntem Grund finden wir das lustig und gehen endlich nach oben.

„Bitte setzen Sie sich auf die freien Plätze", kommandiert hier eine Stewardeß mit kurzen, gebleichten Haaren. Sie ist kräftig, nicht mehr ganz jung, und es sieht aus, als ob sie aus ihrer Uniform herausgewachsen ist.

Laut meiner Bordkarte ist für mich ein Platz im ersten Bereich reserviert, aber ich gehe gehorsam in die zweite Abteilung. Der Service wird sich bestimmt nicht unterscheiden, so wenig wie die überall gleichfarbigen orangeroten Sitze.

Ich ziehe meine Schuhe aus, um jetzt endlich echten Komfort zu genießen, „weil ich es mir wert bin".

Durch die Löcher des schlecht geklebten Teppichs ist der alte, graue Holzboden zu sehen.

Man fühlt, daß etwas renoviert wurde. Wenn sich amerikanische Spione dafür interessieren, wie lange russische Flugzeuge fliegen, dann werden sie bemerken, daß der Salon dem Geschmack der sechziger Jahre entspricht: cremefarben mit Maserung. Heute ist diese Farbe schon längst nicht mehr Creme, und in Mode wird sie wohl nicht mehr kommen.

Und noch einmal Sotschi — jetzt unter uns. Es wäre besser, auf der rechten Seite zu sitzen, und obwohl das Zeichen „Anschnallen" noch leuchtet, tausche ich meinen Platz.

Unten liegt der Yachtclub, und zwei Minuten später zieht der Stadthafen vorbei. Ich winke. Natürlich sieht es unten keiner — aber meine Freunde müssen es fühlen. Ich winke noch immer. Wenn mich jetzt jemand beobachtet, denkt er, ich bin wahnsinnig.

Unser Salon ist halb leer. Schräg gegenüber, auf heruntergeklappten, leeren Vordersitzen, haben ein Kaukase und ein Russe ihr Frühstück ausgebreitet: Gurken, Wurst und Brot. Es sieht aus wie ein kleines, nettes Picknick am Weg nach Moskau.

Zwei Damen vor mir gähnen und bewegen ihren Rücken wie Katzen. Ihre Miniröcke lassen eine Menge Bronze ihrer Beine sehen, der obere Teil erlaubt weniger, ist aber noch pikanter: ein goldenes Schiffchen auf zwei gefährlichen Wellen eines tiefen Dekolletés.

Über die Köpfe der Passagiere fliegt ein Tablett und stoppt vor dem goldenen Schiffchen:

Brötchen und Kaffee — das ist schon nicht schlecht, aber nicht vergleichbar mit georgischer Wurst.

Fünfzig Rubel wandern aus der schönen Handtasche einer der jungen Damen in Richtung Stewardeß. Sie beginnt, das Gericht zu verschlingen, als habe sie im ganzen Urlaub hungern müssen.

Endlich erscheint der Servicewagen neben mir. Doch ich finde kein Essen darauf. Auf dem Tisch stehen nur Getränke. Schöne Flaschen mit ausländischen Etiketten, die Geld kosten, aber russisches Mineralwasser gibt es umsonst. Ich glaube, umsonst ist auch die kyrillisch geschriebene Coca-Cola, aber ich habe keine Lust zu fragen, und der Tisch fährt weiter.

Zu meiner Überraschung beobachte ich einen „Rückservice": Der Georgier und der Russe schenken ihre restlichen Gurken der Stewardeß.

*Ich winke – meine Freunde müssen es fühlen.*

Sie ziert sich kurz, aber nicht ganz überzeugend, und so landet die Plastiktüte mit Gurken zwischen den Coca-Cola-Flaschen.

Die Suche nach Kaffee führt mich in ein Abteil zwischen dem ersten und zweiten Raum – die Küche. Dort stoße ich auf eine weitere Stewardeß, ihrem Alter und ihrer goldenen Brille nach die Chefin der beiden anderen. Sie ist so gastfreundlich, daß ich sofort einen Platz und einen Kaffee an ihrem kleinen Tisch bekomme, und dazu eine bittere Geschichte über das Leben einer Stewardeß, die jeden Tag in einer alten Maschine ihr Leben riskieren muß und ihr Frühstück gelegentlich an hungrige Gäste verkauft, um ein bißchen Geld zu verdienen.

Sie arbeitet schon seit siebenundzwanzig Jahren bei Aeroflot. Und bis zur Perestroika war ihr Job ein Traum. Sie hatte das Glück, in Abteilung Nummer 254 zu kommen, die zuständig war, die Regierung zu bedienen. Das bedeutete vor allem die besten, neuesten Maschinen mit den erfahrensten Piloten. Champagner und Kaviar waren so selbstverständlich wie Wasser und Brot. Und es

269

ist bekannt, daß Parteifunktionäre eine furchtbare Allergie gegen Plastikbesteck und Einwegteller hatten. Vorgeschrieben war, das Essen auf Porzellan und mit silbernem Besteck zu servieren.

„Ich habe mit Breschnew, Kossygin, Schewardnadse gearbeitet, es ist leichter zu sagen, mit wem nicht", sagt sie stolz und klopft dabei mit der Kugelschreiberspitze auf den Tisch.

„Sie hatten Disziplin. Das war sogenannte Parteidisziplin. Sie haben vierundzwanzig Stunden pro Tag gearbeitet. Wenn der Flug um 14.00 Uhr starten sollte, dann hob er pünktlich um 14.00 Uhr ab. Wenn die Maschine um 16.00 Uhr landen mußte, dann landete sie auf die Minute genau um 16.00 Uhr. Und was ist jetzt mit unseren Demokraten?" fragt sie rhetorisch und antwortet selbst:

„Chaos! In unserer Abteilung gibt es fünfzig Flugzeuge, und fliegen können gerade einmal vier oder fünf. Kein Geld für die Reparatur. Ich habe schon über Disziplin gesprochen", erzählt sie weiter, und ich fühle, daß sie alles loswerden muß.

„Jemand aus der Regierung will um 18.00 Uhr fliegen. Um diese Zeit ist keine Bewegung und der Mann überhaupt nicht da, und keiner weiß, wann er kommt. Um 19.00 Uhr keine Nachrichten, um 20.00 Uhr Grabesstille. Entschuldigen Sie den Vergleich. Alle warten, alle sind genervt.

Dann plötzlich ein Anruf: Genosse Iwanow kommt um 22.00 Uhr, was bedeutet um 23.00 Uhr. Also starten wir Mitternacht! Diese Situation ist normal."

Meine Gastgeberin kann ihren Redefluß nicht stoppen.

„Oder nehmen wir den Präsidenten des Flugzeugs. Erst kam der Befehl, Renovierung mit einem neuen Anstrich, nach zwei Tagen sagte jemand, die Farbe ist schlecht, nehmen Sie eine andere. Und ein drittes Mal mußte man neu streichen. Innen wurde auch alles verändert, es gefiel nicht, dann wurde alles in Silber gestrichen, es gefiel wieder nicht, also in Gold. Nun, was ist das? Wenn wir kein Geld haben, um Flugzeuge zu reparieren? Ich sage Ihnen, was das ist. Das ist Geldwäsche. Denn auf dem Papier steht, daß der Präsident des Flugzeuges es fünfmal renoviert hat. Können Sie sich vorstellen, wieviel so etwas kosten würde!"

Die Stewardeß schaut mir in die Augen, als ob sie eine Antwort erwarte. Und je länger ich zuhöre, desto weniger Chancen gebe ich mir für eine sichere Landung. Wenn diese Erzählung live in den Salon übertragen würde, gruppierten sich schon alle Passagiere neben den Notausgängen. Mein Witz über Kerosin vor dem Start war neben diesen Krimigeschichten harmloser Kinderspaß.

„Nun gut", sagt sie plötzlich. „Ich habe siebenundzwanzig Jahre gearbeitet. Ich habe keine Lust mehr."

Schon längst leuchtet die Anzeige „Bitte anschnallen", aber für mich gilt diese Vorschrift nicht mehr. Ihren Freunden können Russen alles verzeihen und alles geben. Wenn ich mit dem Flugkapitän befreundet wäre, dürfte ich bestimmt ein bißchen steuern.

Zur Erinnerung schenke ich meiner Gesprächspartnerin meinen Kugelschreiber mit eingraviertem „M.S. Europa".

„Den werde ich in besonderen Fällen benutzen", bedankt sie sich.

Man sieht schon den Flughafen, und ich kehre auf meinen Platz zurück.

Mich erwartet Moskau – Hauptstadt des ehemaligen russischen Imperiums, Hauptstadt der ehemaligen, gerade explodierten Sowjetunion, Hauptstadt des neuen Rußlands. Mit all ihren Problemen bleibt sie trotzdem die schönste Stadt, die ich jemals gesehen habe. Diese Stadt ist wie eine schöne Frau am Morgen, die noch nicht weiß, was mit ihr am Abend passiert.


**Sie.** Zur selben Stunde, als Saschas Flugzeug startet, werfen auch wir die Leinen los und überqueren bei ganz ruhiger See das Schwarze Meer, über Sinop und Amasra zurück zu unserem Ausgangspunkt nach Istanbul.

Dort verladen wir SOLVEIG auf einen großen Frachter, mit dem sie zunächst nach Rotterdam und weiter nach Maasbracht verschifft wird. Dorthin, wo sie vor zwei Jahren ihre abenteuerliche Reise in den „wilden Osten" begann. Eine lange Pause wird ihr wohl kaum vergönnt sein, denn ihr Käpten ist bereits in Seekarten vertieft. In welche? Das wird noch nicht verraten, denn vielleicht besorgt er sich am Ende neue?

*P.S.*
*Sascha besucht Rollo und Angelika ein halbes Jahr später.*
*Angelika: „Ich habe Geld bekommen für unser Manuskript!"*
*Sascha: „Es wird gedruckt?"*
*Angelika: „Nein, es ist verlorengegangen, die Post hat bezahlt."*

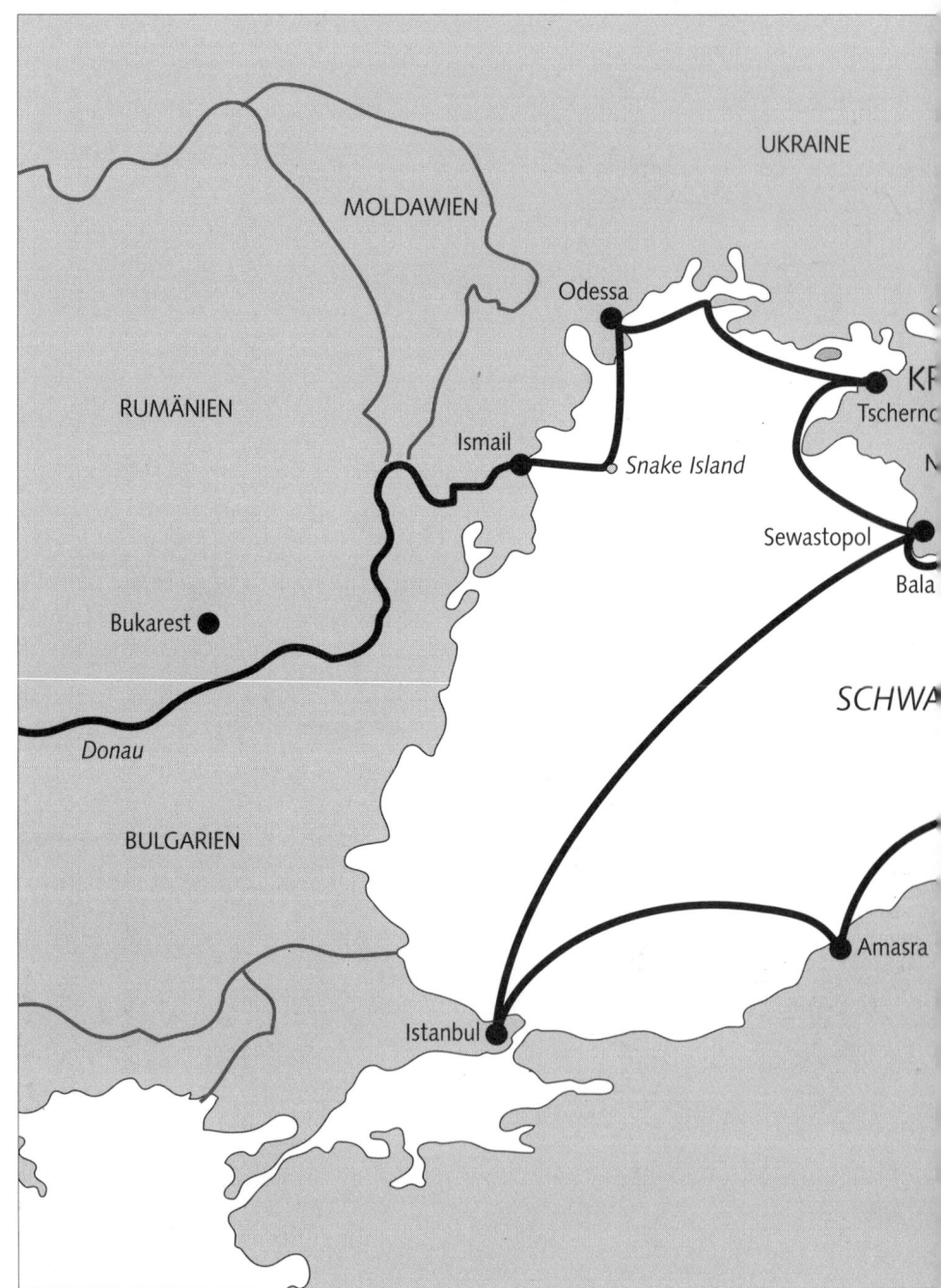